ARS IN LITTERIS

ÉTUDE

SUR LE

CHRISTIANISME EN ÉGYPTE

AU

SEPTIÈME SIÈCLE

ÉTUDE

SUR LE

CHRISTIANISME EN ÉGYPTE

AU

SEPTIÈME SIÈCLE

PAR

E. AMÉLINEAU

PARIS
ERNEST LEROUX, ÉDITEUR
LIBRAIRE DE L'ÉCOLE DU LOUVRE
DE L'ÉCOLE DES LANGUES ORIENTALES VIVANTES, DE LA SOCIÉTÉ ASIATIQUE, ETC.
28, RUE BONAPARTE, 28
1887.

Tirage à part des *Mémoires* de l'Institut Égyptien, IIe vol.

VIENNE. — TYP. ADOLPHE HOLZHAUSEN.
IMPRIMEUR DE LA COUR I. & R. ET DE L'UNIVERSITÉ.

A MON AMI

PHILIPPE VIREY

SOUVENIR DE DEUX ANNÉES D'ÉGYPTE

E. AMÉLINEAU

UN ÉVÊQUE DE KEFT

AU VIIE SIÈCLE

Le document que je publie aujourd'hui pourrait être l'un des plus intéressants de la littérature copte. Le héros du récit, l'évêque Pisentios, vécut à une époque fort troublée de l'histoire de l'Égypte chrétienne, sur laquelle les renseignements font complétement défaut. La domination grecque était devenue de plus en plus lourde sur l'Égypte. Les empereurs byzantins, héritiers à la fois d'Alexandre et de César, de la Grèce et de Rome, ne connurent jamais la légèreté de main qui fut le propre de la Grèce antique, malgré ses révolutions démagogiques et sa conquête par les Macédoniens; ils ne comprirent jamais que la centralisation romaine avec tous ses abus et sans aucun de ses avantages. La question religieuse qui, à partir de la seconde moitié du ve siècle, troubla l'Orient tout entier, le divisa profondément et en fit une proie toute prête pour les barbares qui frappaient à ses portes, était alors en toute son effervescence dans la vallée du Nil. La déposition et l'exil de Dioscore au concile de Chalcédoine avaient été le prélude du grand drame qui devait se jouer au milieu du VIIe siècle et qui s'est terminé par la disparition presque complète du christianisme en Égypte. L'intervention maladroite et cruelle du pouvoir séculier dans une question qui relevait de la seule conscience ne devait qu'envenimer la blessure déjà faite à l'Église d'Égypte. La nullité presque complète des divers empereurs qui succédèrent à Marcien, les révoltes intérieures du palais de Constantinople, les révolutions politiques qui en furent la suite jusqu'au règne d'Héraclius dont les commencements donnèrent de si heureuses espérances sitôt démenties, la faiblesse générale de l'administration et par conséquent la tyrannie des gouverneurs de province, tout devait concourir à élever de plus en plus entre Constantinople et Alexandrie ce mur de séparation dont il est parlé dans le prophète hébreu : de plus en plus il devenait évident que l'Égypte prenait ses maîtres en haine. Comme autrefois les proconsuls romains, les gouverneurs grecs d'Alexandrie et de la Thébaïde n'avaient qu'un seul but, amasser des richesses immenses. Grâce à l'admirable fertilité de la vallée du Nil, la chose leur était facile. Laissés à eux-mêmes jusqu'à ce qu'une intrigue de palais vînt leur apporter leur révocation, ils s'efforçaient de mener rondement leur affaire : le meilleur moyen pour réussir était de laisser à l'élément grec tout pouvoir sur l'élément indigène de la population. Depuis la mort de Marcien, d'abord sous le prétexte d'imposer la confession de Chalcédoine, plus tard pour nulle autre raison que d'amasser le plus possible, l'Égypte fut soumise à une coupe réglée : du plus petit au plus grand des fonctionnaires ou soldats de l'empereur, chacun faisait sentir de son mieux aux malheureux Égyptiens combien il est amer d'être sous le joug de l'étranger après avoir connu la gloire et l'indépendance. C'est qu'en effet, comme devait le dire plus tard le poète florentin, il n'y a pas de plus grande douleur que de se rappeler dans le malheur la félicité dont on a joui autrefois. Encore, si les Grecs n'avaient pas pris à tâche d'humilier autant que d'appauvrir, le peuple égyptien eût pu beaucoup leur pardonner; mais d'un côté les Grecs se croyaient le premier peuple du monde, et ils avaient certains droits à le croire, et de l'autre les Égyptiens étaient persuadés, non sans quelque raison, que l'empire pharaonique dont ils étaient les héritiers avait été le plus brillant empire de l'univers; leurs monuments encore debout étaient là pour l'attester. Il eût été d'une sage politique de respecter cette vanité puérile d'un peuple tombé en enfance, qui se consolait de sa décadence en se rappelant confusément ce qu'il avait été autrefois, comme les vieillards décrépits les jeux et la force de leur premier âge; le gouvernement grec ne le comprit pas, parce que lui-même marchait rapidement à la décadence. La vanité blessée du peuple égyptien fut l'un des éléments les plus actifs du schisme et de la révolte. On avait osé condamner, déposer et exiler le patriarche d'Alexandrie, le successeur de St Marc; la cour de Constantinople avait eu ses candidats à la succession des Athanase et des Cyrille, c'était assez pour jeter dans le schisme un pays qui se glorifiait d'avoir possédé les plus grands docteurs du christianisme et d'avoir produits les saints les plus extraordinaires de la chrétienté, les Antoine, les Macaire, les Pachôme, sans compter les myriades de martyrs qui avaient versé leur sang pour le Christ pendant l'horrible persécution de Dioclétien. De plus, le plus petit des fonctionnaires grecs n'hésitait pas à arracher les poils de la barbe à un Égyptien qui lui résistait, à le faire s'agenouiller devant lui portant sur la tête le plateau où étaient les mets qui devaient servir au repas du maître;[1] en fallait-il plus pour rendre odieux un régime déjà détesté? Aussi la population égyptienne tout en tremblant devant ses maîtres les haïssait-elle

1. Ces souvenirs sont encore vivants dans la population copte de l'Égypte actuelle, je les ai entendus rappeler bien souvent. Ils montrent à la fois l'incurable faiblesse de l'esprit copte et la vigueur de sa haine concentrée par lâcheté.

de la plus vigoureuse de ses haines, n'attendant que le moment pour se jeter dans les bras du premier venu qui la soustrairait à une dépendance odieuse; avide de changement, elle ne regardait pas où la mènerait une libération aussi précaire, rien ne lui paraissait devoir être pire que l'état où elle se trouvait, assez lâche pour ne pas oser conquérir elle-même sa liberté, assez courageuse pour porter le dernier coup à son ennemi renversé.

Au commencement du VIIe siècle, l'Égypte crut sans doute trouver des libérateurs dans les Perses. En effet, forts de l'inaction et de la mollesse d'Héraclius, les Perses conquirent une grande partie des provinces orientales de l'empire grec : en 615, l'Égypte était en leur pouvoir. Ils s'y répandirent comme un torrent dévastateur et remontèrent le Nil jusqu'en Nubie, pillant, massacrant sur leur passage tout ce qui leur plaisait ou leur résistait. C'est à cette époque malheureuse que Pisentios était évêque de Keft, sous le patriarchat de Damianos, archevêque d'Alexandrie. Les Perses ne surent pas garder leur conquête : d'ailleurs ils étaient aussi haïs que les Grecs parce qu'ils étaient infidèles et parce que les horribles cruautés de Cambyse n'étaient pas oubliées, étant passées à l'état légendaire. D'ailleurs Héraclius sortait de sa torpeur : la voix de l'univers chrétien, lui redemandant le bois de la Vraie Croix, le tira de sa léthargie et la célèbre campagne contre Khosroës vint rendre aux armes grecques un peu de leur gloire passée. L'Égypte n'y gagna rien et attendit encore. Déjà Mohammed s'était enfui de la Mekke vers Médine : l'islamisme grandissait avec une foudroyante rapidité. Dix-huit ans après l'hégire, vingt-cinq ans seulement après l'invasion persane, l'Égypte était de nouveau envahie, conquise : la conquête devait être irrévocable. Jusqu'à nos jours les descendants des Pharaons devaient échapper au joug des successeurs d'Alexandre et de César; mais à quel prix?

Pisentios qui fut contemporain de l'invasion persane ne vit pas la conquête musulmane. Malgré cette dernière circonstance qui nous prive de renseignements fort précieux, comme cet évêque vécut, je le répète, à une époque dont nous ne connaissons presque rien, le récit de sa vie eût pu jeter une certaine lumière sur l'histoire extérieure et intérieure de l'Égypte à cette époque. J'ai le regret de l'écrire, le document que je publie n'apprend absolument rien de l'histoire extérieure de l'Égypte; de son histoire intérieure il ne nous apprend rien non plus, si l'on entend par là les actes administratifs ou les faits politiques; au contraire comme on doit le faire, si l'on comprend dans l'histoire d'un pays l'étude de ses mœurs et de ses idées, l'éloge de Pisentios nous fait connaître un certain nombre de faits d'où l'on peut tirer des inductions fort précieuses pour l'histoire de l'esprit humain et de ses opinions philosophiques et religieuses. C'est ce que montrera l'étude intrinsèque du document copte non moins que le récit de la vie de Pisentios. La publication et la traduction du document lui-même serviront de pièces justificatives à l'histoire, en même temps qu'elles offriront aux études spéciales des linguistes un nouveau texte, ce qui est toujours utile.

I

Le document en question a pour titre : « *Quelques-uns des éloges qu'a dits abba Moïse, évêque de Keft, au sujet du saint abba Pisentios, évêque de cette même ville de Keft, au jour de sa commémoraison glorieuse qui est le treizième jour du mois d'Epiphi, en parfait accord avec Jean, disciple de Pisentios, pour la gloire de Notre Seigneur Jésus le Christ.* » Ce titre est précieux à tous égards, car il permet de résoudre la plupart des questions que soulève tout document ancien.

Tout d'abord il nous renseigne sur le nom de l'auteur, la nature de l'ouvrage, la manière dont il a été composé et nous permet ainsi de juger quelle valeur nous devons accorder à l'œuvre de Moïse.

Il n'est guère possible, en effet, de concevoir des doutes sur la paternité de l'éloge de Pisentios. Puisque le nom de l'auteur est cité, nom par ailleurs profondément inconnu, il n'y a nulle raison de douter que Moïse, évêque de Keft après Pisentios, ait composé un panégyrique dans lequel il exaltait les vertus de son prédécesseur sur le trône épiscopal de Keft. D'après un passage même de l'œuvre copte, il est permis de dire que ce Moïse fut le successeur immédiat de Pisentios, qu'il fut l'un des admirateurs de l'évêque de Keft et qu'il avait fait de grands progrès dans la vie spirituelle sous la direction du saint ascète que nous apprendrons bientôt à connaître directement. S'il en est ainsi, on peut penser avec toute vraisemblance que l'éloge de Pisentios fut prononcé peu de temps après sa mort, peut-être l'année même qui suivit son trépas. Pisentios confie, en effet, ses livres à un certain Moïse en lui assurant qu'il en aura besoin, «car il n'échappera pas au lourd fardeau de l'épiscopat». Il est évident d'après cela que le Moïse dont il est question dans ce passage fut évêque de Keft : le fait seul que le Moïse, qui a composé le panégyrique dont il s'agit présentement, a obtenu la plupart de ses renseignements du disciple de Pisentios, Jean, suffit pour prouver qu'il ne s'écoula pas un long intervalle entre la mort de Pisentios et l'épiscopat de Moïse. Je crois donc que le Moïse dont il s'agit dans le texte et celui qui est nommé comme l'auteur du panégyrique sont une seule et même personne, et que sans doute Moïse fut le successeur immédiat de Pisentios. C'est tout ce qu'on peut affirmer de lui pour le moment : moins heureux que Pisentios son nom n'a pas été placé dans le Cynaxare copte et sa vie n'a pas été écrite, du moins que je sache.

Moïse, ainsi que l'indique le titre du document, n'est pas le seul auteur du panégyrique : il l'a sans doute prononcé seul, si le panégyrique a vraiment été prononcé; mais il l'a écrit en collaboration avec Jean, disciple de Pisentios. Dans toute la dernière partie, c'est même le disciple Jean qui parle. Il est assez curieux d'observer que ce changement d'auteur se fait sans que la plus petite phrase en prévienne; on ne s'en aperçoit qu'au moment où l'auteur dit : «Pisentios me dit, à moi, Jean;» ou : «Moi, Jean, qui vous parle, je vous assure que . . .», etc. Le titre a donc parfaitement raison en affirmant que dans le panégyrique Moïse et Jean étaient en parfait accord. Comment se fit cet accord? Il est assez difficile de le dire avec certitude; mais on peut supposer en toute vraisemblance que Jean qui, au témoignage de Pisentios lui-même, connaissait toute la vie de son père, rédigea par écrit une partie de ses *Mémoires,* qu'il la remit à Moïse et que celui-ci l'inséra dans son œuvre sans en changer un seul mot, ou en prévenant ses auditeurs ou ses lecteurs que Jean était l'auteur de ce qui suivait. L'opinion que l'on doit se faire sur la manière dont eut lieu cette collaboration dépend en grande partie de celle à laquelle on s'arrête sur cette autre question : «Le panégyrique a-t-il été prononcé, ou non?» Il me semble qu'on doit répondre à cette seconde question en employant la méthode de la distinction scholastique. Que Moïse ait prononcé un panégyrique de Pisentios, c'est ce qui me paraît certain; car c'était la coutume en Égypte dès que quelqu'un se rendait célèbre par l'extraordinaire plus ou moins grand de sa vie : on agit de même pour Antoine, Macaire, Pachôme, Schnoudi et une foule d'autres sans doute dont les noms nous sont parvenus dans le Cynaxare. Par contre, je doute que le panégyrique ait été prononcé tel que Moïse l'écrivit ensuite. Je ne crois pas, en effet, que les Coptes aient connu l'usage de réciter des discours entièrement appris par cœur, ou de lire des discours écrits. Ce n'est pas leur habitude actuellement et l'on peut presque à coup sûr en inférer que ce ne le fut jamais. Ils parlent d'abondance sans chercher d'autres effets oratoires que certains jeux de mots qui semblent fort spirituels à leurs auditeurs : quand Schnoudi, Pachôme, Macaire, Antoine parlaient à leurs disciples, ils parlaient d'abondance et chacun les admirait parce que tout ce qui sortait de leur bouche était admirable *a priori*. Je n'ai jamais rencontré dans les vies de moines, et j'ai en ma possession toutes celles que l'on connaît jusqu'à présent, aucun fait qui puisse faire penser à une autre manière d'agir. Je peux donc en conclure que Moïse fit de même, et qu'il rédigea son panégyrique après l'avoir prononcé. De la sorte il put intercaler dans son œuvre les mémoires de Jean. Peu importe que dans le panégyrique même on trouve une foule de phrases adressées directement aux auditeurs : ce n'est là qu'un artifice littéraire. Outre que Moïse put vouloir écrire son discours autant que possible tel qu'il l'avait prononcé, il y a dans la littérature copte une foule de discours apocryphes qui n'ont jamais été prononcés et qui ne sont que des échantillons d'un genre littéraire que les Coptes aimèrent toujours beaucoup. La plupart du temps ces discours ou sermons contiennent deux ou trois pages de préceptes moraux de la plus grande généralité, et tout le reste est consacré à raconter les faits les plus extraordinaires, les plus fantastiques : ce sont de véritables contes populaires enchassés dans un cadre de rhétorique sacrée.

Moïse, à mon avis, composa donc son panégyrique après l'avoir prononcé et s'aida des mémoires de Jean qu'il intercala dans son œuvre propre sans en changer un seul mot. Discours et mémoires furent écrits en dialecte thébain : la situation géographique de la ville de Keft en est une preuve irréfragable. Cependant le monument que je publie est écrit en dialecte memphitique : ce n'est donc qu'une traduction. Quand et où fut faite cette traduction? c'est ce qu'il est impossible de dire avec certitude. Il est probable que la traduction fut faite dans le siècle même où mourut Pisentios, c'est-à-dire avant l'an 700 de notre ère; mais rien n'est moins certain. Quant au lieu où elle se fit, il est vraisemblable qu'elle fut faite dans l'un des couvents de Nitrie. En effet, les nombreux couvents qui s'élevèrent dans la vallée des lacs Natron et le long de la chaîne Libyque furent toujours un asile pour la littérature copte : c'est de là que proviennent la plupart des manuscrits importants qui se trouvent dans les bibliothèques d'Europe; c'est de là en particulier qu'ASSEMANI tira les beaux manuscrits qui sont l'une des plus grandes richesses de la riche bibliothèque du Vatican. Comme notre document fait partie du manuscrit 66 du fonds copte du Vatican et que ce manuscrit provient des couvents de Nitrie, il n'y a rien de hasardé à penser que la traduction fut faite par l'un des moines, successeurs et enfants de Macaire, qui voulut faire profiter ses frères de l'édification que devait nécessairement procurer la lecture de la vie d'un aussi saint homme que Pisentios. Par un heureux hasard le document est daté de l'année 634 de l'ère des martyrs, c'est-à-dire de l'année 918 de notre ère; mais il n'est qu'une copie faite par un pauvre moine nommé Jacques qui a écrit son nom à la fin du manuscrit afin que chaque lecteur eût un souvenir pour lui dans ses prières.

Le premier devoir de toute traduction étant d'être fidèle et complète, il serait inutile de se demander, en toute autre occasion, si le traducteur memphitique a fidèlement rendu l'original thébain et s'il n'en a rien omis. Mais, quand il s'agit des écrivains et des copistes coptes, on doit avoir toutes les suspicions. En effet, les Coptes, comme je l'ai dit ailleurs,[1] n'ont jamais eu d'idées bien nettes et bien arrêtées sur la propriété littéraire : selon l'expression connue, ils prenaient leur bien partout où ils le trouvaient et ne se faisaient pas faute d'introduire dans leurs œuvres certains

1. J'ai développé un peu cette idée dans le *Voyage d'un moine égyptien dans le désert*, p. 27—28 du tirage à part.

morceaux qui leur avaient plu et qu'ils croyaient devoir concourir efficacement à obtenir le but cherché. Le plus petit copiste ornait à son gré l'original qu'il copiait, quand il le trouvait peu riche des ornements qu'il préférait. Il en est résulté qu'on ne peut jamais être sûr de posséder le texte même de l'auteur qui a écrit une œuvre. Cependant il faut dire que cette manie des copistes ne va pas jusqu'à changer le fond des choses : on ne faisait que revêtir les idées d'un meilleur style. Hélas! ce plus beau style ne valait pas quelquefois le premier; mais l'intention était bonne et le correcteur satisfait. S'il en est ainsi pour les simples copistes, on peut s'imaginer les libertés que prenaient les traducteurs, gens évidemment plus savants que le commun des scribes. Je crains bien que leur science n'ait été pour eux l'occasion d'un plus grand nombre d'infidélités.

Pour ce qui regarde en particulier l'éloge de Pisentios, je ne peux dire quelle est la part des changements opérés dans l'œuvre de l'évêque Moïse et du disciple Jean; mais il y en a un qui saute tout d'abord aux yeux et sur lequel le titre prend lui-même le soin d'attirer notre attention. Le texte memphitique n'est pas la traduction intégrale du texte thébain : ce n'en est qu'un abrégé. « *Quelques-uns des éloges* », ces mots semblent assez clairs. Cependant les expressions coptes sont tellement vagues et élastiques, elles sont susceptibles de tant de nuances qu'on pourrait soutenir avec assez d'apparente raison que la traduction est bien intégrale malgré le titre. Heureusement pour ma thèse, l'étude intrinsèque du document vient confirmer l'interprétation du titre, et d'autres documents coptes nous la prouvent péremptoirement. Il est, en effet, raconté dans le corps du discours qu'un soir Pisentios fut mordu par un scorpion pendant qu'il était en prière. Loin que la douleur lui fit cesser sa prière, il la continua avec plus d'ardeur et de contention, méprisant la souffrance et voulant témoigner à

Dieu la grandeur de son amour. Le Seigneur ne pouvait manquer de lui témoigner son contentement : il le lui témoigna en lui rendant *de nouveau* la santé. Or, dans ce qui précède, il n'est aucunement parlé d'une première guérison. Il y a donc eu quelque chose d'omis. D'ailleurs, les premières pages du document suffiraient à elles seules pour prouver qu'il y a eu abréviation et choix. Dans toutes les œuvres coptes connues jusqu'à ce jour, quand il raconte l'histoire d'un personnage, l'auteur ne manque jamais d'indiquer le nom du village et quelquefois du nome où naquit le héros : les Coptes ont reçu cette coutume de leurs pères et ils l'ont conservée avec amour. Dans plusieurs récits similaires à celui qui se trouve dans l'éloge de Pisentios, la première demande que l'on fait en voyant des momies, est celle-ci : «De quel nome était cet homme?» Notre document offre le seul exemple, à ma connaissance, d'un récit où l'auteur se préoccupe si peu de cette importante question qu'il la passe complétement sous silence pour arriver de suite aux faits prestigieux qui lui semblent bien autrement nécessaires à traduire que des phrases donnant des notions géographiques. Je peux donc en toute vraisemblance induire de ce fait que le traducteur a omis de son plein gré les premières phrases de l'œuvre qu'il traduisait. Si l'on compare en outre les recommandations morales qui commencent et terminent l'œuvre de Moïse à celles qui se rencontrent de même au commencement et à la fin des œuvres semblables, on est choqué de leur brièveté et du décousu que l'on y constate tout comme dans la traduction memphitique de la vie de Schnoudi.[1] Le texte complet de l'œuvre de Visa conservée en arabe m'a permis de démontrer que le panégyrique primitif avait été abrégé : il en fut de même pour le discours de Moïse de Keft.

Le Cynaxare nous fournit encore une nouvelle preuve de l'abré-

1. Ce décousu est surtout apparent dans l'*exorde* du panégyrique.

viation. Pisentios a été mis au nombre des saints de l'église copte, du moins pour la Haute-Égypte. On en célébrait la fête au jour anniversaire de sa mort, c'est-à-dire le treizième jour du mois d'Épiphi (7 juillet). L'auteur du Cynaxare lui a consacré à ce jour une courte notice qui est évidemment l'analyse du panégyrique, car on y rencontre des phrases qui en sont traduites mot pour mot, puisqu'on les retrouve dans l'abrégé memphitique. Mais à la fin, lorsque notre abrégé s'arrête tout à coup sur cette phrase : «Nous l'enterrâmes le quatorzième jour du mois dans le lieu qu'il nous avait dit et que nous avions creusé pendant qu'il était en vie;» l'auteur du Cynaxare ajoute que Jean le disciple de Pisentios prit un morceau de son linceul et opéra quantité de guérisons grâce à la précieuse relique.[1] Le ton de cette dernière remarque de l'auteur du Cynaxare est tellement dans les habitudes des écrivains coptes et correspond si bien à la tournure de leur esprit que je suis persuadé que le panégyrique de Pisentios se terminait ainsi, comme se terminent toutes les autres œuvres où l'on célèbre un martyr ou un saint personnage. L'absence des faits prodigieux qui suivirent la mort de Pisentios est donc pour moi une preuve nouvelle que le document memphitique n'est qu'un abrégé. Et l'on ne peut pas objecter à cette manière de voir que si le panégyrique a été prononcé sitôt après la mort de Pisentios, les faits auxquels je fais allusion n'ont pas eu le temps de se produire; car il s'écoula au moins un an entre la mort de Pisentios et le jour où Moïse prononça son éloge, puisque cet éloge fut prononcé au jour anniversaire de la mort du saint évêque. De plus, une longue habitude des textes coptes m'a appris que les choses ne se passaient pas en Égypte comme elles se passent en Occident. En Occident, en effet, un saint qui vient de mourir ne se presse pas de faire des miracles,

1. Cf. les manuscrits arabes des cynaxares coptes au 13e jour du mois d'Epiphi (*Abib* en arabe).

il est de bon ton qu'il attende quelques années; tout d'abord il ne fait ressentir son pouvoir miraculeux que dans le secret des cœurs, il obtient des grâces surnaturelles ou des faveurs physiques avant d'en arriver à violer les lois de la nature d'une manière apparente; de plus, son action ne s'étend qu'à un petit nombre de privilégiés en attendant que le cercle de ses dévots serviteurs s'élargisse à mesure que les personnes favorisées font part de leur bonheur à leurs amis et connaissances. En Égypte, pour ne m'occuper que de cette partie de l'Orient, le saint y allait plus franchement; la mort ne le privait en rien d'un pouvoir qu'il avait eu pendant sa vie, elle ne faisait que précipiter la foule. Le culte des morts toujours en honneur en Égypte venait en aide à la superstition du vulgaire. A peine un personnage dont on racontait de merveilleuses mortifications était-il passé de vie à trépas, que les foules accouraient à son cadavre ou à son tombeau : on buvait de l'eau qu'il avait bénite, on s'efforçait de toucher quelque chose qu'il eut touché, on se couchait sur son tombeau pour être guéri d'une maladie ou avoir la révélation du passé que l'on ne savait pas, tout comme de l'avenir qu'on ignorait. C'était un engouement universel après la mort, au lieu de supercheries ou de superstitions limitées comme cela avait eu lieu pendant la vie. L'engouement cessait peu à peu à mesure que le souvenir s'oblitérait. Seuls les grands personnages ont été préservés de l'oubli et opèrent encore des miracles. Rien ne s'oppose donc que dans le cours d'une année de nombreux faits se soient produits ou aient été censés se produire, qu'on les ait mis au rang des miracles et à l'actif de Pisentios : au contraire tout concourt à prouver que ces faits ne durent jamais être si nombreux que pendant la première année qui suivit la mort du saint évêque.

Je peux donc conclure en toute sûreté de conscience que la traduction memphitique est un abrégé en même temps qu'une traduction de l'original thébain. Ce n'est certes pas le seul exemple d'une pareille méthode : ainsi que je l'ai dit plus haut, cette méthode a été employée pour la vie de Schnoudi par son disciple Visa, et je l'ai démontré ailleurs;[1] je démontrerai de même qu'elle fut encore employée pour la vie de Pachôme. Je crois que la plupart de ces traductions abrégées furent faites à Nitrie, et cela pour deux raisons. Les couvents de Nitrie renfermaient, en effet, un grand nombre de frères qui ne comprenaient la langue copte que dans le dialecte memphitique, on ne pouvait raisonnablement pas les priver de l'édification qu'ils auraient goûtée à lire les actions merveilleuses des saints de la Haute-Égypte parce qu'ils ne comprenaient pas le dialecte en usage dans le Sahid. D'un autre côté la lecture de ces actions telles que les avaient racontées les auteurs sahidiques présentait des inconvénients. Les esprits étaient bien plus échauffés dans le Sahid que dans la vallée des Natrons : la Basse-Égypte a toujours montré dans les œuvres coptes un tempérament plus sobre d'exagération que la Haute-Egypte, sa sœur. La conduite des moines à Scété et à Nitrie semble avoir été plus humaine soit dans les actions qu'on ne peut approuver, soit dans celles qui ne suscitent aucun blâme et méritent même un étonnement respectueux : les mœurs paraissent y avoir été meilleures. Dans la Thébaïde au contraire, soit par l'effet du climat, soit par suite des mortifications plus rigoureuses des moines, les esprits étaient faibles et les cerveaux approchaient bien près du vide dans la plupart des ascètes fameux. En outre les règles de la vie monastique n'étaient pas les mêmes : peu à peu le cénobitisme était devenu la forme préférée de la vie religieuse dans la Haute-Égypte, tandis que la règle de Macaire était toujours en vigueur dans la vallée des Natrons. Les moines de Scété avaient regardé

1. J'ai fait cette démonstration dans la préface des *Monuments pour servir à l'histoire de l'Égypte chrétienne au IVe et Ve siècle*, publiés dans les *Mémoires* de la Mission française du Caire.

l'institution de Pachôme comme une décadence, ils méprisaient profondément les cénobites qui le leur rendaient de leur côté, persuadés que les enfants de Pachôme réalisaient sur terre l'image du royaume céleste où tous les élus sont réunis dans la cité de Dieu. Un certain nombre des actions de la vie cénobitique ne pouvaient donc cadrer avec les idées qu'on se formait à Scété de la véritable vie religieuse, il fallait les faire disparaître aux yeux des moines simples et naïfs qui s'en seraient scandalisés. De même, on ne pouvait raisonnablement pas proposer à l'imitation des frères Schnoudi assommant ses moines lorsqu'ils lui désobéissaient, ou ses visiteurs laïques lorsque, selon son expression, il sentait à leur approche l'odeur de l'adultère. En vérité ce n'étaient pas là actions louables et dignes d'être imitées! On faisait donc un choix de pièces édifiantes qui ne pouvaient aucunement scandaliser les esprits les plus faibles. Telle est, selon moi seulement, la raison de ces traductions abrégées qui nous sont parvenues dans le dialecte memphitique : chaque nouveau document que je traduis et où je retrouve cette manière d'agir me confirme dans mes pensées et me montre plus clairement que ce furent bien les mobiles par lesquels se laissèrent conduire les abréviateurs.

Ce système d'élimination d'éléments inopportuns eut sans doute de bons effets sur les moines auxquels les ouvrages traduits étaient destinés, les préservant de jugements téméraires et d'imitations fâcheuses; mais pour l'histoire il est d'autant plus regrettable que le plus souvent les originaux sont perdus et qu'ainsi la valeur des documents est nécessairement amoindrie. Les coupures doivent, en effet, être regardées en quelque sorte *a priori* comme renfermant les passages les plus intéressants pour l'historien. L'examen de la vie de Schnoudi confirme de point en point cette manière de voir : si l'on n'avait que l'abrégé memphitique, une foule d'actions du terrible moine seraient restées inconnues et l'on n'aurait jamais soupçonné qu'un saint entouré d'une aussi grande vénération avait mérité d'être condamné à mort par le gouverneur grec d'Antinoë. Et cependant le fait est raconté en détail dans l'œuvre originale de Visa telle qu'elle nous est parvenue dans la traduction arabe. Sans doute l'humble Visa n'osa jamais regarder cette phase de la vie de son père Schnoudi comme une série de crimes, son père n'en était que plus louable à ses yeux; mais nous ne sommes pas obligés de nous en tenir à ses jugements, notre critique conserve toute sa liberté d'action, et, les milieux étant changés, ce qui paraissait à Visa une action digne d'être mise en parallèle avec celles du prophète Samuel, nous paraît à nous de tout point semblable à celle des fanatiques qui ont assassiné leurs semblables par amour pour Dieu. Entre Schnoudi et Jacques Clément je ne vois que la différence du petit au grand.

La méthode qui a présidé à l'abréviation des documents sahidiques n'est qu'une application particulière du principe qui a guidé tous les écrivains coptes : écrire pour édifier et charmer, édifier le chrétien et charmer l'homme; et comme l'homme et le chrétien sont réunis dans la même personne, on a donné une couleur chrétienne à tous les ornements littéraires en usage parmi les Coptes. Comme j'ai assez longuement développé ailleurs cette manière de voir,[1] je n'y insisterai pas ici. Il me suffira de dire que ni Moïse ni Jean n'ont fait exception à la règle générale. On peut donc voir quelle est la valeur historique du document que je publie. Elle est à peu près nulle pour les faits, mais assez importante pour les idées et les croyances de cette époque sur laquelle nous n'avons que peu ou point de renseignements en ce qui regarde l'Égypte. Il n'en pouvait être autrement avec les idées des Coptes sur la fin qu'on doit se proposer en écrivant. Sans contredit il est souve-

1. Ces développements se trouvent dans la préface des *Monuments pour servir à l'histoire de l'Égypte chrétienne*, dont j'ai parlé plus haut.

rainement regrettable pour nous qu'ils aient eu des idées si étroites; mais ils ne pouvaient par avance connaître quels seraient nos goûts et notre manière d'écrire l'histoire. Ils ont cherché tout d'abord à se contenter eux-mêmes. Qui peut le leur reprocher? Ne faisons-nous pas de même? Nous croyons, il est vrai, que nous sommes plus près de la vérité, et, si la vérité existe quelque part, nous avons raison. Mais y a-t-il quelque chose d'absolu sur terre? tout n'y est-il pas relatif? La vérité elle-même, si l'on excepte les sciences exactes, ne nous apparaît que sous l'angle que comporte notre esprit; n'est-ce pas dire que dans les sciences historiques ou en littérature tout est relatif et rien absolu? Il en fut pour les idées religieuses, historiques et littéraires des Coptes comme il en est pour les nôtres : la vie de Pisentios et les réflexions qu'elle suggère le montreront amplement.

II

Pisentios appartenait sans doute à une famille de cultivateurs aisés, sinon riches. Quoique les noms de son village et de ses parents nous soient inconnus, on peut cependant croire qu'il naquit dans le nome dont la ville de Keft était alors le chef-lieu, sinon dans la ville même. Ses parents possédaient un troupeau de moutons : le jeune Pisentios allait quelquefois les garder et tenir compagnie au jeune garçon que les parents employaient à ce service. Quand il eut atteint l'âge où les enfants allaient d'ordinaire à l'école, ses parents lui firent donner une certaine instruction, car Moïse, son successeur et son panégyriste, nous apprend que dès son entrée dans la vie monacale il apprit par cœur une partie des Écritures. Il savait donc lire et devait aimer la lecture, car il eut toujours grand soin de posséder des livres. Si l'on s'en rapporte à son disciple Jean, il dut même acquérir une assez grande instruction puisqu'il apprit à lire l'antique écriture démotique dans laquelle ont été écrits un certain nombre de livres de l'ancienne Égypte et une grande partie des contrats particuliers. Il serait cependant possible qu'il n'eût acquis cette dernière science qu'après avoir embrassé la vie monacale, et cela près de quelque autre moine qui lui aurait légué son secret et sa science.

A ces maigres détails se bornent tous les renseignements qu'on peut avoir sur la première partie de la vie de Pisentios. La légende devait en connaître davantage : elle nous a même conservé l'un des traits dont elle avait orné la simple vérité. Un jour que Pisentios était allé rejoindre le jeune berger qui paissait les brebis de ses parents, il vit une colonne de feu qui marchait devant lui. Il dit à son jeune compagnon : «Vois-tu cette colonne de feu qui marche devant nous?» — «Non», répondit l'autre. Alors le jeune Pisentios s'écria à Dieu, disant : «O Dieu, ouvre les yeux de mon frère afin qu'il voie cette colonne de feu, comme je la vois.» Et à l'instant sa prière fut exaucée : le jeune garçon vit la colonne de feu, comme son camarade Pisentios, et fut rempli d'étonnement.

Un enfant qui voyait de tels prodiges et obtenait de Dieu que ses compagnons les vissent comme lui, était évidemment appelé à une sublime vocation. Or quelle plus grande et plus sainte vocation que la vie religieuse, que d'imiter ces grands serviteurs de Dieu, Antoine, Macaire, Pachôme et tant d'autres? Aussi l'auteur du cynaxare nous apprend-il que Pisentios embrassa la vie monacale dès sa jeunesse. Le terme de *jeunesse* est trop vague sous le calame des écrivains coptes pour qu'on puisse en tirer quelque indice nous renseignant à peu près sur l'âge de Pisentios au moment où il embrassa la vie religieuse : on était encore pour eux un *petit garçon* à l'âge de trente ans et plus. Il se pourrait cependant que Pisentios soit entré dans un couvent dès les premières années de son adolescence, alors qu'il avait appris tout ce qu'on pouvait lui enseigner dans l'école où ses parents l'avaient envoyé. S'il en fut ainsi, il dut achever son instruction à peine ébauchée avant d'être reçu au nombre des moines et d'en revêtir l'habit : chaque monastère était devenu une école et des enfants qu'on y avait envoyés uniquement pour s'instruire, n'en sortaient plus.[1]

Quoi qu'il en soit de l'âge auquel Pisentios entra au couvent, il devait être sorti de l'adolescence lorsqu'il revêtit l'habit religieux. Dès sa profession, il se livra aux exercices ascétiques les plus extraordinaires. Il apprit tout d'abord le Psautier par cœur : c'était chose ordinaire pour ses pareils; mais pour y réussir il employa une méthode qui sortait du commun et qui était bien dans les mœurs de sa race. Pour apprendre les Psaumes par cœur, il choisissait le moment de la journée où, sur la montagne, le soleil versait des torrents de chaleur si bien que le calcaire lui brûlait ses pieds nus : dans un endroit écarté où nul ne le pouvait voir, il se tenait debout et récitait le Psautier tout entier. Pour le mieux faire entrer dans sa mémoire, il s'attachait au cou une grosse pierre qu'il ne détachait qu'après avoir récité les Psaumes sans en omettre un seul. Encore de nos jours, l'écolier copte ne trouve pas de meilleur moyen de mettre ses leçons en sa mémoire que d'appliquer sur sa poitrine de retentissants coups de poing. Pisentios faisait davantage, et, au témoignage d'un frère qui le surprit un jour dans cette dévote occupation, sa face était complétement congestionnée et ses yeux semblaient prêts à sortir de leur orbite. Il y a évidemment dans le témoignage du frère quelque pieuse exagération, mais il est facile de comprendre que l'exercice était violent.

Le Psautier ne fut pas le seul livre de l'Écriture que Pisentios

1. D'après les paroles du document memphitique il semblerait que Pisentios dut être assez âgé lorsqu'il se fit moine, puisqu'il se livre aussitôt à des mortifications qui demandaient une grande force de tempérament; mais rien n'est plus trompeur que les expressions coptes en cas semblable, et il n'y faut pas attacher grande importance.

apprit par cœur : lorsqu'il l'eut bien gravé dans sa mémoire, il apprit, sans doute par la même méthode, les douze petits prophètes et l'évangile selon saint Jean. Il ne lui fallut que douze jours pour apprendre les douze petits prophètes : il avait décidé d'en apprendre un par jour et il le fit. Sa mémoire était bonne. Il est vrai que l'œuvre lui était facilitée par la bonne grâce avec laquelle les prophètes venaient à son secours. Dès qu'il avait commencé de réciter leurs œuvres, ils descendaient un à un près de lui, se tenaient à ses côtés pendant tout le temps que durait la récitation pour les prophéties de chacun d'entre eux, puis remontaient au ciel après l'avoir tendrement embrassé. Un frère qui passait un jour par hasard devant la porte de sa cellule, l'ayant entendu commencer la récitation d'Osée, le premier des douze petits prophètes, eut la curiosité de regarder par les fentes de la porte, et, de son œil ébloui, il vit le merveilleux spectacle. Il s'empressa de le raconter aussitôt aux autres frères; mais ceux-ci étaient gens plus avancés dans les voies spirituelles; sans doute ils admirèrent le fait, mais ils apprirent au moine simple et naïf que ce qu'il avait vu n'était rien auprès de ce qu'il eut pu voir, s'il avait eu la patience d'observer Pisentios jusqu'au moment où le saint se serait levé pour se mettre en prière.

Pisentios avait choisi pour théâtre de ses actions ascétiques la montagne qui s'élevait près de la ville de Tsenti[1] : il habitait dans l'un des tombeaux anciennement creusés dans la montagne. Tout autour de lui d'autres moines avaient fait de même, et, à la fin du VIe siècle, la ferveur de ces moines était tellement grande que tout le pays était embaumé du parfum de leurs vertus et que les années d'abondance succédaient sans interruption aux années d'abondance.

1. La ville de Tsenti était située, comme Keft, sur la rive orientale du Nil, entre Keft et Kous. L'auteur de l'*Histoire des monastères* le dit expressément. Cf. QUATREMÈRE, *Mém. géogr. sur l'Eg.*, I, p. 271—272.

Pisentios en particulier était regardé comme la lumière « du pauvre nome et la protection de tout le pays». Il faut croire que la charité se refroidit au commencement du VIIe siècle, car nous verrons qu'au moins une fois l'inondation fut complétement insuffisante et, par son insuffisance même, désastreuse. Mais bien des années devaient sans doute s'écouler avant cette punition d'une dévotion relâchée, et à cette première époque de la vie monacale de Pisentios tout était pour le mieux. Notre héros se livra sans relâche dans sa caverne à la prière et au jeûne : sa retraite était entière, il n'en sortait qu'au matin pour aller remplir à un puits la cruche d'eau qui lui était nécessaire chaque jour; pour se rendre au puits, il se joignait à ses frères et tous, en silence, l'esprit occupé des plus saintes méditations, ils marchaient avec ordre jusqu'à ce qu'ils fussent arrivés; après avoir prié on puisait l'eau et l'on remplissait les cruches, puis on se remettait en marche et chacun se renfermait dans sa cellule, sans qu'un seul mot eût été prononcé. Les autres frères sortaient sans doute de leur cellule de temps en temps; mais Pisentios, dès qu'il eut appris de l'Écriture ce qu'il en voulait apprendre, ne sortit plus jamais de sa caverne. C'est Moïse qui nous l'assure, et il ne faut accepter son affirmation qu'avec beaucoup de réserve, car lui-même va nous fournir la preuve que le saint ascète sortait quelque fois seul.

Un jour, en effet, il arriva que «par la volonté de Dieu», Pisentios sortit pour se rendre au puits. Il était seul, et, comme il retournait tout occupé de célestes pensées, il rencontra sur son chemin deux pauvres femmes qui semblaient l'attendre. L'une d'elles avait une si forte migraine que tout un côté de son visage était endolori et l'un de ses yeux si enflé qu'il semblait être sur le point de sortir de son orbite; l'autre était hydropique. Toutes deux en le voyant coururent de son côté pour lui baiser les mains et recevoir sa bénédiction. A leur vue, soit que la chair ne fut pas morte en lui, soit qu'il eut toujours regardé la femme et Satan comme une seule et même chose, il s'enfuit. Les deux femmes n'en coururent que de plus belle; mais l'une d'elles, celle qui était hydropique, tomba bientôt en chemin et laissa sa compagne poursuivre seule le saint homme. Celui-ci, se voyant toujours poursuivi, se couvrit la tête de sa cuculle, jeta sa cruche à terre pour courir avec plus de vitesse, et, tout en courant : «Pourquoi me poursuis-tu, ô passion! s'écria-t-il. Où irai-je me cacher en ce jour? retire-toi, va-t-en loin de moi!» — «Je suis malade, lui écria la femme, et je souffre beaucoup, mon père. Daigne t'arrêter et placer tes mains saintes sur ma tête, j'ai confiance que je serai guérie.» — «Et que peut donc ma petitesse? répliqua Pisentios; je ne suis qu'un misérable pécheur. Va vers les frères, ils prieront pour toi, et tu seras guérie.» — Et toujours courant, il arriva à sa caverne et en ferma la porte. La femme malade fut un moment déconcertée; puis elle réfléchit que si elle n'avait pas pu joindre le frère et lui baiser la main, c'est que probablement elle n'en était pas digne; d'ailleurs qu'importait de le toucher? ne suffisait-il pas de toucher quelque chose qu'il aurait lui-même touché? L'effet ne pouvait manquer d'être semblable. Toute pleine de ce pieux et beau raisonnement, elle observa les traces qu'il avait laissées en fuyant, elle prit du sable à l'empreinte qu'avait faite son pied droit, elle le porta à sa tête après l'avoir mis dans sa robe, et soudain elle fut guérie. Quand sa compagne hydropique la vit revenir : «As-tu baisé la main du saint? lui dit-elle, as-tu reçu sa bénédiction? Si tes mains ont touché ses mains saintes, place-les sur ma tête et j'ai confiance que je serai guérie.» Et quand la malheureuse hydropique eut appris ce qui s'était passé : «Donne-moi de ce sable,» dit-elle; et aussitôt elle en avala une certaine quantité. O prodige! dès que le sable fut descendu dans ses entrailles, son nombril s'ouvrit et toute l'humeur de son ventre et de son corps en sortit;

l'enflure disparut, la malade était guérie. Les deux femmes eurent grand soin d'emporter chez elles le bienheureux sable pour le conserver comme la plus précieuse des reliques et le plus sûr des palladiums. Or, la femme qui avait été guérie de la migraine, avait un petit garçon très en retard pour marcher et parler. Dès qu'elle fut de retour en sa maison, l'heureuse femme jeta de ce sable dans une cuve pleine d'eau, elle en fit boire à son enfant et l'y lava tout entier «et les parents ont attesté, dit le panégyriste, qu'il ne s'écoula pas une semaine avant que les pieds de l'enfant ne se tinssent droits, qu'il ne marchât bien, que les liens de sa langue ne se fussent déliés et qu'il ne parlât comme tout homme».

On croira sans peine qu'avec une si grande vertu Pisentios fut regardé comme un grand saint. D'ailleurs sa vie n'était qu'une suite continuelle de prodiges. Dès qu'il se mettait debout en prière et qu'il étendait les mains, les extrémités de ses dix doigts devenaient lumineuses, comme si elles eussent été des lampes allumées. Sa caverne en paraissait quelquefois tout en feu, si bien que les frères, tout surpris, se demandaient : «Pourquoi donc Pisentios a-t-il allumé du feu? ce n'est pas sa coutume.» Et ils allaient sans bruit regarder par les fentes de sa porte et restaient tout émerveillés du spectacle qui s'offrait à leurs yeux. Un jour, un frère du monastère bâti dans la montagne de Tsenti fut si gravement malade qu'il eut envie de manger un poisson. Le cas était grave, et le malade fit part de son désir à Pisentios. «Tranquillise-toi, lui dit celui-ci, le Seigneur remplira ton désir.» Et voilà qu'à l'heure de midi, le saint prit sa cruche et se rendit au fleuve pour la remplir. C'était à l'époque de l'inondation : le fleuve avait été généreux, il se retirait et laissait comme toujours des poissons à sec. Pisentios en vit un qui faisait des efforts et des sauts désespérés pour rejoindre l'eau; il le prit et le porta au malade : «Vois, dit-il, le Seigneur envoya jadis son repas à Daniel dans la fosse aux lions, il nourrit encore ceux qui marchent avec crainte dans sa présence.» Une autre fois, il s'était rendu au puits pour puiser de l'eau. Quand il y fut arrivé, il s'aperçut qu'il avait oublié la corde nécessaire pour atteindre l'eau qui était profonde. «O Dieu de nos pères, s'écria-t-il, ma cellule est bien loin, daigne faire monter l'eau jusqu'à moi!» Et l'eau monta; il remplit sa cruche, mais pas assez vite pour qu'un berger qui survenait n'aperçût l'eau qui redescendait à son niveau normal et n'en glorifiât le Seigneur.

Ce saint homme, ainsi favorisé des faveurs célestes, ne nous apparaît cependant pas sans quelqu'une de ces taches qui sont toujours adhérentes à la pauvre humanité. Il ne recula pas toujours devant l'un de ces mensonges pieux qui échappent à la fragilité des saints. Une année, comme on terminait les fêtes de la Pâque, «au jour de la troisième fête de la fin de la Pâque», dit le texte, il eut mal à la rate. Comme il était habitué à ce que le Seigneur le guérît miraculeusement lorsqu'il était piqué par un scorpion, il pensa qu'il ne devait rien en dire à personne et que Dieu lui enverrait sans doute la guérison à l'heure qu'il lui plairait. Afin que les frères ne se doutassent de rien, il leur dit : «Priez pour moi; je vais aller jusqu'à la laure d'anba Abraham[1] pour visiter en ce lieu les frères qui y habitent : s'il plaît à Dieu, je serai bientôt de retour près de vous.» Les moines n'opposèrent aucun obstacle à son dessein, et Pisentios prit congé d'eux; mais au lieu d'aller vers la laure d'anba Abraham, il se retira dans le tombeau qui lui servait de cellule et s'y coucha. Il y resta toute la semaine dans de grandes souffrances. Que si quelqu'un pouvait être surpris qu'un aussi grand serviteur de Dieu ait pu être malade, le panégyriste Moïse lui a déjà répondu que Job, dont on ne peut révoquer en doute la sainteté, le fut aussi et que Dieu n'envoie des maladies à

1. Je ne sais où était situé ce monastère. Il ne devait pas être très éloigné de Tsenti.

ses saints que pour faire paraître leurs vertus; d'ailleurs saint Paul a dit : «Je me suis fait tous à tous, pour sauver tout le monde.»[1] Pisentios fut donc malade et sa vertu en reçut un nouvel éclat. En effet, au bout de la semaine, les frères, trouvant qu'il tardait beaucoup à rentrer, se dirent : «Où donc est-il? peut-être est-il malade!» Ils députèrent l'un d'entre eux à sa cellule pour savoir ce qu'il en était. Le frère, en arrivant à la porte, frappa sans qu'on lui répondît et dit avant d'entrer : «Bénis-moi, mon père.» Après quelques moments d'attente, il entra et trouva Pisentios couché, ayant près de lui un personnage vénérable, aux longs cheveux et au visage tout lumineux. Le frère se fit bénir des deux hommes qu'il voyait dans la cellule, il se mit en prière; mais il ne pouvait lever ses yeux sur l'inconnu, car les rayons de lumière qui entouraient sa tête l'éblouissaient. Cet inconnu n'était autre qu'Élie le Thesbite, le conducteur et le cocher d'Israël. Élie avait été envoyé par Dieu même près de Pisentios pour lui tenir compagnie, le consoler et le guérir : en entendant frapper le frère, il avait voulu discrètement se retirer, mais Pisentios l'avait prié de rester encore un peu pour le consoler. Lorsque le frère eut fini sa prière, Pisentios lui dit : «Frère, depuis quand est-ce la règle d'entrer sans permission? Si tu étais allé chez un grand personnage de ce monde, serais-tu entré sans en avoir obtenu licence?» — «Mon père, dit le moine, pardonne-moi, j'ai péché; mais lorsque je suis resté à la porte quelque temps après avoir frappé, j'ai cru que tu ne pouvais te lever pour m'ouvrir et je suis entré.» — Élie intervint et dit : «Laisse-le; ceci est arrivé par la volonté de Dieu, car ce frère est digne de nous voir et de recevoir notre bénédiction à tous deux.» Et sur ces paroles, le prophète sortit. Le frère n'eut rien de plus pressé

1. *Ire Épître aux Corint.*, ch. IX, v. 22. J'avoue humblement que je ne vois pas l'opportunité de cette citation; mais les Coptes ne se sont jamais laissés arrêter pour si peu.

que de demander à Pisentios quel était cet homme : jamais il n'avait vu pareils cheveux et pareille auréole de lumière; chose étonnante, lorsqu'il lui avait baisé la main, il avait senti comme une vertu qui s'opérait en lui et un mal dont il souffrait avait disparu tout à coup. Évidemment un tel moine n'habitait pas la montagne de Tsenti, ou jamais le frère ne l'y avait vu. Pisentios ne voulut lui divulguer ce grand mystère que sous le sceau du secret; le frère ne promit le secret que sous condition : il ne dirait rien à moins qu'il n'y fût obligé. D'ailleurs l'ange Raphaël l'avait dit au jeune Tobie, il est bon de garder le secret du roi, mais il est bon aussi de proclamer les œuvres de Dieu. Pisentios céda, il nomma Élie et le frère fut dans l'admiration. Garda-t-il sa promesse? Il est probable que Pisentios lui-même en eût été fâché, quoique ce qu'il craignait surtout fût de perdre aux yeux de Dieu le mérite de ses actions extraordinaires. Déjà lorsqu'il avait été surpris par un autre frère, une pierre au cou, apprenant le Psautier par cœur, il avait donné comme cause de sa retraite et de son humilité cette même crainte de ne pas recevoir sa récompense dans l'autre monde si ses actions étaient connues; malgré tout, il se laissait aller à faire connaître sa vie, car il est bien doux de jouir présentement de la vénération d'autrui et le bonheur futur n'en sera pas moindre pour cela.

Cette fausse humilité, Pisentios la porta dans toutes les actions de sa vie, soit qu'il en eût conscience, soit que la faiblesse de son esprit ne lui permît pas de voir son erreur. Elle parut surtout lorsque les clercs de la ville de Keft vinrent lui annoncer qu'on l'avait élu évêque. Un événement si grave ne pouvait être regardé comme naturel par l'auteur du panégyrique ou par celui qui en était l'objet. Ce furent trois anges qui vinrent annoncer à l'humble Pisentios qu'on l'avait élu de par le Seigneur et lui présentèrent les clefs, symbole de sa nouvelle charge. En apprenant cette nouvelle, Pisentios recula d'effroi : comment lui, évêque, lui pauvre pécheur qui avait tant besoin de faire pénitence! Comment pourrait-il répondre pour les autres quand il aurait tant de peine à répondre pour ses propres actions! Mais l'épiscopat, c'était une grande chose! Il avait lu dans le *Paradis de Scété*[1] que les frères avaient un jour fait imposer les mains à un moine, nommé Théodore, et l'avaient fait ordonner diacre. Théodore, religieux orné de toutes les vertus, grand ascète, s'était trouvé indigne de servir le prêtre à l'autel, il avait demandé au Seigneur de lui faire connaître s'il devait le faire ou non, et le Seigneur, dans une admirable vision, lui avait répondu : «Théodore, si tu es pur comme cette colonne de feu que je te montre, approche-toi de l'autel.» Théodore effrayé n'avait jamais voulu remplir les fonctions de sa charge. Et comment lui, Pisentios, le misérable, pourrait-il être évêque? Le Dieu qui avait trouvé des taches dans les Anges, n'en trouverait-il pas en lui? D'ailleurs il n'y avait qu'à lire le Lévitique pour voir et comprendre la pureté qui doit se rencontrer chez un prêtre. Un prêtre ne doit épouser qu'une femme vierge, et non une veuve; il ne doit être ni aveugle, ni boiteux, ni bossu, ne point avoir la gale, l'oreille coupée, le nez amputé, en un mot aucun vice de conformation physique de naissance ou par accident. Ces défauts corporels sont mis pour désigner les vices du cœur. Or qui peut être exempt de péché? Personne. On n'avait donc qu'à le laisser vivre dans sa cellule en faisant pénitence. Tous ces beaux raisonnements n'émurent pas les Anges, je veux dire les députés de l'église de Keft et l'on conduisit Pisentios dans la ville d'Alexandrie pour y être ordonné par le patriarche. Pisentios se laissa faire sans résistance.

Le patriarche d'Alexandrie était alors Damianos : il s'était assis le trente-cinquième sur le siége de saint Marc. Moine dans l'un

1. C'est le titre d'un ouvrage copte, maintenant perdu dans l'original et conservé en arabe.

des monastères de Scété, il avait été choisi comme secrétaire par le patriarche Pierre : quand celui-ci mourut, Damianos avait été appelé à lui succéder. L'empereur Maurice régnait alors : l'Église d'Égypte eut à souffrir de l'amour de l'empereur pour le concile de Chalcédoine et l'historien des Patriarches l'accuse d'avoir aimé l'argent. Au fond, son règne fut une époque de paix religieuse relative et Damianos put en toute tranquillité rebâtir les quatre monastères du Ouady Habib.[1] Ce patriarche était un homme fort versé dans les sciences ecclésiastiques à la manière des Coptes : il passa presque tout le temps de son patriarchat à composer des livres de polémique religieuse et à faire une sorte de réfutation générale de toutes les hérésies qu'il connaissait. Le patriarche schismatique d'Antioche, Théophanios, étant venu à mourir, on élut, grâce à l'empereur, un prêtre nommé Pierre qui se rangea du côté des Chalcédoniens. Les deux siéges d'Antioche et d'Alexandrie étant toujours demeurés en communion de schisme depuis le concile de Chalcédoine, Pierre envoya sa lettre synodique à Damianos; mais celui-ci trouva sa doctrine répréhensible sur la Trinité et lui écrivit une lettre où les témoignages les mieux choisis dans les œuvres des Pères confondaient la doctrine du nouveau patriarche d'Antioche. Il est inutile de dire que les deux grands dignitaires ecclésiastiques ne se convainquirent ni l'un ni l'autre. Cette discussion ne servit qu'à montrer le zèle que l'on conservait encore dans l'Égypte pour les sciences sacrées, et que, sur le trône des Athanase et des Cyrille, on mettait encore de préférence les plus savants des moines. Mais le temps était passé où le patriarche était plus puissant que les gouverneurs et où il se mêlait des affaires publiques : pendant les trente-six années que dura son pontificat, Damianos ne s'occupa que de son aride et minutieuse théologie : son historien ne mentionne aucun des grands événements politiques

1. Nom arabe de la vallée de Nitrie.

accomplis pendant sa vie, selon la triste habitude des historiens coptes.

Les connaissances que Pisentios avait de l'Écriture et sans doute aussi dans quelques autres branches des sciences ecclésiastiques durent parler en sa faveur près du patriarche Damianos. Quoique le cas n'ait pas été fréquent, le patriarche d'Alexandrie renvoyait quelquefois électeurs et élu, sous prétexte d'indignité de la personne choisie. Rien de pareil n'arriva pour Pisentios. Le patriarche lui imposa les mains, le consacra évêque pour la ville de Keft et le renvoya dans son diocèse. Il y fut reçu avec grande joie, car «le Seigneur avait mis la grâce sur son visage». Sa vie presque tout entière devait s'écouler dans sa ville épiscopale jusqu'à la conquête de l'Égypte par les Perses. Sa principale vertu fut la charité : il faisait l'aumône à quiconque s'adressait à lui, et il la faisait avec générosité. Ses diocésains n'étaient pas les seuls à en profiter; mais sa réputation de bienfaisance s'étant étendue hors de son diocèse, on accourait en foule près de lui et il accueillait chaque solliciteur. S'il recevait quelques présents, il n'en gardait rien pour lui; mais il avait soin de les faire tenir dans les villes et les villages à des personnes sûres et discrètes qui les distribuaient aux pauvres en son nom sans le faire connaître. Il visita aussi quelquefois les divers villages qui formaient le troupeau qui lui avait été confié, et il semble qu'il écrivait chaque année une sorte de lettre pastorale, pour porter à la connaissance de ses fidèles la lettre paschale encyclique écrite tous les ans par le patriarche d'Alexandrie et envoyée à chacun des évêques de l'Égypte afin que personne n'en ignorât le contenu et le dispositif. L'auteur du panégyrique nous a conservé l'une de ces lettres, et le musée du Louvre à Paris en possède plusieurs. Celle qui est contenue dans l'œuvre collective de Moïse et de Jean ressemble à toutes les lettres coptes; c'est une série de lieux communs empruntés à l'Écriture.

sans cachet personnel et sans aucun de ces renseignements qui récompenseraient amplement les recherches du linguiste et de l'historien. Voici cette lettre :

«On m'a appris, écrivait Pisentios à ses diocésains, que vous commettiez de grands péchés. Ne les commettez plus désormais de peur que le Seigneur ne s'irrite, ne se venge sur moi et ne nous fasse souffrir ensemble, car il ne rougira pas devant un vieillard tel que moi et il fera tomber sur vous de grandes souffrances, de grandes douleurs et une famine cruelle, comme il le fit autrefois pour Pharaon. Je vous apprends en outre que le Seigneur a dit : «Je n'entreprendrai plus d'amener un déluge d'eau sur terre.» S'il n'avait pas juré lui-même de ne pas envoyer le déluge sur nous, il nous exterminerait comme il extermina les fils des géants au temps où les Anges transgressèrent ses commandements par désir des femmes. Après avoir abandonné le parfum de la virginité, ils tombèrent des pensées élevées de Dieu, ils se mêlèrent aux souillures des femmes, ils chérirent les odeurs fétides plus que les parfums exquis. Mais vous, vos iniquités se sont multipliées plus que les leurs : vous avez tous les désirs de la chair, vous commettez la fornication, l'adultère; les parents savent que leurs enfants pèchent et ne les instruisent pas. A cause de nos péchés, Dieu nous a oubliés, il nous a livrés aux mains de ces nations sans pitié.[1] Que maintenant donc la miséricorde et le repentir règnent parmi vous, avec la charité les uns pour les autres, et surtout la pureté et la paix; que le jeûne mette la joie dans votre cœur et sur votre langue, car certes la miséricorde prévaut contre le jugement, comme l'a dit l'apôtre Jacques. En effet, la miséricorde sauve l'homme et le fait passer de la mort à la vie selon la parole du divin apôtre Paul qui a dit : «Il vaut mieux donner que recevoir.» En outre, ô mes bien-aimés frères, vous savez que c'est la coutume de

1. Allusion à l'invasion des Perses, sans doute.

l'archevêque, qu'à l'approche de la sainte quarantaine il écrit une lettre encyclique à toute l'Égypte pour instruire tous les peuples et leur apprendre ce qui est nécessaire pour la célébration de la fête des fêtes.»

Il est probable que cette lettre n'est pas complète, mais telle qu'elle nous est parvenue, elle nous fait comprendre ce que pouvaient être les autres. Au fond du cœur de Pisentios il n'y avait rien qu'une sorte d'égoïsme religieux : s'il avertissait son peuple de ne plus commettre les actions grossières qu'il lui signale, c'était non pas parce que ses diocésains manquaient aux règles de la pure morale, mais parce qu'il craignait que Dieu ne s'irritât contre lui. Cette petitesse de pensée, il la portait partout avec lui. Son élévation à la dignité épiscopale ne lui avait pas élevé les idées : il était resté l'esprit étroit qu'il était auparavant. D'ailleurs la dignité épiscopale ne semble pas avoir été prisée beaucoup en Egypte. La personnalité du patriarche absorbait tout. De même à Rome, encore de nos jours, la personnalité du pape ne laisse place à aucune autre dignité : les évêques ne comptent presque pour rien en dehors de leurs diocèses, le moindre des employés du Vatican ou des innombrables congrégations romaines se croit bien au-dessus des simples évêques. Il en était de même en Égypte : les clercs du patriarche d'Alexandrie se regardaient comme de grands seigneurs bien au-dessus des évêques souvent grossiers et sans éducation, surtout dans la Haute-Égypte. Les évêques égyptiens n'avaient pas même la consolation d'être les premiers personnages de leurs diocèses : les moines passaient avant eux, à moins que leur vertu particulière ne les fît considérer en dehors de leur dignité. Maintenant encore c'est déchoir en quelque sorte que d'être nommé évêque : un moine, à l'aise dans son monastère où il ne manque de rien, préfère rester moine et ne pas courir les chances d'être évêque dans une petite bourgade où il pourra manquer de bien des choses auxquelles il était accoutumé. Il en était ainsi dès le temps de Pisentios : c'est ce que prouve le peu de soin que cet évêque regardé comme un saint éminent prenait de son diocèse, tout préoccupé de sa personne. Et pourquoi aurait-il fait autrement? L'épiscopat ne lui avait rien apporté en fait de considération religieuse, la seule à laquelle tint sa vanité de moine. Sa nouvelle dignité ne lui avait donné que son disciple Jean.[1] Jean était un moine, servant à la fois de témoin aux vertus de l'évêque et de serviteur intendant : il veillait aux affaires du dehors pendant que l'évêque continuait dans sa maison épiscopale l'existence qu'il avait menée dans sa caverne de la montagne, priant, lisant, travaillant de ses mains et se rappelant qu'il était évêque quand besoin en était.

Les faits racontés de la vie épiscopale de Pisentios ressemblent à ceux qui ont été racontés précédemment : ils n'offrent en plus qu'une sorte de rigorisme encore plus dur et de piétisme plus étroit. Toutes les grandes, nobles et fortes idées qui ont fait la fortune du Christianisme en Occident, échappaient à la faiblesse des esprits en Égypte. Un Égyptien avait besoin de faits concrets pour couvrir les idées abstraites : la religion chrétienne ne changea point cette disposition, elle ne fit que l'aviver en la détournant de sa direction première. Un jour Pisentios, qui assistait à la messe qu'un prêtre célébrait en sa présence, vit ce prêtre cracher. Aussitôt après la messe, il le fit appeler dans le lieu où il se reposait : «Mon fils, lui dit-il, qu'as-tu fait? comment as-tu osé cracher dans le lieu saint? Ne sais-tu pas que des myriades d'Anges, d'Archanges, de Chérubins et de Séraphins entourent l'autel en chantant : Saint, saint, saint est le Dieu des armées! Crois-moi, j'ai vu un autre

1. C'est à partir de l'élévation de Pisentios à l'épiscopat que Jean prend la parole dans le panégyrique : j'en ai conclu qu'il ne fut attaché à la personne de Pisentios qu'à partir de ce moment.

prêtre qui, comme toi, avait craché et en a été puni de mort.» Et Pisentios raconta au prêtre irrévérencieux qu'un samedi soir un prêtre était venu lui faire visite; il l'avait prié de monter à l'autel. Le prêtre avait été pris par un soudain besoin de tousser et de cracher : à peine avait-il craché qu'il tomba à la renverse et lui, Pisentios, fut obligé d'ordonner à un autre prêtre, nommé Élisée, d'achever le sacrifice. Lorsque la messe fut terminée, les frères l'avaient prié d'intercéder pour le malheureux qui était évanoui.[1] Pisentios avait prié et la vie était revenue au prêtre qui confessa son péché. Le malheureux n'avait pas conscience d'avoir fait autre chose, et il ajouta avec une grossière naïveté qu'il ne savait pas où son crachat était tombé, lorsqu'il avait senti tout à coup une aile lui effleurer l'oreille et s'était trouvé renversé. Pisentios était plus instruit, il savait pertinemment que le crachat du prêtre avait atteint l'aile de l'un des chérubins qui entouraient l'autel, et le chérubin avait puni l'irrévérence. Trois jours après le prêtre était mort. Pisentios n'était pas le seul à être convaincu de ces idées : Schnoudi longtemps avant lui les avait eues et avait laissé sur ce sujet un sermon que Pisentios avait lu et dont le titre seul nous est parvenu.[2]

L'idée que cet évêque se faisait de la justice de Dieu apparaît encore plus horrible dans un autre fait. Un homme se présenta un jour à lui, tenant un petit enfant qui poussait des cris désespérés. Depuis quatorze jours et quatorze nuits, disait le père, l'enfant ne cessait de crier; cependant il n'avait point de fièvre, nulle plaie ne paraissait sur son corps et il était impossible de savoir où était le siége du mal. Frère Jean qui avait reçu le visiteur à la porte informa Pisentios du fait, il lui demanda ce que cela signifiait, et peut-être laissa-t-il percer la pensée que l'enfant devait

1. Le texte dit qu'il était mort, mais ce mort meurt de nouveau trois jours après.
2. Cf. Zoëga, *Cat. cod. copt.*, p. 421.

avoir commis quelque faute pour souffrir ainsi, ou que s'il n'y avait pas de faute chez un si petit enfant, lui, Jean, n'y comprenait plus rien. Pisentios poussa un profond soupir et lui dit : «Vraiment il y a dans le monde des gens qui n'ont aucun jugement! Quel péché ce malheureux enfant a-t-il pu commettre pour demeurer en pareil tourment quatorze jours et quatorze nuits? C'est son père qui a péché et Dieu fait expier *son péché à son fils,* afin que les entrailles du père soient torturées par la souffrance du fils.» Cette énorme réponse ne satisfit pas Jean qui répondit : «Mais, mon père saint, j'ai entendu dire que son père était un brave homme?» Qu'est-ce que cela pouvait prouver, répliqua Pisentios; il lisait donc toujours sans comprendre ce qu'il lisait! St Luc n'a-t-il pas dit que les hommes semblent justes au dehors et qu'en dedans ils sont remplis d'iniquités.[1] De même, cet homme qui passait pour juste avait calomnié un pauvre malheureux, et le soir même, sans avoir conscience de sa faute, il avait bien mangé, bien bu et s'était couché comme si de rien n'était. Au milieu de la nuit, son enfant lui avait demandé à boire; le père avait pris un vase d'eau qui était près de lui : dans le vase était tombé un petit lézard et l'enfant l'avait avalé. Pisentios ne dit pas à Jean d'où il tenait tous ces détails que le père avait sans doute fournis lui-même en partie, et il condescendit à recevoir le visiteur. L'enfant jetait des cris éperdus : il était beau et sa vue émut le cœur de l'évêque. Pisentios fit sans doute prendre un vomitif au malade et le lézard, si lézard il y avait, fut rejeté vivant. Le récit de Jean n'est pas aussi simple, naturellement. Pisentios, d'après lui, prit l'enfant, le conduisit à l'église, le laissa devant le grillage du sanctuaire pendant

1. St Luc rapporte ces paroles de N. S. J. C. au sujet des Pharisiens. Pisentios les applique à tous les hommes, c'est un exemple de l'exagération horrible et égoïste que l'on trouve dans tous les auteurs coptes dès qu'il s'agit de leurs ennemis ou dès qu'ils veulent montrer leur sagacité.

que lui-même pénétrait dans le lieu saint; après avoir longtemps prié, il prit un peu d'eau dans le vase qui servait aux purifications des prêtres, il en fit boire à l'enfant et l'effet fut irrésistible. Le père qui avait promis auparavant de ne plus jamais calomnier personne, fut rempli d'admiration et s'écria : «Tes œuvres sont grandes, ô Dieu, et tu opères des merveilles par tes saints.»

Fort heureusement pour la mémoire de Pisentios, toutes ses actions ne découlent pas de pensées aussi étroites et aussi éloignées de la vérité : il employa parfois son influence à sauvegarder les lois de la morale et de la justice. Quoique l'Égypte antique ait fait preuve d'une morale aussi pure qu'élevée, ce ne serait pas cependant connaître l'humanité que de se refuser à croire qu'il n'y eut pas de désordres. Le climat ne le permettait guère, et ce qui ressort le plus clairement des documents coptes, c'est que le christianisme eut beaucoup à faire pour mettre un peu de retenue dans les appétits sensuels. Trop souvent les moines et les religieuses donnèrent sous ce rapport de funestes exemples pour avoir trop présumé de leurs forces. Leur chair était plus faible encore que leur esprit n'était prompt. Les laïques ne différaient pas d'eux sous ce rapport, et à chaque instant dans les œuvres coptes il est question de fornications et d'adultères, quand il ne s'agit pas de crimes contre nature. Un jour, pendant que les clercs d'Alexandrie qui avaient apporté la lettre encyclique citée plus haut se trouvaient chez Pisentios, un berger entra, se prosterna aux pieds de l'évêque pour recevoir sa bénédiction et voulut lui prendre la main pour la baiser. A sa vue, malgré les nombreux témoins de la scène, Pisentios recula avec horreur : «Jean, s'écria-t-il, qui a laissé entrer ici cet impie? Allons, sors d'ici, impur!» dit-il au berger. Jean prit alors le berger et le poussa hors de la maison, lui disant : «Qu'as-tu donc fait pour que le vieillard t'ait maudit ainsi devant tous, surtout en présence des clercs de l'archevêque?

avoue-moi ton péché.» — Et le berger : «Plût à Dieu, dit-il, que je fusse mort aujourd'hui avant de me lever de ma couche! Aujourd'hui, pendant que je faisais paître mes brebis dans la ronceraie au milieu de la campagne, une femme a traversé la ronceraie; je la connaissais, je l'ai prise et j'ai fait le mal avec elle. J'étais loin de penser que le vieillard saurait cette action. Le Seigneur sait qu'au moment où il m'a regardé, j'ai eu conscience qu'il savait tout : mon corps tout entier a tremblé, lorsque j'ai vu que Dieu avait révélé ma honte à ce saint vieillard; et si tu ne m'avais pas soutenu, je serais tombé la face contre terre.» Ce berger n'était sans doute pas méchant : il se repentit de sa faute et, pour en obtenir le pardon, il apporta quelques fromages à Jean qui devait en faire l'aumône aux pauvres. Jean tout d'abord ne voulut pas les recevoir par crainte de son père Pisentios; mais le berger le conjura avec tant d'insistance qu'il finit par les accepter, se disant qu'il les placerait avec les autres et que le vieillard n'en saurait rien. Mais au moment où les envoyés du patriarche se disposaient à partir, Pisentios dit à Jean : «S'il y a ici des fromages, apportes-en quelques-uns, afin que tu les donnes aux clercs pour le voyage.» Jean obéit et trouva l'occasion bonne pour écouler les fromages du berger. Il les apporta. Pisentios les regarda et dit sévèrement à Jean : «Si quelqu'un avec des yeux en bon état, les fermait à dessein, est-ce que tout le monde ne se moquerait pas de lui, en lui disant : Puisque Dieu a donné la lumière à tes yeux, pourquoi aimes-tu l'apparence de la cécité?» Aussitôt Pisentios prit les fromages du berger, les mit à l'écart et dit à Jean : «Ces fromages viennent du berger; pourquoi les as-tu acceptés? Prends garde à qui tu t'es rendu semblable. Te voilà devenu comme Giezi, le disciple d'Élisée, lorsqu'il rappela le lépreux et reçut de lui deux talents et deux habits. Élisée, pour punir sa désobéissance, fit que la lèpre du lépreux passa sur le corps du disciple. Quant à toi, lève-toi, prends les fromages, retourne-les au berger et garde-toi bien de revenir sans les lui avoir rendus, quand même tu devrais passer la moitié de la nuit à le chercher.» Le pauvre Jean n'avait plus qu'à confesser sa faute : il le fit en prétextant que le berger l'avait conjuré avec tant d'insistance qu'il avait dû accepter les fromages. Mais Pisentios lui répondit par des paroles de l'Écriture et lui rappela qu'il ne devait pas oindre sa tête de l'huile des pécheurs, ni s'asseoir à la table des fornicateurs et des adultères. Il fallait donc rendre les fromages : c'était le seul moyen de sauver l'âme du malheureux berger des griffes du satan.

Dans une autre circonstance, un homme du nome de Keft vint à Pisentios, accompagné de son fils déjà en âge de prendre femme.[1] Quand on les eut introduits en sa présence et qu'ils se furent prosternés à ses pieds, Pisentios dit au père : «Pourquoi n'as-tu pas donné femme à ton fils?» — «Parce qu'il est encore jeune et qu'il est sage,» répondit le père. — «En vérité, dit l'évêque, ton fils a forniqué.» — «S'il a forniqué, répondit le pauvre homme, je le livre entre tes mains; tu lui feras ce que tu voudras.» Le voyant en de si bonnes dispositions, Pisentios lui donna de plus amples explications. «Quand tu rentreras dans ton village, dit-il, la première femme que tu trouveras porte en son sein quelque chose qui te témoignera que ton fils a dormi avec elle jusqu'à ce qu'elle soit devenue grosse. Ne crois pas que j'imagine cela : des gens en qui l'on doit avoir confiance me l'ont appris. Si tu veux suivre mon conseil, tu la donneras pour femme à ton fils, qu'il le veuille ou ne le veuille pas. Il faut qu'il reste avec elle et lui reconnaisse un douaire comme à toute jeune fille encore vierge,[2] quoiqu'elle soit pauvre,

1. C'est dire qu'il avait environ douze ans. Encore aujourd'hui les Coptes, surtout dans la Haute-Égypte, marient leurs enfants dès qu'ils ont atteint l'âge de puberté.

2. Cette coutume est très remarquable pour l'histoire du droit égyptien. Elle existe encore maintenant.

car c'est lui qui l'a humiliée. Si tu ne la lui donnes pas pour femme et qu'il pèche, Dieu te demandera compte de son péché; si au contraire tu la lui donnes, les péchés qu'il pourra commettre retomberont sur sa tête.» Le père, tout confus, promit de faire ce que l'évêque lui avait ordonné, et le quitta.

En cette occasion Pisentios fit évidemment acte de justice. Il venait ainsi au secours des bonnes mœurs outragées, et, sans juger trop sévèrement son époque, ce n'était pas hors de saison. Il y mettait un peu de charlatanisme; mais on peut le lui pardonner en raison du but poursuivi. Soit qu'il ait vraiment pris Schnoudi pour modèle, soit que ses panégyristes soient seuls responsables de la ressemblance qui existe, plusieurs traits de sa vie sont la copie de certaines actions du terrible supérieur du monastère d'Athribis. Il signait une vache sur le point de mettre bas et le signe de la croix se trouvait retracé sous le ventre du petit veau.[1] Un soldat venait l'éprouver et lui demander une aumône de trente-six pièces d'or pour payer une dette et arracher son fils à l'esclavage. Pisentios apprenait au soldat stupéfait que ce n'était ni le lieu, ni le temps de plaisanter : ces trente-six pièces d'or qu'il demandait, que n'allait-il les reprendre à sa femme dans la barque où celle-ci se trouvait. Il croyait par cette aumône racheter son crime, mais le sang versé ne pouvait être expié que par le sang, et la terre entière donnée en aumône pour lui ne le justifierait ni d'avoir tué, ni d'avoir dépouillé le cadavre de celui qu'il avait tué.[2] Une autre fois encore il guérit un enfant possédé du démon depuis sept ans, en remettant à son père un peu d'eau bénite que l'enfant doit boire, et dès que l'enfant a bu, le démon le renverse à terre et sort en

1. Ce fait ne se retrouve pas dans la vie de Schnoudi, mais il y en a un semblable. (Cf. *Monum. pour servir à l'hist. de l'Ég. chr.*, 1, p. 82.)

2. Deux faits de la vie de Schnoudi ont été réunis ensemble dans ce trait. (Cf. *op. cit.*, p. 11 et 21.)

disant : «Quelle est grande ta puissance, ô Pisentios.»[1] Par humilité, dit Jean, il ne voulut pas faire boire l'enfant lui-même de peur qu'on ne répandît partout le bruit qu'il avait chassé un démon du corps d'un tel; mais lorsque le père vint lui apprendre la guérison de son fils, l'humble Pisentios ne put s'empêcher de dire : «Tout est possible à celui qui croit : l'eau bénite surtout guérit quiconque a la foi. Ne pense pas que la grâce de cette guérison vienne de moi : cette merveille a été faite à cause du lieu saint.» Fausse humilité pleine d'orgueil, car il avait lui-même béni l'eau et savait que bien d'autres avaient aussi béni l'eau sans guérir les malades.

Cependant Pisentios, au cours de sa vie, était arrivé à l'année 615. Les Perses avaient fait leur apparition en Égypte et venaient de s'emparer d'Alexandrie. Le bruit s'en répandit bientôt dans toute la vallée du Nil et, si détaché que Pisentios parût des affaires de ce monde, cette nouvelle parvint à ses oreilles et l'impressionna vivement. Si l'on s'était contenté de dire que Khosroës et son armée étaient dans la Basse-Égypte, il n'y eut peut-être pas vu grand mal; mais on dut ajouter qu'ils remontaient le Nil, et dès lors il ne pensa plus qu'à fuir. Il régla toutes les affaires de son évêché, distribua aux pauvres tout ce qu'il possédait, et, avec son disciple Jean, il abandonna le troupeau qui lui avait été confié et se retira dans la montagne de Gîmi.[2] Cependant l'occasion eût pu être belle pour lui, s'il avait aussi ardemment aimé son Dieu qu'il le disait. Au témoignage d'un auteur copte,[3] les Perses exer-

1. Les paroles sont à peu près les mêmes dans plusieurs occasions de la vie de Schnoudi, surtout à son arrivée au monastère de son oncle. (Cf. *op. cit.*, p. 6.)

2. Je ne connais pas la situation de cette montagne. Elle devait se trouver, ce me semble, entre Keft et Kous.

3. Cet auteur est celui qui mit la dernière main à la vie de Schnoudi par Visa et qui, dans un sermon sur la fin du monde, a intercalé toute une prophétie où il est question de cette invasion des Perses. (Cf. *op. cit.*, p. LI à LVI.)

cèrent de grands ravages dans l'Égypte, ils pénétrèrent jusqu'au delà de la première cataracte, souillant et profanant les églises, violant les vierges et les femmes mariées, se servant des vases sacrés pour leurs orgies, faisant un nombre considérable de martyrs. Pisentios eut donc pu trouver là une heureuse occasion de montrer qu'il était digne d'avoir été choisi pour gouverner son diocèse et de mériter ce ciel qu'il désirait. Nous voilà certes bien loin de ces évêques d'Occident qui résistaient aux barbares, les faisaient reculer et dirigeaient eux-mêmes la défense dans leur ville assiégée!

Le pauvre Jean ne put quitter sans un serrement de cœur l'évêché de Keft et les biens qu'il renfermait pour aller vivre dans une montagne où il savait que tout finirait par lui manquer. Pour éloigner le plus possible le temps du besoin, il rassembla tous les vases qu'il put, les remplit d'eau et les porta dans l'endroit de la montagne qu'ils devaient habiter. Il avait fait de même pour le pain qui leur serait nécessaire. Pisentios lui avait affirmé qu'ils reviendraient un jour à Keft et que Dieu leur rendrait ce qu'ils laissaient momentanément; mais il n'avait pas été persuadé, il voyait qu'il ne sortirait de cette retraite que de nouvelles privations pour lui. En effet, Pisentios s'était trop hâté de s'enfuir : les Perses n'arrivèrent pas de suite à Keft et y firent sans doute un plus long séjour que ne l'avait prévu l'évêque. Il avait beau prier Dieu nuit et jour de ne pas livrer aux mains des barbares le peuple qui lui avait été confié et qu'il avait abandonné, les Perses ne s'en allaient pas et l'eau avait diminué. Un jour même arriva où il n'en resta plus une goutte. Le malheureux Jean était au désespoir et ne pensait plus qu'à mourir. «Mon père, dit-il à son maître, il n'y a plus d'eau.» — «Dieu ne nous abandonnera pas, mon fils, répondit Pisentios, il prendra soin de nous. A chaque jour suffit son mal : ne pensons point au lendemain.» Et pour donner plus de poids à ses paroles, il cita pieusement l'exemple du prophète Élie le Thesbite que des corbeaux nourrissaient dans le désert et auquel un ange apporta un pain et de l'eau qui le rendirent assez fort pour marcher quarante jours de suite dans le désert sans prendre d'autre nourriture. Jean, ne voyant ni ange, ni corbeaux charitables, s'était étendu le visage contre terre pour diminuer les tourments de la soif. Trois jours durant, il resta dans la même position. Ni lui ni son maître n'eurent assez de courage pour descendre jusqu'au fleuve, malgré la distance, se désaltérer et remplir les vases, comme ils l'avaient fait d'abord. La crainte des Perses était la plus forte. Cependant Pisentios prit sans doute sur lui d'y descendre pendant la nuit et d'en rapporter de l'eau. Il avait même dû exécuter son projet avant de faire la leçon à Jean. Après la lui avoir faite, il s'éloigna et au bout d'une grande heure, dit le texte, il revint à lui et lui dit : «Jean, je te vois brûlé par la soif: lève-toi maintenant, va chercher de l'eau et bois.» — Jean crut sans doute que Pisentios se moquait de lui : «Mon père saint, dit-il, voici trois jours que les quelques vases d'eau sont à vide.» Le pauvre Jean pensait que son maître ne s'en était pas aperçu parce que c'était son habitude de passer deux ou trois jours sans manger: quand son corps n'était pas malade, il prolongeait même son jeûne pendant toute la semaine. Mais l'évêque savait bien que les vases avaient été vidés : «Pourquoi es-tu désobéissant? reprit-il; lève-toi, prends de l'eau et bois, puisque tu souffres.» — «Mon père, dit le malheureux disciple, quand je lève les yeux sur ton visage plein de gloire, Dieu me repose des tortures de la soif.» — «Si tu souffres, reprit l'évêque, pour deux ou trois jours que tu as passés sans boire, comment font donc ceux qui sont dans l'enfer plongés dans le fleuve de feu?» Cette considération donna sans doute des forces à Jean, il se releva, se rendit à l'endroit où les vases d'eau étaient rangés et les trouva pleins d'une eau fraîche comme la neige et délicieuse comme celle du Géhon, le fleuve paradisiaque. Celui qui donne leur nourriture aux corbeaux qui ne sèment ni ne moissonnent, était venu au secours de ses deux serviteurs dans leur détresse.

Ce ne fut pas le seul prodige dont Jean fut le témoin pendant son séjour forcé dans la montagne de Gîmi. Soit par suite d'un besoin morbide de surnaturel, soit par une vanité dont il ne se rendait pas bien compte, les choses les plus ordinaires prenaient aux yeux de Pisentios des couleurs surnaturelles. Avec un peu de charlatanisme, il ne lui était pas difficile de faire partager ses impressions à son disciple : il n'avait le plus souvent qu'à affirmer pour être cru sur parole. La solitude dans laquelle il se tenait le plus souvent lui facilitait encore le succès. Souvent il s'enfonçait dans la montagne et y restait à faire de ces longues et pénibles prières qu'il regardait comme le plus bel hommage qu'on puisse rendre à la divinité. Revenant un soir de l'une de ces excursions, il dit à Jean : «J'ai vu aujourd'hui un immense dragon dans cette montagne; mais j'ai confiance que Dieu ne le laissera pas venir jusqu'à nous.» Le serpent était probablement mort quand Pisentios prophétisait ainsi à coup sûr. Le lendemain matin, les deux solitaires aperçurent une foule d'oiseaux de proie s'occupant déjà de dévorer le reptile. «Va voir ce que font ces oiseaux,» dit Pisentios à Jean. Jean n'était pas brave : il avait une peur aussi grande des dragons que des Perses. Il prit son temps, s'orienta et découvrit bientôt qu'il ne courait aucun danger, car le reptile n'était plus en vie. De loin il s'écria : «Mon père, le dragon est mort.» Pisentios le savait d'ailleurs, et ce fut pour lui l'occasion de donner une nouvelle leçon à ce disciple incrédule malgré tant de prodiges, et de lui rappeler ces passages de l'Écriture devant lesquels tous les dragons du monde restent sans force, quand on les récite avec foi.[1]

1. Ce trait montre clairement que les chrétiens d'Égypte se servaient des pas-

Dans l'une de ces excursions dans la montagne, Pisentios avait découvert une caverne qui lui sembla le lieu le plus propice pour s'y retirer et pour frapper l'imagination de son disciple. Un jour il dit à Jean : «Jean, mon fils, suis-moi que je te montre le lieu où je veux me retirer, afin que chaque samedi tu viennes me visiter et m'apporter un peu de nourriture.» On était sur le point de commencer le carême : Pisentios avait arrêté que leur nourriture pendant les quarante jours du jeûne saint se bornerait à deux éphas de grains de blé trempés dans l'eau. Il avait partagé les deux éphas en un certain nombre de mesures,[1] en avait pris une et avait dit à Jean : «Chaque semaine tu m'apporteras cette quantité de grains et une cruche d'eau.» Le tout réglé, ils étaient partis de compagnie. Après avoir marché pendant environ trois milles, selon l'estimation de Jean, ils arrivèrent en un passage où se trouvait une porte. La porte toute grande ouverte donnait accès dans une caverne creusée dans le roc et travaillée de main d'homme. C'était un tombeau égyptien, de forme quadrangulaire, dont la voûte était supportée par six colonnes. La grande base du tombeau rectangulaire avait cinquante-deux coudées;[2] la hauteur en était proportionnelle. Il contenait une foule de momies. L'odeur qui se dégageait des cadavres momifiés était très forte, presque insupportable. On n'avait, en effet, rien épargné pour la momification; les cercueils étaient massifs et les boîtes où se trouvaient les corps étaient couverts des plus riches ornements. Les bandelettes étaient de la soie dont se vêtent les rois, dit le naïf Jean : les doigts des pieds et des mains des momies étaient tous embaumés séparément.

sages de l'Écriture de la même manière que leurs ancêtres avaient des formules magiques pour prévenir les malheurs ou confondre leurs ennemis.

1. L'épha contenait à peu près 32 litres. Il faut sans doute entendre que les deux éphas devaient servir pour le maître et pour le disciple.

2. C'est-à-dire environ 26 mètres.

La momie la plus rapprochée de la porte avait particulièrement été soignée : les bandelettes avaient été prodiguées et peut-être aussi les objets sacrés qu'on y cachait : elle était très grosse. Pareil spectacle impressionna vivement les deux anachorètes. Ils se mirent cependant à amonceler les momies les unes sur les autres, sans doute dans un coin du tombeau, afin que Pisentios eût la place libre et peut-être aussi afin de diminuer, en l'éloignant, l'odeur trop forte des parfums entrés dans la momification. Pendant cette opération, Pisentios dit à Jean : «Combien y a-t-il d'années que tous ces hommes sont morts? de quel nome étaient-ils?» — «Dieu le sait, mon père,» répondit Jean. Le contact des momies avait assombri leurs pensées. Quand ils eurent fini d'amonceler les boîtes les unes sur les autres, Pisentios dit de nouveau à Jean : «Va-t-en, mon fils, retourne dans ta demeure, veille sur toi, car ce monde est périssable et à chaque instant l'on peut nous en faire sortir. Prends bien soin de ta pauvre âme, jeûne en toute perfection, fais toutes tes prières comme je te l'ai dit, et ne viens ici que le samedi seulement.» Jean s'apprêta à partir; mais au moment de quitter le tombeau ses yeux se posèrent sur l'une des colonnes et sur la colonne il vit un rouleau de parchemin. Il le prit et le tendit à Pisentios. Celui-ci déroula le parchemin et y lut les noms de tous les hommes dont on avait déposé les corps en ce lieu. Quand Pisentios eut lu ce que contenait le parchemin, Jean reprit le rouleau et le remit à sa place. Le maître accompagna ensuite son disciple pendant quelque temps, l'entretenant du sort de ces hommes dont les uns étaient dans l'Amenti, les autres dans les ténèbres extérieures, ceux-ci dans des fosses pleines de flammes, ceux-là dans le grand fleuve de feu. Peut-être quelques-uns jouissaient-ils de l'éternel repos, si leurs œuvres avaient été bonnes. «Lorsque l'homme est sorti de ce monde, ajouta Pisentios avec une sorte de mélancolie, ce qui est passé est passé.» Sur ces paroles, Jean ayant embrassé son père qui lui recommanda de prier pour lui, retourna dans sa demeure et Pisentios dans le tombeau.

A la fin de la première semaine, Jean prit les quelques grains de blé et la cruche qu'il devait porter à son maître et se dirigea vers le lieu où Pisentios était demeuré. Lorsqu'il entra dans le tombeau, il entendit parler; comme il était curieux, il prêta l'oreille, et, à cause de l'obscurité qui était grande, il crut d'abord qu'un homme conversait avec Pisentios. Une voix disait, en effet : «Je t'en supplie, mon seigneur et mon père, prie Dieu pour moi, afin qu'il me fasse sortir de ces tourments et qu'on ne m'y plonge pas une autre fois, car j'ai grandement souffert.» — «De quel nome es-tu?» demanda Pisentios. — «Je suis de la ville d'Erment,» reprit la voix. — «Quel était ton père?» — «Mon père était Agricolaos et ma mère Eustathia.» — «Qui adoraient-ils?» — «Ils adoraient celui qui règne sur les eaux, Poseidôn.» — «N'as-tu pas entendu dire avant ta mort que le Christ était venu au monde?» — «Non, car mes parents étaient des Hellènes et moi, j'ai vécu comme eux. O quel malheur pour moi qu'on m'ait donné le jour? Pourquoi le sein de ma mère n'a-t-il pas été pour moi le tombeau? Lorsque je me suis trouvé à l'heure de la nécessité suprême, les anges *cosmocrators*[1] ont été les premiers à m'entourer, ils disaient toutes les fautes que j'avais commises et répétaient : «Qu'on vienne maintenant t'arracher aux tourments où tu vas être plongé!» Ils avaient à la main des couteaux de fer et des broches de fer aiguisées comme des lances, ils les enfonçaient dans mes flancs en grinçant des dents contre moi. Peu de temps après, mes yeux s'ouvrirent et je vis, au-dessus de ma tête, la mort suspendue sous une multitude de formes différentes. En ce moment les Anges sans pitié tirèrent ma malheureuse âme hors de mon corps, ils l'attachèrent

1. Ce mot sert sans doute à désigner ceux que plus loin et ordinairement on appelle les *Anges sans pitié*. C'est un reste de Gnosticisme.

sous un cheval noir qui n'avait que l'apparence du corps et m'entraînèrent à l'Occident. Ah! malheur à tout pécheur de mon espèce qu'on a mis au monde! On me remit entre les mains de nombreux tourmenteurs sans pitié dont chacun avait une forme différente. Oh! combien de bêtes sauvages vis-je dans le chemin! combien de *puissances* qui châtiaient! Lorsqu'on m'eut jeté dans les ténèbres extérieures, je vis un grand trou creusé à plus de cent coudées de profondeur, rempli de reptiles. Chacun de ces reptiles avait sept têtes : tout leur corps était couvert de scorpions. Il y avait aussi de grands vers horribles à voir. Les reptiles avaient des dents comme des crocs de fer. Lorsqu'on m'eut jeté au ver qui ne cesse jamais de manger, toutes les autres bêtes se rassemblèrent près de lui; lorsqu'il remplit sa bouche de ma chair, toutes les autres remplissent aussi la leur.» — «Depuis ta mort, interrogea Pisentios, ne t'a-t-on donné aucun repos, ou t'a-t-on laissé quelque temps sans te faire souffrir?» — «Oui, mon père, reprit la voix, chaque samedi et chaque dimanche on a pitié de ceux qui sont dans les tourments; mais lorsque la journée du dimanche est passée, on nous jette dans les tourments que nous avons mérités. Quand nous avons oublié nos années passées dans le monde, on nous jette dans d'autres tourments plus douloureux encore. Lorsque tu as prié pour moi, le Seigneur a donné un ordre à ceux qui me fouettaient, on a ôté de ma bouche le mors de fer qu'on y avait mis et je suis venu vers toi. Et maintenant que je t'ai tout dit, prie le Seigneur pour moi, afin qu'on ne me plonge pas de nouveau en ce lieu et qu'on me donne quelque repos.» — Pisentios assura celui qui lui parlait de la miséricorde du Seigneur et la momie, aux yeux stupéfaits de Jean, se recoucha dans le cercueil le plus près de la porte. Jean vit bien alors que ce n'était pas un homme qui parlait avec Pisentios : il s'avança doucement et dit à haute voix : «Bénis-moi, mon père.» Il entra plus avant et baisa les mains de l'évêque croyant de nouveau qu'il le tromperait. Mais il n'est pas facile de tromper un homme qui réveille les momies de leur sommeil séculaire et s'entretient avec elles. «Jean, dit Pisentios, combien y a-t-il de temps que tu es arrivé ici? n'as-tu rien vu, rien entendu?» — «Non, mon père, répondit le menteur, je n'ai rien vu, rien entendu» — «Tu as menti comme Giezi, répliqua Pisentios qui décidément aimait à comparer Jean au disciple d'Élisée; mais puisque tu as vu et entendu, si tu le dis à homme que ce soit pendant ma vie, tu seras excommunié.» La parole était claire : Jean nous assure qu'il la saisit et qu'il n'osa jamais parler à personne de ce qu'il avait vu, jusqu'au jour où il en fit le récit public.

Il est malheureux pour la beauté du fait que ce récit soit calqué sur d'autres récits semblables qu'on trouve dans la vie de Macaire et de Schnoudi. Mais si Pisentios ne fit point parler les momies, il pouvait encore lire les vieilles écritures égyptiennes, et cela au commencement du septième siècle. C'est une preuve irréfragable que la clef de ces écritures n'était pas si bien perdue dès le second siècle de notre ère qu'on a bien voulu le dire sur la foi de Clément d'Alexandrie. La vieille Égypte était encore debout, bien changée, il est vrai, mais fidèle à ses traditions. Les descendants de cette antique race n'ont pas, même aujourd'hui, renié leurs ancêtres et sans qu'ils le sachent, leurs coutumes et leurs idées datent de plus de six mille ans. Leur langage surtout n'a pas changé, quoique leur langue soit morte. Quand on entend parler les moines de nos jours et qu'on lit les paroles des moines d'il y a douze cents ans, comme c'est le cas pour Pisentios, on ne voit aucune différence. Un jour, pendant le mois de Mésoré,[1] un homme vint à lui, reçut sa bénédiction, baisa sa main, s'assit et resta une grande heure sans parler. Pisentios de son côté ne dit pas mot. Ce que voyant

1. Ce mois commence le 25 juillet pour finir le 24 août.

le visiteur dit : «Il y a aujourd'hui un grand deuil répandu de par le monde.» — «A quel sujet?» demanda Pisentios. — «A cause de l'eau du fleuve, reprit l'homme, car le Nil n'a pas débordé et, si l'eau ne vient pas, nous mourrons tous, nous et nos bestiaux.» — Le nouveau Moïse, ainsi que l'appelle le panégyriste, dit à cet homme qui était riche : «Est-ce que tu as besoin de l'eau pour avoir une grande quantité de froment?» Le riche comprit ce que l'évêque voulait dire, il nia sa richesse : «Vive Dieu, dit-il, si l'eau ne vient pas, je serai le premier à mourir avant tous les autres.» — «J'ai trouvé dans cette montagne, répliqua Pisentios, un saint homme, apa Coluthos, qui répétait continuellement cette prière : O Dieu, que ta volonté soit faite! nous aussi, si nous faisons sa volonté, nous ne manquerons de rien. Quant à toi, vis et mange ce qui est dans ta maison cette année.» — «Quand même je vivrais cinquante ans, répondit le riche orgueilleux, j'aurais de quoi vivre.» Et il le quitta; mais, au bout de six mois, il mourut. Jean fut persuadé que son père avait prédit la mort de l'orgueilleux.

Pisentios cependant était arrivé aux limites de sa carrière mortelle. Une pensée le préoccupait sans cesse vers la fin de sa vie : il voulait savoir si ses dévotions et celles de ses frères avaient été agréables au Seigneur. Pour le savoir il eut recours à un moyen extrême. Il se rendit à la montagne qu'il avait quittée sans doute après le départ des Perses, et, sans égard pour la chaleur du jour et le froid de la nuit, il se dit qu'il ne cesserait de prier le Seigneur de lui révéler ce qu'il demandait ou de lui en donner une preuve, dût-il en mourir de fatigue. Quatorze jours et quatorze nuits, nous assure son panégyriste, il resta debout à prier sans baisser les mains. Au matin du quatorzième jour[1] il entendit une voix qui lui disait d'en haut : «Pisentios, Pisentios, ta prière est exaucée : à

1. Le lecteur attend peut-être au matin du quinzième jour, puisque Pisentios

l'endroit où tu te tiens il va jaillir une source où viendront recouvrer la santé toutes les générations qui demeureront dans la foi.» Il priait encore que le miracle avait eu lieu : le sol s'était entr'ouvert sous ses pieds et l'eau avait jailli. Pisentios était sûr désormais que sa vie et celle de ses frères avaient été agréables à Dieu.

Enfin le jour de la mort approcha pour lui, sans que nous en puissions savoir l'année. Le premier jour du mois d'Épiphi, c'est-à-dire le vingt-cinq juin, il eut une extase, dit son panégyrique, où on lui apprit qu'il mourrait le treizième jour du même mois. A peine sorti de son extase, il appela son disciple Jean et lui dit : «Y a-t-il ici quelqu'un?» — «Il n'y a ici, dit Jean, personne que Moïse et Élisée qui sont venus te visiter.» Pisentios les fit venir en sa présence : à Moïse il confia ses livres et prédit l'épiscopat; à Élisée il recommanda de veiller à ce que les moines placés sous ses ordres fussent exacts à remplir leurs devoirs; à Jean il donna les ordres suprêmes d'un mourant : Jean devait lui acheter un linceul avec la seule pièce d'or que l'évêque eut jamais possédée et qu'il avait gagnée du travail de ses mains, le revêtir de son manteau de moine, de sa cuculle et de son aube épiscopale, et surtout avoir soin de déposer sa dépouille mortelle à Tsenti sans permettre, à quelque condition que ce fût, qu'on transportât ses restes dans la ville de Keft. Évidemment il n'emportait pas dans la tombe un bon souvenir de sa ville épiscopale.

Le lendemain, Pisentios dut s'aliter : sa dernière maladie était commencée et elle suivit son cours jusqu'au huitième jour du mois. Ce jour-là, il tomba dans une syncope léthargique qui dura trois jours et trois nuits. Pendant tout ce laps de temps il ne parla à personne, et quand parut le douzième jour du mois, il reprit ses

avait passé quatorze jours et quatorze nuits à prier; mais en réalité il n'en avait passé que treize. Je me suis conformé à la manière copte de compter.

sens, appela son disciple, lui dit qu'il avait eu une extase de trois jours, et que depuis la veille à la neuvième heure le Christ l'avait mis en jugement. Le jugement avait duré longtemps; mais Pisentios en était sorti assuré de son salut éternel. Jean fut sans doute ravi d'apprendre cette céleste vision, mais en homme plus terrestre et positif, il supplia son père de prendre un peu de nourriture après un jeûne de trois jours. «Je ne goûterai plus rien de la nourriture de ce monde, répondit Pisentios, et je ne romprai mon jeûne que près du Seigneur Jésus le Messie.» Il se tut un moment, puis il s'écria tout-à-coup : «O saint martyr du Christ Dieu, Ignace le théophore,[1] sois avec moi jusqu'à ce que j'aie traversé ce fleuve de feu qui coule devant le tribunal du Christ, car j'ai grande frayeur de ce passage.» Jean qui entendit ces paroles en fut troublé : tout à l'heure Pisentios lui avait assuré son salut et maintenant il tremblait à la pensée des dangers d'outre-tombe : «Et comment, mon père, ne put-il s'empêcher de dire, après toutes ces souffrances, ces prières, ces nuits passées dans la veille, est-ce que tu crains encore ce fleuve de feu?» — «Quel est l'homme qui le passera sans y goûter,» répondit Pisentios. Il n'adressa plus dès lors la parole à aucun homme. Le lendemain matin, la maison se remplit de gens qui venaient assister aux derniers moments de l'évêque. Pisentios passa toute la journée, dit le panégyriste, comme quelqu'un que l'on frotte avec de l'huile. A l'heure où le soleil allait disparaître à l'horizon, il ouvrit la bouche et dit : «J'ai accompli l'ordre du Seigneur, je suis prêt.» Aussitôt il rendit l'âme : on était au treizième jour du mois d'Épiphi, sept juin. A peine eut-il exhalé son dernier soupir que les assistants s'occupèrent de lui rendre les derniers devoirs conformément à ses recommandations suprêmes. Après l'avoir enseveli, on transporta son corps à l'église de Tsenti : toute la nuit, le chant des psaumes et les prières

1. Il s'agit de St Ignace d'Antioche.

ne cessèrent point. A l'aurore on célébra la messe, tous les assistants communièrent au corps et au sang du Christ, se donnèrent le baiser de paix et on déposa le cadavre dans le sépulcre qu'on lui avait creusé de son vivant, à l'endroit qu'il avait marqué. Selon l'auteur du Cynaxare, les prodiges se multiplièrent sur sa tombe et son disciple Jean opéra une foule de guérisons au moyen d'un morceau de son linceul. Assez longtemps sa tombe fut un lieu de pèlerinage. Aujourd'hui nul ne pense à lui et le lieu de tant de prodiges est inconnu.

Telle fut la vie d'un évêque copte au commencement du VIIe siècle de notre ère. Assurément il eut le nom seul d'un évêque : le zèle et l'esprit apostolique, pour employer l'expression ordinaire, lui firent complétement défaut. Il eut l'esprit aussi étroit qu'on peut l'imaginer et toute sa vie s'écoula au pays des chimères. Elle renferme peu d'événements, et en outre ces quelques événements ne nous sont parvenus que défigurés. Aussi, comme je l'ai dit en commençant, si l'on ne tenait compte que du personnage et des faits historiques, l'œuvre de Moïse et de Jean ne mériterait pas la peine qu'on prendrait à la lire; mais le critique philosophe peut y étudier la marche de l'esprit humain dans les manifestations religieuses et les idées qui remplissaient alors l'Égypte chrétienne.

III

Les conséquences que l'on peut tirer de la vie de Pisentios telle que l'ont racontée ses panégyristes et telle que je viens de la résumer sont de deux sortes. Les unes regardent les coutumes de la vie ordinaire et civile, les autres les idées religieuses : les premières sont rares, trop rares; les secondes sont encore assez nombreuses et permettent d'entrer assez avant dans la pensée religieuse de cette époque. Au fond les unes et les autres sont si intimement liées qu'on ne peut guère les séparer que par la pensée, quoiqu'elles dérivent souvent de sources opposées.

La conséquence la plus remarquable qui ressorte du récit de la vie de Pisentios a trait à la condition de la femme en Égypte. Depuis longtemps on savait, grâce à Diodore de Sicile, que la femme dans l'Égypte ancienne avait été sur un pied d'égalité parfaite avec l'homme, qu'elle pouvait administrer sa fortune personnelle, faire le commerce à son profit, etc. Elle était habile à succéder aux pharaons et les femmes qui s'assirent sur le trône de la double Égypte ne furent ni les moins grandes, ni les moins heureuses des maîtres de la vallée du Nil. M. Revillout, dans ses études sur le droit égyptien, a beaucoup contribué à augmenter nos connaissances sur ce point par l'étude des contrats qui nous ont été conservés dans les papyrus démotiques. La vie de Pisentios nous fait connaître un nouvel article des lois égyptiennes ayant rapport à la condition de la femme : l'époux constituait à la vierge qu'il épousait une sorte de douaire. Les paroles du texte memphitique sont formelles : «Tu lui donneras une *dot*[1] comme à toute vierge, afin qu'il vive avec celle qu'il a humiliée quoiqu'elle soit pauvre.» On ne peut pas s'y tromper : le douaire est donné non comme une réparation du dommage éprouvé par la jeune fille qui a perdu sa virginité, mais parce que c'est la coutume. La réparation se fait par le mariage, malgré la pauvreté de la femme. D'où l'on peut conclure qu'en Égypte comme dans le reste du monde, les parents n'ont pas volontiers admis la mésalliance de leurs enfants et qu'il fallait l'intervention de l'autorité pour amener un père à consentir au mariage de son fils avec une femme pauvre et mise à mal. Je ne sais si cette réparation doit être mise à l'actif de la religion chrétienne et de sa morale : je ne serais pas étonné

1. J'emploie ici ce mot parce que c'est ainsi qu'on traduit d'ordinaire le mot copte du texte : le mot *douaire* répond beaucoup mieux à l'idée.

que l'on trouvât quelque jour la preuve qu'elle était de droit ordinaire dans l'ancienne Égypte. Quant au douaire donné à la vierge épousée, il était évidemment de droit ordinaire : la veuve, si elle se remariait, ne devait pas en recevoir. Cette coutume, un peu détournée de sa destination originaire, est encore en vigueur en Égypte : en se mariant, l'homme s'oblige à donner à la femme qu'il épouse une certaine somme, au cas où il divorcerait.

D'après plusieurs passages de la vie de Pisentios, on peut conclure que dans le nome de Keft les mœurs étaient assez relâchées. C'est la plaie permanente de l'Égypte : elle existait sans doute bien avant l'apparition du christianisme et la doctrine chrétienne ne la fit point disparaître. Le monachisme qui semblerait avoir dû être une digue contre l'envahissement des mauvaises mœurs, pour employer une expression courante, fut au contraire trop souvent l'occasion de crimes contre nature. On ne peut lire une œuvre copte relatant des faits de la vie monacale en Égypte sans trouver le récit de quelque faute selon la chair ou de quelque horreur, comme celle que St Paul reprochait aux Romains : *masculi in masculos turpitudinem operantes* :[1] ce ne sont que fornications, adultères, actes de sodomie. Ces sortes de fautes contre la morale sont encore plus fréquentes dans la Haute-Égypte que dans le Delta. Je sais bien qu'il ne faut pas s'exagérer les faits dont je parle, qu'en tout temps et en tout lieu il y a des exceptions à la règle et que les historiens rapportent les crimes et les fautes de l'humanité, et non les actes de vertu ; mais en Égypte les exceptions semblent avoir été plus fréquentes qu'ailleurs à l'époque à laquelle vivaient les hommes qu'on s'est habitué à regarder en Occident comme des modèles de vertu. Peu à peu on en était arrivé à mépriser la femme, et rien n'y contribua plus que le monachisme. Pachôme les regardait comme inférieures à l'homme, Schnoudi

1. *Epist. ad Rom.*, I, v. 27.

les exécra, Pisentios ne les considérait qu'au point de vue de la reproduction physique. J'ai rarement rencontré une expression pleine de plus de crudité que celle que Pisentios employa pour demander au père qui lui amenait son enfant pourquoi il ne l'avait pas marié. Il lui dit : «Pourquoi ne lui as-tu pas donné *sa* femme», c'est-à-dire la femme à laquelle il a droit puisqu'il est homme et pubère, et pour traduire littéralement j'aurais dû écrire *sa femelle,*[1] qu'on me pardonne l'expression. Ce n'est pas là un sens trouvé à plaisir : l'emploi du pronom possessif emporte cette nuance et marque le profond mépris de l'évêque pour les femmes. Il n'est pas étonnant qu'avec de pareilles idées chez ceux qui étaient chargés de veiller à la conservation de la morale, les hommes du commun n'aient été que trop portés à considérer la femme comme un instrument de plaisir à leur service. Par une conséquence inévitable, les femmes sont faciles, même les petites filles, et le père en question croit être bienheureux parce qu'il a un fils *sage;* mais ce jeune sage n'était qu'un jeune hypocrite qui avait parfaitement réussi à tromper la surveillance d'un père abusé. Et l'on ne peut pas dire que la corruption des mœurs en Égypte date du schisme : on ne trouve nulle part dans les livres coptes plus de crimes et de fautes que dans les vies de Pachôme et de Schnoudi. Le schisme n'a donc rien à faire avec cet abaissement moral.

Les efforts des évêques et sans doute aussi des patriarches ne furent moins grands après la défection qui suivit Chalcédoine pour arrêter l'Égypte chrétienne sur la pente où elle se laissait glisser sans trop y prendre garde. Les évêques, trop subordonnés aux patriarches d'Alexandrie, s'effaçant le plus qu'ils pouvaient, jouissaient d'une considération relative; mais quand leurs vertus personnelles, ou du moins ce qu'on nommait ainsi, leur attiraient une

1. Le mot copte ⲥϩⲓⲙⲉ s'emploie aussi bien pour les animaux que pour les oiseaux : il a donc bien le sens de *femelle* que je lui attribue ici.

vénération que leur titre était incapable de leur donner, ils exerçaient une influence réelle. J'ai déjà remarqué dans la vie de Schnoudi que ce terrible moine semble avoir été investi d'une sorte de juridiction acceptée tacitement par le gouverneur grec, publiquement reconnue et recherchée par les habitants du nome d'Akhmin et des nomes environnants. Il en fut sans doute de même pour un grand nombre d'autres personnages regardés comme saints, moines ou évêques, dans la Haute-Égypte où l'autorité était trop souvent absente ou trop éloignée pour qu'on la craignît beaucoup ou qu'on eût simplement le temps d'y avoir recours. Dans la Basse-Égypte au contraire, plus rapprochée du centre de l'autorité, plus florissante et plus riche, où par conséquent les raisons étaient plus nombreuses pour que l'autorité grecque veillât à ce que la justice fut aussi strictement rendue que possible, cette délégation judiciaire n'existait pas, ou du moins je n'ai jamais rencontré dans un auteur copte un seul fait qui permette de le conjecturer. Pour le cas présent, c'est-à-dire pour le mariage qui répara les rapports clandestins entre le jeune et *sage* garçon et la jeune fille pauvre, il me semble évident que Pisentios fut choisi pour arbitre, qu'il avait été instruit par les parents de la jeune fille lésée et qu'il fit venir à lui l'autre partie. Le merveilleux du récit obscurcit un peu ce qui dut se passer réellement; mais l'obscurité n'est pas suffisante pour nous empêcher de découvrir ce qui eut lieu. La soumission dont le père du jeune garçon fit preuve put bien avoir pour unique cause le respect de vertus reconnues de tous; mais à ce respect s'adjoignit probablement la crainte d'une juridiction habituellement acceptée.

Ces maigres conclusions auraient sans doute été plus nombreuses, si le panégyrique de Pisentios nous eût été conservé en son entier: telles qu'elles sont, elles ne manquent pas d'intérêt, et fort heureusement l'œuvre de Moïse nous permet d'y ajouter un certain nombre d'inductions sur les idées et les mœurs religieuses de l'Égypte à la fin du VIe siècle et au commencement du VIIe.

Ce qui frappe tout d'abord quand on lit le panégyrique de Pisentios, comme quand on lit les autres œuvres coptes, c'est l'emploi abusif du surnaturel. Cet emploi vient d'une cause qui au premier aspect paraît double, et qui cependant est une. Les auteurs coptes ont employé le surnaturel comme ornement littéraire parce qu'ils croyaient faire œuvre d'esprit inventif et édifier les âmes de leurs lecteurs, et parce qu'ils étaient souvent les premiers à ajouter foi à leurs propres inventions. Ils ont donc agi de la sorte parce que le surnaturel tel qu'ils le comprenaient faisait partie de leur religion. L'ancienne Égypte avait mis le surnaturel au fond de toutes les œuvres littéraires : l'Égypte chrétienne fit de même, elle ne changea que l'étiquette. Je ne doute pas le moins du monde que les gens simples et grossiers qui vécurent sous les dynasties pharaoniques ne crussent en la réalité des scènes divines que décrivaient les prêtres et les poëtes : je suis intimement persuadé que la très grande majorité des chrétiens égyptiens, sinon tous, croyaient à la réalité des prétendus prodiges que l'on racontait de leurs saints. Prêtres, poëtes et autres chrétiens ont également abusé de la crédulité et de la grossièreté populaires. L'Égypte, et c'est là le nœud de la question, tout en recevant le christianisme avec une rapidité et un enthousiasme dont on ne trouve nulle part ailleurs semblable exemple, était restée fidèle à elle-même, sans rien changer de ses croyances intimes sous d'autres apparences. Comme il s'agit ici d'un peuple, et non d'une minorité plus ou moins grande de savants ou de philosophes, l'instinct populaire avec son terre-à-terre et sa grossièreté natives joua un rôle immense dans le développement du christianisme en Égypte.

Le peuple égyptien ayant conservé, grâce à ses antiques croyances sur l'immortalité de l'âme humaine, une morale relativement pure, ayant déjà trouvé dans la religion de son pays une sorte de déversoir pour tous les sentiments de mysticisme, de religiosité et d'ascétisme qui le remplissaient, avait, moins que d'autres peuples, senti le besoin impérieux d'embrasser une religion dont la douceur et l'idéalisme correspondaient si bien aux aspirations des âmes tendres, aimantes et passionnées. Pour cette raison l'Égypte, malgré les traditions particulières à la ville d'Alexandrie, embrassa tardivement le christianisme. Pendant les trois premiers siècles, jusqu'à l'année 303 où commença la persécution de Dioclétien, la vallée du Nil ne compta qu'un petit nombre de chrétiens : cependant peu à peu le christianisme s'était étendu le long du fleuve, au moins jusqu'à Esneh; mais les chrétiens ne faisaient qu'une infime partie de la population. Au contraire, dès que la persécution eût commencé, le nombre des chrétiens augmenta dans une proportion incroyable : la vue des atroces supplices endurés par les martyrs, le récit des prodiges surprenants qu'on racontait d'eux et qui ont trouvé leur place dans les actes de cette persécution, l'assurance partout répandue que ceux qui mouraient dans les tourments allaient tout droit dans le paradis, dans un jardin de délices où l'on se reposait doucement sous l'ombrage merveilleux d'arbres chargés de fruits délicieux, et plus encore l'attraction naturelle qui régit le cœur humain et l'appelle à la souffrance et à la résistance dès que le sentiment religieux est en jeu, toutes ces raisons firent que l'Égypte, après la persécution, fut presque complétement chrétienne. Des villages entiers avaient été massacrés où l'on ne comptait que quelques fidèles du Christ avant l'arrivée du gouverneur romain. C'est surtout dans la vallée du Nil que le sang des martyrs avait été une semence de chrétiens. Or, le changement avait été trop brusque pour pouvoir être réglé. Au lieu d'être convertie par des prédications, comme les autres pays de l'Orient, et d'avoir ainsi le temps de s'affermir dans la foi qu'elle recevait, l'Égypte embrassa le christianisme dans une sorte d'accès de ferveur enthousiaste, sans prédications, sans instruction, ne connaissant guère de la religion nouvelle qu'une seule chose, le nom du Seigneur Jésus le Messie qui donnait une vie éternellement heureuse à ceux qui le confessaient. Sans doute, la ville d'Alexandrie possédait dès lors une église puissamment organisée, avec un évêque riche, jouissant d'un certain pouvoir; mais Alexandrie était une exception, on n'aimait pas cette ville nouvelle dont on ne prononçait jamais que l'ancien nom, et sans aucun doute il y eut dans la multiplicité des martyrs une sorte de résistance nationale contre les gouverneurs étrangers. On comprend dès lors que l'Égypte, tout en devenant chrétienne, n'ait pas changé de croyances. Étant donnée la vitalité extraordinaire des idées et des institutions de l'Égypte, l'immobilité exclusive dans laquelle est resté ce pays et la vitesse avec laquelle s'opéra sa conversion, il en devait être ainsi, et il en fut ainsi. Ce changement étant une œuvre populaire, il devait en porter la marque et il la porte.

Les prêtres égyptiens des temps pharaoniques avaient certainement, à mon avis, sur les grandes questions religieuses et philosophiques auxquelles l'esprit humain se sent attiré et dont il cherchera toujours la solution, des idées vraiment grandes. Ils s'étaient en particulier élevés sur la nature divine à des conceptions que les philosophes grecs devaient à peine atteindre plus tard et auxquelles nous n'avons rien ajouté. Mais ces grandes et nobles conceptions étaient soigneusement gardées dans le secret des temples et des écoles de théologie, elles n'étaient jamais tombées dans le domaine du vulgaire. Le peuple ne dissertait pas sur la nature de Dieu, il connaissait les différents noms donnés au Dieu myrionyme, comme disent les textes, Ra, Amen, Ptah, Osiris, Horus, Mentu, Bes, Khem, Hapi, Isis, Hathor, Sekhet, Neit, et les autres; dans sa grossièreté il en avait fait autant de dieux habitant avec lui dans la fertile vallée qu'ils arrosaient, il leur offrit des sacrifices comme à des êtres supérieurs qui pouvaient lui venir en aide et dans lesquels il avait symbolisé sous une forme concrète ses désirs et ses passions. Les uns lui étaient favorables, les autres lui étaient hostiles, comme Set; à l'aide des premiers il s'efforçait de détruire les seconds, sans s'occuper du Dieu incompréhensible, immuable, éternel, bon par nature, le seul être digne de ce nom que les spéculations des prêtres adoraient au fond des temples. Les chrétiens ne firent pas autrement: sans doute ils croient en un Dieu unique, éternel, immuable, un en substance, triple en personnes; mais ce Dieu, ils le laissent tranquille, ils se contentent d'en mentionner quelquefois le nom sans le bien connaître. Ce qu'ils connaissent ce sont les trois personnes qu'ils se représentent comme trois dieux à la manière de leurs anciennes divinités, c'est le Messie dans sa forme humaine, ce sont les anges, les patriarches, les prophètes, tous les saints de l'Ancien et du Nouveau Testament. Ils sont en perpétuelle communication avec le ciel et ses habitants. Dieu ne se montre jamais à eux, ni comme Père, ni comme St Esprit; au contraire le Messie sous sa forme humaine est continuellement visible en Égypte; les apôtres, les patriarches, les prophètes parcourent sans cesse la vallée du Nil comme autrefois le cycle divin qui crée une femme à Batau, les anges surtout sont en perpétuel voyage du ciel à la terre et de la terre au ciel; jamais ils n'ont mieux mérité et réalisé qu'en Égypte la définition de *ministres envoyés* dont les a définis saint Paul. Il fallait à l'Égypte, plus encore qu'à Israël, des *dieux* qui l'approchassent : elle se les est donnés. De même qu'autrefois le mauvais principe avait combattu le bon dans tous les coins et recoins de l'Égypte avant que définitivement le bien personnifié par Horus eut vaincu et détruit le mal dans la personne de Set; ainsi dans la nouvelle période de sa vie religieuse, Satan livrait continuellement bataille aux bons esprits, aux saints, à tous les hommes. Il avait à sa suite une multitude innombrable de serviteurs, il pouvait prendre toutes les formes, comme jadis Set, et ne serait vaincu définitivement qu'à la fin du monde. Et chose curieuse, malgré le nom d'*esprit* prodigué à chaque instant par les écrivains coptes, tout ce monde était corporel et tangible, marchait, volait, mangeait, buvait, parlait, riait comme de simples mortels. Essentiellement anthromorphiste, l'esprit égyptien avait pris à la lettre toutes les descriptions de l'Écriture et les avait amplifiées : les anges avaient vraiment des ailes et un crachat pouvait les atteindre, ils se mettaient en colère et se vengeaient, ils servaient les moines et mangeaient avec eux; Satan n'avait pas encore de cornes, mais il se métamorphosait en crocodile, en hippopotame, en homme, surtout en femme; les succubes et les incubes étaient connus dès le IVe siècle en Égypte, quoique les noms ne fussent pas encore inventés.

Évidemment rien n'était changé : on avait brisé l'*idole*,[1] on l'avait jetée au fleuve ou brûlée, mais l'âme de l'idole était restée. En outre, le chrétien d'Égypte n'en vint jamais à maudire les dieux nationaux : on n'eut jamais assez de sarcasmes, de malédictions et de colères contre les dieux grecs, Zeus, Athéné, Apollon, Arès, Héphaistos, Artémis, Aphrodité qui avaient commis des crimes horribles; mais en aucun temps on n'avait eu à reprocher de semblables forfaits aux dieux égyptiens, et les chrétiens d'Égypte portaient aussi respectueusement leurs noms que les noms des prophètes, des patriarches ou des apôtres. Les apologistes modernes chrétiens n'ont pas eu assez d'indignation contre les divinités obscènes de l'Égypte, tels que Khem, Bes, Amon ithyphallique, Osiris épousant sa sœur Isis : ils ne se sont pas aperçus

1. J'emploie ici ce mot *idole* dans le sens primitif du mot grec εἴδωλον, qui signifie « apparence représentée ».

qu'ils honoraient ces mêmes noms dans la personne des saints égyptiens qui les ont portés et qui ne les ont jamais regardés comme infâmes. Pachôme ne signifie pas autre chose que celui qui est dévoué au dieu Khem ou celui qui est donné par le dieu Khem, le dieu ithyphallique, et cependant Pachôme est devenu saint, on l'honore comme tel et l'on porte encore son nom. Si les Égyptiens avaient attaché à de semblables noms le sens que l'ignorance moderne leur attache, évidemment ils ne les auraient pas portés, ni surtout donnés à leurs enfants après leur conversion, ou bien l'autorité religieuse du patriarche, d'un Athanase ou d'un Cyrille les en eut détournés. Or, c'est ce qui n'arriva jamais.

Si de la terre nous passons au monde souterrain, nous trouvons que là encore rien n'est changé. Le nom de l'enfer est le même pour l'Égypte chrétienne que pour l'Égypte pharaonique. Il est situé à l'Occident, l'on y arrive avec les mêmes péripéties pendant le voyage souterrain, on y est en butte aux mêmes épreuves, conduit par le même Anubis dont on tait le nom, mais auquel on conserve ses attributs matériels et sa fonction, on y est jugé par Jésus Christ qui remplace Osiris d'après le parchemin que présente un ange jouant le rôle de Thoth, on y est enfin puni par les mêmes supplices ou récompensé des mêmes délices. Quoique le corps soit resté sur la terre où il se décompose, car on a renoncé à la momification, il est cependant par son *double* puni ou récompensé dans l'autre vie, on le décapite, on le flagelle, on le brûle, l'*âme* a des pieds et des mains, elle anime grossièrement le double comme elle animait le corps,[1] elle mange et boit dans le paradis à l'époque chrétienne tout comme au temps des Pharaons, sa vie ultra-terrestre n'a pas plus changé que sa vie terrestre, les ser-

1. La plupart de ces détails se trouvent dans la vie de Pachôme dont j'ai donné un résumé devant l'*Institut Égyptien*, dans les séances du 3 avril et du 7 mai 1886. J'espère d'ailleurs publier bientôt intégralement cette vie.

pents et les monstres qui la dévorent sont les mêmes, les aliments de sa félicité sont identiques. Enfin on priait beaucoup pour les morts en Égypte, les tombeaux, les sarcophages, les boîtes à momies étaient couverts ou remplis de longues bandes d'hiéroglyphes qui venaient au secours de l'âme durant sa traversée vers l'Amenti; mais dès que la momie était bien et dûment placée dans son tombeau, qu'on avait déposé avec elle tout son mobilier funéraire, sa nourriture d'outre-tombe, que le prêtre officiant avait récité les formules sacramentelles qui rendaient la vie à chaque membre du corps momifié et que la porte avait été fermée, on ne s'occupait plus du mort parce qu'on était persuadé que les prières étaient inutiles, le sort du défunt étant à jamais fixé : de même les chrétiens d'Égypte priaient sur le cadavre pendant toute la nuit qui suivait le décès, si leur frère était mort au soir, ou, s'il était mort pendant le jour, jusqu'au moment où il fallait enterrer le cadavre; puis, dès que le cadavre avait été déposé dans la terre, on cessait toute prière parce que la prière était toujours regardée comme inutile. Du purgatoire catholique, il n'y a pas trace, ni par conséquent des doctrines qu'il entraîne. Une seule fois, dans la vie de Schnoudi, il est fait mention des indulgences applicables aux morts, mais je crois qu'il s'agit non des âmes qui auraient été dans le purgatoire, mais de celles qui auraient été condamnées à l'enfer. En effet l'enfer n'était pas regardé comme irrévocablement éternel, les grands et saints personnages pouvaient en arracher ceux auxquels ils s'intéressaient ou à qui on les intéressait : ce n'était qu'un jeu pour Schnoudi. Macaire avait fait de même et Pisentios le fit aussi. Les sévères doctrines du catholicisme étaient inconnues en Égypte : on trouvait juste que les supplices fussent aussi épouvantables que possible pour les païens et les hérétiques; mais on croyait avec bonne foi qu'en enfer le dimanche et le samedi étaient jours de fête pour les damnés, comme sur la terre pour les chrétiens : les supplices cessaient, il y avait repos général des tourmenteurs et des tourmentés. Chose étrange, l'enfer égyptien n'est pas la demeure des démons : les *puissances* chargées de punir et de tourmenter sont des esprits d'une sorte particulière, animés d'un immense désir de vengeance, mais nullement des démons. Satan lui-même, avec ses anges, est considéré comme mortel : si le Messie l'eût permis, Schnoudi l'eût mis à mort bien volontiers; comme la permission lui était refusée, il se contentait de le pendre ou de le menacer d'exil jusqu'à Babylone de Chaldée. En vérité sont-ce là des idées chrétiennes ou des idées égyptiennes? Évidemment des idées égyptiennes.

Si maintenant je passe des croyances aux actions basées sur les croyances, je trouve encore une identité parfaite entre la conduite des Égyptiens devenus chrétiens et celle de leurs pères. Se trouvant à chaque jour de sa vie sous une influence bonne ou mauvaise, ayant à se garder dans les jours néfastes contre toute une série de dangers imaginaires, l'Égyptien des époques pharaoniques avait à sa disposition tout un arsenal de formules et de conjurations magiques par lesquelles il pouvait se garder du crocodile, du serpent, du mauvais œil, arrêter son ennemi en marche, défier tous ses ennemis spirituels et corporels : le chrétien avait sans doute renoncé en partie à ces formules magiques, le comble de l'ignorance et de la superstition; mais les versets de l'Évangile récités à propos tuaient les dragons, faisaient rejeter le poison absorbé ou le rendaient inoffensif, charmaient les serpents, et le reste. Les anciens livres de magie avaient même été expurgés avec soin et, comme toute autre chose, on les avait rendus chrétiens en substituant des noms d'anges aux noms des génies malfaisants, des héros et des dieux de la précédente religion : dans l'intérieur de leurs monastères les moines conservaient ces livres, les lisaient sans les comprendre et sans doute en faisaient profiter leurs amis.

Les parchemins qu'on trouve aujourd'hui nous le prouvent péremptoirement,[1] et j'ai moi-même copié sur les murs d'un couvent des inscriptions magiques datées du XIIe et du XIIIe siècle de notre ère. Cette superstition est encore vivante aujourd'hui, on peut la voir installée à chaque carrefour, le long des rues et des chemins. D'ailleurs ce n'était pas la seule. Les contemporains de Schnoudi, un siècle et demi avant la naissance de Pisentios, croyaient fermement que les corbeaux pouvaient leur annoncer ce qui se passait loin d'eux ou ce qui se passerait dans l'avenir. Je ne doute pas que si les documents qui nous sont parvenus étaient plus nombreux nous n'y pussions trouver une foule de renseignements qui confirmeraient cette manière de voir et de juger.

La superstition jouait encore le rôle prépondérant dans les prodiges sans nombre qui remplissent les récits coptes. Sans doute la plupart, à mon sens, ont été inventés par les auteurs pour orner leur récit. Un acte de simple vertu ou de haute mortification ne leur semblait pas assez spécieux ou assez admirable, s'il n'était revêtu de couleurs surnaturelles. Le plus souvent, presque toujours il y a au fond de tels récits quelque circonstance réelle; mais le fait lui-même, tel qu'il est raconté, n'est jamais vrai. Quelquefois les faits imputés à la divinité impliquent contradiction et Dieu lui-même, en admettant qu'il eût voulu à l'occasion des moines égyptiens suspendre les lois immuables de la nature, n'eût pas pu faire ce qu'on lui attribue, par la simple raison que c'est impossible en vertu du principe de contradiction. D'un autre côté le but poursuivi, la raison suffisante du prodige seraient indignes de la divinité. Ce serait vraiment se mettre trop à l'aise avec Dieu que de lui faire bouleverser à chaque instant les lois physiques dont la simple suspension entraînerait la ruine de notre planète, pour

1. Tout dernièrement M. Stern a publié quelques-uns de ces parchemins achetés à Akhmin par M. Eisenlohr (cf. *Zeitschrift für ägypt. Sprache*, 1885, III. Heft, p. 82—119).

venir en aide à quelque moine imbécille ou paresseux. Pisentios oubliant sa corde pour puiser au puits et trouvant la distance trop grande pour retourner la chercher, en vérité c'est une belle raison pour opérer au prodige! Schnoudi exprimant le désir de voir toute la plaine qui entoure son monastère couverte d'eau et faisant flotter une barque dirigée par le Messie et ses anges, pour l'unique raison qu'il serait charmé de voir un aussi délicieux spectacle, ne me semble pas d'un poids suffisant dans la balance divine pour l'emporter sur toutes les lois établies, malgré la condescendance de Dieu pour ses élus. Je pourrais multiplier ces exemples et, au lieu des noms de Schnoudi et de Pisentios, je pourrais écrire ceux d'Antoine, de Macaire et de Pachôme.

Il ne faudrait pas d'ailleurs imputer tous les prodiges à l'imagination fertile des auteurs : toujours les personnages dont on raconte la vie sont venus en aide aux auteurs et ont eux-mêmes jeté les fondements de leur légende, quand ils n'ont pas élevé tout l'édifice, comme Schnoudi. Antoine disait avoir vu un satyre, Macaire avoir fait parler les morts, Pachôme avoir eu des extases merveilleuses dans lesquelles on l'avait transporté au ciel, Schnoudi voyager à son aise et à son vouloir sur une barque aérienne qui le transportait d'Akhmin à Constantinople en l'espace de trois heures. Non seulement tous ces saints personnages faisaient, à les en croire, les plus grands miracles à propos d'un rien; mais encore ils les faisaient en temps commode, non pas lorsqu'il semble qu'on en eût grand besoin, mais quand c'était à leur convenance. Pachôme n'hésitait pas à dire qu'il connaissait toutes les pensées de ses moines; mais, si par hasard on le mettait à l'épreuve, il répondait, si sa divination restait impuissante, que Dieu n'aimait pas le frère ou l'homme en cause. Réponse éminemment facile qui défiait tout contrôle! De même si quelques autres moines jaloux lui proposaient un de ces tournois spirituels où la palme devait échoir à celui qui faisait le plus grand miracle, il refusait prudemment et répondait que Dieu pouvait lui retirer son assistance et qu'au contraire le grand satan pouvait venir au secours de son adversaire. Mais s'il faisait nuit, s'ils étaient bien seuls, Macaire, Pachôme, Schnoudi opéraient les plus étonnantes merveilles. Que si le public ne pouvait être évité, on arrangeait alors la scène de manière à frapper les esprits des spectateurs, le disciple venait au secours du maître et le tour était joué. Je ne peux m'empêcher de remarquer une identité presque parfaite entre le rôle du disciple près du thaumaturge et celui du comparse près du charlatan. J'ai vu souvent des scènes de charlatanerie égyptienne sur les places ou les carrefours du Caire, j'ai entendu les questions du maître et les réponses du comparse, j'ai contemplé les actions, et j'avoue que je ne vois aucune différence dans la manière d'agir entre les charlatans modernes et Pisentios aidé de frère Jean. J'en conclus que là encore je suis en présence d'une vieille coutume éminemment chère à la race égyptienne, coutume qui a passé dans le christianisme égyptien et qui a été appelée puissance miraculeuse au lieu de se nommer charlatanisme.

On ne peut m'objecter ici que je m'attaque aux questions religieuses les plus délicates. Seuls les coptes Jacobites pourraient sans contradiction me répondre par leur foi entière et profonde : les considérations qui précèdent suffisent pour détruire leur objection. Mais, si je me pose sur le terrain catholique, je trouve de suite une réponse victorieuse et péremptoire : à partir du concile de Chalcédoine tous les thaumaturges égyptiens ont été schismatiques. Si Dieu avait condescendu à violer les lois naturelles pour opérer des actes surnaturels en récompense de la foi des Coptes qui ne les lui demandaient qu'en raison de leur foi, il aurait approuvé leur foi, et il ne le pouvait pas puisqu'au témoignage de l'Église catholique l'Égypte s'est séparée de la vraie foi et jetée dans le schisme. Mais alors, je le redis ici comme je l'ai dit ailleurs,[1] la question prend une importance extraordinaire, car si je ne dois pas croire aux prodiges de Pisentios, de l'archevêque Isaac[2] parce qu'ils sont des schismatiques, pour ne pas parler de Schnoudi qui fut un criminel condamné à mort, comment pourrais-je croire à ceux de Paul, d'Antoine, de Macaire et de Pachôme qui sont sur les autels? Pour moi, il n'y a entre les uns et les autres aucune différence. Si l'on veut bien en effet prendre la peine d'examiner les œuvres coptes, qu'elles se rapportent aux saints admis par les deux églises ou qu'elles aient trait seulement à ceux qui ne sont pas sortis de l'Église jacobite, on verra par la plus simple lecture qu'elles proviennent tous du même esprit. Or si ces œuvres ne méritent plus aucune croyance après le concile de Chalcédoine, elles n'en méritent pas davantage auparavant, car elles sont également viciées dans leur origine. Peu m'importe que des auteurs occidentaux, grecs ou latins, St Jérôme, Rufin, Palladius, Cassien et les autres aient parlé comme les auteurs coptes : l'argument d'autorité si fort usité en théologie me semble profondément nul quand il s'agit de science historique. Tous ces auteurs se sont copiés les uns les autres, et le premier d'entre eux en date n'a fait que traduire les œuvres coptes. St Jérôme a traduit en latin les vies coptes de Paul et d'Antoine : Palladius a copié Rufin et analysé les livres de Scété.[3] Tout se réduit donc à une seule et unique source d'informations, les auteurs coptes. L'Occident avec sa naïve confiance a été joué par l'Orient, ou plutôt s'est joué lui-même en prenant pour réels des faits que l'Orient regardait avant tout comme littéraires. Comme les auteurs coptes ne méritent en ce

1. Cf. l'introduction placée en tête des *Monum. pour servir à l'hist. de l'Égypte chrét. aux IVe et Ve siècles.*

2. Cf. *Mémoire sur deux documents coptes écrits sous la domination musulmane*, publié dans le *Bulletin de l'Institut égyptien*, 1885.

3. J'espère le démontrer bientôt pour l'*Histoire lausiaque.*

point aucune créance, il faut rejeter le tout, ou, si l'on recule devant cette extrémité, il faut croire à tout; il n'y a pas de milieu. On s'imagine trop facilement que l'Égypte en se séparant de la communion romaine changea du tout au tout et que de civilisée elle devint peu à peu barbare. C'est une complète illusion : l'Égypte chrétienne n'a pas changé et l'argument qu'on tire de sa soi-disant décrépitude pour montrer l'excellence du christianisme en Occident ou simplement du catholicisme tombe complétement à faux.

A cette question des prodiges se rattache celle des mortifications étonnantes auxquelles se soumettaient les ascètes égyptiens, soit anachorètes, soit moines, soit cénobites. L'univers chrétien a toujours eu un sentiment d'immense étonnement et de superstitieux respect en face des tourments vraiment extraordinaires que les moines égyptiens de tout ordre infligèrent à leur corps sous prétexte d'honorer Dieu. Tout le monde connaît les célèbres tentations de St Antoine qui n'eurent de réalité que dans son esprit et celui de l'auteur qui écrivit sa vie; on sait moins que Macaire souffrit plus de tortures volontaires qu'il n'en souffrit involontairement le jour où on l'accusa d'avoir violé une jeune fille et où on le promena sur un chameau, le visage tourné vers la queue du placide animal, pendant qu'on l'assommait de coups de bâton; on ignore complétement que Schnoudi se crucifia pendant toute une semaine sainte et que tel moine dont le nom ne nous est pas parvenu resta tout un carême perché au haut d'un palmier, sans manger.[1] La vie de Pisentios contient quelques spécimens de ces pénitences extraordinaires. J'avoue franchement que, pour ma part, je trouve tout cela horrible et contre nature, et je suis intimement persuadé que Dieu ne le peut avoir pour agréable. Dieu qui a élevé l'homme au-dessus de toute créature animale ne peut voir

1. Je ne peux garantir la réalité du fait, mais il se trouve dans une vie copte.

avec plaisir même sous le prétexte de l'honorer, l'homme se ravale au niveau de la brute en tuant en lui l'intelligence. Toutes les *dévotions* des moines, pour parler leur langage, étroites, mesquines dans leur apparence de grandeur, étaient uniquement corporelles : l'âme n'y jouait aucun rôle. La grandeur du cénobitisme vint de ce que Pachôme comprit en partie que le sacrifice de la volonté est préférable à la mortification du corps. Maïs le cénobitisme lui-même fut une source de dégradations, car s'il est beau de lutter contre sa volonté, ses désirs et ses passions lorsqu'ils glissent vers le vice sans s'occuper de la vertu, il est contraire à la saine idée que l'on doit se faire de la vertu d'empêcher le libre développement des facultés intellectuelles et morales. Dieu n'a pas doté l'homme de facultés sublimes pour que l'homme ne s'en serve pas : si l'on s'en rapporte à la parabole des talents rien n'est plus contraire à l'esprit de l'Évangile, puisque tout homme doit faire fructifier le talent reçu ou tout au moins le rapporter intact. Or les mortifications dont je parle conduisaient nécessairement à la destruction ou à l'affaiblissement des facultés humaines. L'intention que l'on pouvait se proposer n'est d'aucun poids contre ces considérations : une bonne intention ne peut jamais changer le caractère de moyens mauvais; c'est ce que proclame la saine morale d'accord avec St Paul. On s'est assez moqué, avec raison d'ailleurs, parmi les apologistes chrétiens ou catholiques, du fakir de l'Inde qui tient les yeux fixés sur son nombril jusqu'à ce qu'il soit ravi dans la plus délicieuse extase : quelle différence y a-t-il entre ce fakir et Pisentios qui s'attache au cou une grosse pierre et reste toute la journée debout au soleil afin de mieux apprendre les psaumes, ou qui tient ses mains levées au ciel pendant quatorze jours et quatorze nuits, sans les abaisser un seul instant, sans manger, afin d'obtenir la révélation qu'il désire? Je n'en vois aucune. Objecterait-on le peu de pudeur du fakir? des centaines de moines égyptiens allaient tout nus, d'autres n'avaient qu'un pagne : je ne parle pas des conséquences nécessaires d'une vie de quarante jours passée au haut d'un palmier. Et quel rôle fait-on jouer à Dieu en de pareils actes?

Il ne surprendra personne qu'avec un semblable régime de vie l'esprit n'ait eu chez les moines coptes aucune vigueur. Il n'y eut parmi eux qu'un seul homme de talent, Schnoudi, et d'ailleurs quel talent! Pachôme eut certaines imaginations riantes : c'est tout. Le plus souvent les autres savent à peine ce qu'ils veulent dire et ne comprennent même pas les paroles qu'ils citent. Dès l'époque d'Origène, la mode fut en Egypte d'expliquer l'Écriture dans le sens allégorique : cette mode devait durer parce qu'elle était parfaitement appropriée à la tournure de l'esprit égyptien qui aima toujours tout ce qui était alambiqué et qui se passionna à toutes les époques pour les jeux de mots et les traits d'esprit. C'est surtout en Égypte qu'on admira ce que l'on ne comprenait pas, parce que ce devait être profond. Quand on lit les mots attribués à St Antoine, à St Macaire, à St Pachôme, on reste confondu devant tant de petitesse et, qu'on me passe le mot, devant tant de stupide ignorance. Souvent on leur fit des questions élevées auxquelles ils ne comprenaient rien : leurs réponses sont inintelligibles et tellement en dehors de la question qu'on demeure stupéfait en voyant comme on les acceptait aveuglément. La première idée qui traversait l'esprit, la première parole de l'Écriture qui se présentait à la mémoire, tout était bon pour toutes les questions. Une seule chose explique cet aveuglement chez les disciples : la vénération pour des hommes qui eurent vraiment une certaine grandeur. Malheureusement cette vénération fut trop souvent due à la superstition et à la supercherie. Sans aller chercher des exemples ailleurs que dans le monument que je publie, n'est-il pas assez étonnant d'entendre Moïse de Keft prouver que Dieu peut envoyer des maladies aux saints et que l'on ne doit pas s'en scandaliser parce que St Paul a dit : «Je me suis fait tout à tous pour gagner tout le monde»? L'Ecriture même n'était pas toujours respectée, on inventait des citations où on lui faisait dire exactement le contraire de ce qu'elle dit : Schnoudi était passé maître en cette manière et citant la parole de Jésus-Christ à la samaritaine : «Le temps viendra bientôt où l'on n'adorera le Père ni à Sion ni sur cette montagne»,[1] il faisait dire au Messie : «Le temps est venu d'adorer Dieu dans Sion et sur cette montagne.» Sion était son monastère, et la montagne celle d'Athribis : le Seigneur le lui avait assuré.

J'arrête ici ces considérations que je pourrais développer : ce que j'ajouterais n'aurait plus aucun rapport avec la vie de Pisentios. Que puis-je en conclure sinon que l'Égypte ne fut jamais chrétienne si le christianisme véritable est celui de l'Occident? Le christianisme à ses débuts a bien pu convertir l'Orient, parce qu'il était relativement simple et qu'il correspondait à un besoin urgent de moralité publique dans l'humanité. Mais à mesure qu'il se développa, que d'Orient il passa en Occident, que la paix lui laissa le loisir de développer les germes qu'il renfermait, il fut de plus en plus évident que la religion chrétienne était faite pour l'Occident et non pour l'Orient. Malgré les schismes et les hérésies, le christianisme a toujours plu aux races philosophiques venues de l'Inde et seules capables d'en comprendre la merveilleuse beauté; au contraire l'Orient tout entier a abandonné le christianisme, s'est converti à une religion plus simple, plus commode, plus appropriée aux besoins de son naturalisme grossier. Si quelques populations isolées ont résisté avec une étonnante conviction à l'envahissement général, elles sont devenues la proie des conquérants et sont condamnées pour jamais à l'avilissement et à la sujétion. Pour ce qui regarde l'Égypte en particulier, elle ne prit du christianisme

1. *Joh.*, IV, v. 21.

que les apparences, et par l'Égypte j'entends la vallée du Nil et le Delta à l'exclusion d'Alexandrie. Fidèle à ses traditions, elle a toujours vécu des idées de ses ancêtres, et la plupart de ses saints n'ont pas cru aux dogmes les plus fondamentaux du christianisme. Charmé de la douceur de la nouvelle religion, y trouvant une occasion favorable en même temps qu'une ample matière à développer ses instincts les plus chers, elle se lança en aveugle dans le mysticisme. Le mysticisme a toujours été étroit, il est toujours devenu une cause de ruine pour l'individu comme pour une population entière. Il aurait fallu une main ferme pour diriger l'Égypte, un Athanase égyptien comme il y eut un Athanase grec. Cet homme fit défaut. Il y eut comme une folie générale qui emporta chacun vers le désert, ses mortifications et ses dangereuses solitudes : ces moines qu'on a regardés comme les modèles de la plus parfaite vertu étaient des gens fort vicieux. Une seule chose eût pu les sauver à nos yeux, l'humilité; mais ils étaient orgueilleux comme des démons, ainsi que la mère Angélique Arnauld de Port-Royal, sans être purs comme des anges. Ils suivaient la pente de leur nature, et le christianisme ne fit que rendre cette pente plus dangereuse et plus rapide, parce que l'Égypte ne lui emprunta que ses dehors, ses côtés brillants, sans prendre en même temps ses solides vertus. Il n'y avait entre les deux que cette communion de possible. C'est pourquoi l'Égypte ne pouvait être chrétienne qu'en apparence. Aussi ne l'a-t-elle été que dans cette mesure et a-t-elle toujours conservé sa religion nationale tout en paraissant adopter des dogmes nouveaux.

Le Caire, 28 avril 1886.

ÉLOGE DE PISENTIOS ÉVÊQUE DE KEFT.[1]

(TEXTE ET TRADUCTION.)

(fol. 124 ⲁ̅) ϩⲁⲛ ⲛⲟⲩϫⲓ ⲉⲃⲟⲗϧⲉⲛ ⲛⲓⲉⲅⲕⲱⲙⲓⲟⲛ ⲉⲧⲁϥϫⲟⲧⲟⲩ ⲛϫⲉ ⲁⲃⲃⲁ ⲙⲱⲩⲥⲏⲥ ⲡⲓⲉⲡⲓⲥⲕⲟⲡⲟⲥ ⲛⲧⲉ ⲕⲉϥⲧ ⲉⲫⲏ ⲉⲑⲟⲩⲁⲃ ⲁⲃⲃⲁ ⲡⲓⲥⲉⲛⲧⲓⲟⲥ ⲡⲓⲉⲡⲓⲥⲕⲟⲡⲟⲥ ⲛⲧⲉ ⲧⲁⲓⲡⲟⲗⲓⲥ ⲛⲟⲩⲱⲧ ⲕⲉϥⲧ ϧⲉⲛ ⲡⲉϩⲟⲟⲩ ⲙⲡⲉϥⲉⲣ ⲫⲙⲉⲩⲓ ⲉⲧⲧⲁⲓⲏⲟⲩⲧ ⲉⲧⲉ ⲥⲟⲩ ⲓ̅ⲅ̅ ⲙⲡⲁⲃⲟⲧ ⲉⲡⲏⲡ ⲡⲉ ⲉϥⲉⲣⲥⲩⲙⲫⲱⲛⲉⲓⲛ[2] ⲛⲉⲙⲁϥ ⲛϫⲉ ⲓⲱⲁⲛⲛⲏⲥ ⲡⲉϥⲙⲁⲑⲏⲧⲏⲥ ⲉⲟⲩⲱⲟⲩ[3] ⲙⲡⲉⲛ̅ⲟ̅ⲥ̅ ⲓ̅ⲏ̅ⲥ̅ ⲡⲭ̅ⲥ̅.

ⲧϩⲩⲡⲟⲑⲉⲥⲓⲥ ⲙⲡⲁⲓϣⲁⲓ ⲙⲫⲟⲟⲩ ϥⲙⲉϩ ⲛⲣⲁϣⲓ ⲛⲉⲙ ⲟⲩⲛⲟϥ ⲉⲧⲉ ⲡⲉϩⲟⲟⲩ ⲡⲉ ⲙⲡⲉⲛⲓⲱⲧ ⲉⲑⲟⲩⲁⲃ ⲉⲧⲉⲣⲫⲟⲣⲉⲓⲛ[4] ⲙⲡⲭ̅ⲥ̅ ⲁⲃⲃⲁ ⲡⲓⲥⲉⲛ-

Quelques-uns des éloges qu'a dits abba Moïse, évêque de Keft,[5] au sujet du saint abba Pisentios, évêque de cette même ville de Keft, au jour de sa commémoraison glorieuse qui est le treizième jour du mois d'Épiphi, en (parfait)[6] accord avec Jean, disciple de Pisentios, pour la gloire de notre Seigneur Jésus le Christ.

Le sujet de la fête que (nous célébrons) aujourd'hui nous remplit de joie et d'allégresse;[7] c'est le jour de notre père saint le Christophore abba Pisentios, l'évêque fidèle, (jour) plein d'une

1. Cf. *Cod. Vat.* copt. 66, fol. 124—158. Ce document est paginé ⲁ̅—ⲟ̅ⲁ̅. En tête du premier feuillet on lit : ⲥⲟⲩ ⲓ̅ⲅ̅ ⲛⲉⲡⲏⲡ : le treizième jour d'Épiphi. — 2. Cod. ⲉϥⲉⲣⲥⲩⲙⲫⲱⲛⲓⲛ. — 3. Cod. ⲉⲩⲙⲟⲩ, orthographe vicieuse. — 4. Cod. ⲉⲧⲉⲣⲫⲟⲣⲓⲛ. — 5. Ville du Saïd, sur la rive est du Nil, existant encore aujourd'hui, mais n'ayant plus l'importance qu'elle avait sous la domination grecque et qu'elle conserva sous la domination arabe tant qu'elle fût l'entrepôt des caravanes se rendant aux ports de la mer Rouge. — 6. Les mots que j'ai placés ainsi entre parenthèses n'ont pas d'équivalent en copte : je les ai ajoutés pour rendre la traduction ou française, ou intelligible. — 7. Mot-à-mot : Le sujet de cette fête est plein de joie et d'allégresse.

ⲧⲓⲟⲥ[1] ⲡⲓⲉⲡⲓⲥⲕⲟⲡⲟⲥ ⲉⲧⲉⲛϩⲟⲧ ϥⲙⲉϩ ⲛⲟⲩⲱⲓⲛⲓ ϧⲉⲛ ⲟⲩⲙⲉⲧϩⲟⲩⲟ ϧⲉⲛ ⲡⲥⲱϫⲡ ⲛⲛⲓⲉϩⲟⲟⲩ ⲛⲧⲉ ϯⲣⲟⲙⲡⲓ ⲧⲏⲣⲥ ⲕⲁⲧⲁ ⲫⲣⲏϯ ⲉⲧⲉ ⲡⲓⲥⲁϫⲓ ⲛⲁⲧⲁⲙⲟⲛ ⲉϣⲱⲡ ⲁⲛϣⲁⲛⲙⲟϣⲓ ⲉⲧϩⲏ ⲛⲟⲩⲕⲟⲩϫⲓ. ⲁⲩⲓⲥ ϫⲉ ϯⲛⲟⲩ ⲛⲧⲉⲛϫⲱ ⲉⲣⲱⲧⲉⲛ ⲛⲛⲓϣⲫⲏⲣⲓ ⲉⲧⲁϥⲁⲓⲧⲟⲩ ⲛϫⲉ ⲫ̅ϯ̅ ⲉⲃⲟⲗϩⲓⲧⲟⲧϥ ⲙⲡⲉⲛⲓⲱⲧ ⲉⲑⲟⲩⲁⲃ[2] ⲁⲃⲃⲁ ⲡⲓⲥⲉⲛⲧⲓⲟⲥ ⲓⲥϫⲉⲛ ⲧⲉϥⲙⲉⲧⲕⲟⲩϫⲓ.

ⲁⲩϫⲟⲥ ⲉⲑⲃⲏⲧϥ ϫⲉ ⲉϥⲟⲓ ⲛⲟⲩⲕⲟⲩϫⲓ ⲛⲁϥⲁⲙⲟⲛⲓ ⲛⲛⲓⲉⲥⲱⲟⲩ ⲛⲧⲉ ⲡⲉϥⲓⲱⲧ ⲁ ⲫ̅ϯ̅ ⲟⲩⲱⲛ ⲛⲛⲉϥⲃⲁⲗ ⲁϥⲛⲁⲩ ⲉⲟⲩⲥⲧⲩⲗⲟⲥ (ⲃ̅) ⲛⲭⲣⲱⲙ ⲉϥⲥⲱⲕ ϩⲓ ⲧϩⲏ ⲙⲙⲟϥ ⲛⲁϥⲙⲟϣⲓ ⲟⲩⲛ ⲡⲉ ⲛⲉⲙ ⲕⲉⲁⲗⲟⲩ ⲙⲡⲉϥⲣⲏϯ. ⲡⲉϫⲉ ⲁⲃⲃⲁ ⲡⲓⲥⲉⲛⲧⲓⲟⲥ[3] ⲙⲡⲓⲁⲗⲟⲩ ⲉⲑⲙⲟϣⲓ ⲛⲉⲙⲁϥ ϫⲉ ⲁⲕⲛⲁⲩ ⲉⲡⲁⲓⲥⲧⲩⲗⲟⲥ ⲛⲭⲣⲱⲙ ⲉϥⲙⲟϣⲓ ϩⲓ ⲧϩⲏ ⲙⲙⲟⲛ. ⲡⲉϫⲁϥ ⲙⲫⲏ. ⲁϥⲱϣ ⲇⲉ ⲉⲡϣⲱⲓ ϩⲁ ⲫ̅ϯ̅ ⲛϫⲉ ⲁⲃⲃⲁ ⲡⲓⲥⲉⲛⲧⲓⲟⲥ[4] ⲉϥϫⲱ ⲙⲙⲟⲥ ϫⲉ ⲫ̅ϯ̅ ⲁⲟⲩⲱⲛ ⲛⲛⲓⲃⲁⲗ ⲛⲧⲉ ⲡⲁⲥⲟⲛ ϩⲱϥ ϩⲓⲛⲁ ⲛⲁⲓⲥⲧⲩⲗⲟⲥ ⲛⲭⲣⲱⲙ

surabondante lumière parmi les autres jours de l'année entière, comme le discours nous l'apprendra, si nous marchons un peu en avant. Allons maintenant, nous devons vous dire les merveilles que Dieu a opérées par la main de notre père saint, abba Pisentios, depuis son enfance.

On dit de lui, qu'étant petit, il gardait les brebis de son père. Dieu lui ouvrit les yeux, il vit une colonne de feu qui marchait devant lui. Il allait avec un autre jeune garçon comme lui. Abba Pisentios dit au jeune garçon qui marchait avec lui : «Vois-tu cette colonne de feu qui marche devant nous?» — Il lui dit : «Non.» Abba Pisentios s'écria devant Dieu, disant : «O Dieu, ouvre les

1. Cod. ⲡⲓⲥⲉⲛⲧⲓ. Le manuscrit présente aussi souvent la forme ⲡⲓⲥⲉⲛⲧⲓⲟⲥ que la forme ⲡⲓⲥⲉⲛⲧⲓ. Je crois que la forme grecque est la forme régulière. Les Coptes en négligeant la terminaison grecque ont donné au nom une couleur égyptienne : ils ont agi de même pour un certain nombre de noms de forme grecque, et au contraire ils n'ont presque jamais donné une forme grecque aux noms tirés de leur langue. — 2. Cod. ⲉⲟⲩⲁⲃ. — 3. Cod. ⲡⲓⲥⲉⲛⲧⲓ. — 4. Cod. ⲡⲓⲥⲉⲛⲧⲓ.

ⲙⲫⲣⲏϯ ⲉϯⲛⲁⲩ ⲉⲣⲟϥ ⲙⲁⲣⲉϥⲛⲁⲩ ⲉⲣⲟϥ ϩⲱϥ ⲛϫⲉ ⲡⲁϣⲫⲏⲣ. ⲁϥⲥⲱⲧⲉⲙ ⲟⲩⲛ ⲛϫⲉ ⲫ̅ϯ̅ ⲉⲡⲉϥⲧⲱⲃϩ ⲁϥⲟⲩⲱⲛ ⲛⲛⲓⲃⲁⲗ ⲛⲧⲉ ⲡⲉϥϣⲫⲏⲣ ⲁϥⲛⲁⲩ ⲉⲣⲟϥ ⲟⲩⲟϩ ⲁϥⲉⲣ ϣⲫⲏⲣⲓ ⲉⲙⲁϣⲱ.

ⲁⲩϫⲟⲥ ⲟⲛ ⲉⲑⲃⲏⲧϥ ϫⲉ ϧⲉⲛ ϯⲁⲣⲭⲏ ⲙⲉⲛ ⲉⲧⲁϥⲉⲣ ⲙⲟⲛⲁⲭⲟⲥ ϫⲉ ⲁⲥϣⲱⲡⲓ ⲉⲑⲣⲉϥϭⲓ ⲙⲡⲓⲯⲁⲗⲧⲏⲣⲓⲟⲛ ⲛⲁⲡⲟⲥⲧⲏⲑⲏⲥ.[1] ⲛⲉϣⲁϥⲓ ⲉⲃⲟⲗ ⲙⲫⲛⲁⲩ ⲙⲡⲓⲕⲁⲩⲙⲁ ⲙⲡⲓⲕⲁⲓⲣⲟⲥ[2] ⲉⲣⲉ ⲡⲓⲙⲱⲟⲩ ⲛⲛⲟⲩ ⲉϩⲣⲏⲓ ⲛϧⲏⲧϥ ⲉⲣⲉ ⲛⲓⲧⲱⲟⲩ ⲣⲱⲕϩ[3] ϩⲓⲧⲉⲛ ⲡⲓⲕⲁⲩⲙⲁ. ϣⲁϥⲟϩⲓ ϧⲉⲛ ⲟⲩⲙⲁ ⲛⲥⲁϩⲣⲉ ⲉⲧⲉ ⲙⲙⲟⲛ ⲣⲱⲙⲓ ⲛⲁⲩ ⲉⲣⲟϥ ⲛϧⲏⲧϥ ⲛⲧⲉϥⲙⲟⲩⲣ ⲛⲟⲩⲛⲓϣϯ ⲛⲱⲛⲓ ⲉⲛⲉϥⲙⲟⲩⲧ ϣⲁⲧⲉϥⲧⲁⲟⲩⲟ ⲙⲡⲓⲯⲁⲗⲧⲏⲣⲓⲟⲛ ⲧⲏⲣϥ ⲛⲁⲡⲟⲥⲧⲏⲑⲏⲥ[4] ⲙⲡⲁⲧⲉϥⲭⲁϥ ⲉⲡⲉⲥⲏⲧ ϩⲱⲥⲧⲉ[5] ⲛⲧⲉ ⲣⲁⲧϥ ⲣⲱⲕϩ ϩⲓⲧⲉⲛ ⲡⲓⲣⲱⲕϩ ⲛⲧⲉ ⲡⲓⲧⲱⲟⲩ ⲛⲧⲉ ⲟⲩⲟⲛ ⲛⲓⲃⲉⲛ ϫⲟⲥ ϫⲉ ⲉⲧⲁϥϩⲱⲙⲓ ⲉϫⲉⲛ ϩⲁⲛ ϫⲉⲃⲥ ⲛⲭⲣⲱⲙ. (fol. 125 ⲣ̅) ⲁⲙⲉⲗⲉⲓ[6] ⲟⲩⲛ ⲁ ⲟⲩⲥⲟⲛ ⲙⲙⲟⲛⲁⲭⲟⲥ ϩⲓ ⲕⲟⲧ ⲉⲣⲟϥ ⲛⲟⲩⲉϩⲟⲟⲩ ⲟⲩⲟϩ ⲁϥϣⲓⲛⲓ ⲛⲥⲱϥ ϧⲉⲛ ⲡⲉϥⲃⲏⲃ ⲙⲡⲉϥϫⲉⲙϥ.

yeux de mon frère afin qu'il voie aussi cette colonne de feu; comme je la vois, que mon compagnon la voie aussi!» Dieu entendit sa prière, il ouvrit les yeux de son compagnon : celui-ci vit la colonne et fut étonné grandement.

On dit aussi de lui que, dans le commencement qu'il fut moine, il lui arriva d'apprendre le psautier par cœur. Dans la saison où l'eau arrive, (alors que) les montagnes étaient brûlantes de chaleur, il sortait à l'heure de la chaleur, il se tenait debout dans un lieu désert où personne ne le voyait, il s'attachait au cou une grosse pierre; jusqu'à ce qu'il eût récité par cœur le psautier tout entier, il ne la laissait pas tomber à terre, de sorte que son pied était brûlé par l'ardeur de la montagne, si bien que chacun disait qu'il avait marché sur des charbons de feu. Un jour par hasard un frère

1. Cod. ⲛⲁⲡⲟⲥⲑⲛⲧⲏⲥ. — 2. Cod. ⲙⲡⲕⲉⲣⲟⲥ. — 3. Cod. ⲣⲟⲕϩ, qui est la forme avec suffixes. — 4. Cod. ⲁⲡⲟⲥⲑⲛⲧⲏⲥ. — 5. Cod. ϩⲱⲥϫⲉ. — 6. Cod. ⲁⲙⲉⲗⲓ.

ⲁϥⲙⲟϣⲓ ⲛⲥⲁ ⲧⲉϥⲥⲧⲣⲁⲧⲁ ⲁϥⲛⲁⲩ ⲉⲣⲟϥ ⲉϥⲓⲣⲓ ⲙⲡⲁⲓⲣⲏϯ ϩⲱⲥⲧⲉ[1] ϩⲓⲧⲉⲛ ⲡϩⲣⲟϣ ⲙⲡⲓⲱⲛⲓ ⲛⲧⲉ ⲛⲉϥⲃⲁⲗ ⲙⲟϩ ⲛⲥⲛⲟϥ ϩⲱⲥ ϫⲉ ⲉⲩⲛⲁⲫⲱⲣⲕ ⲛⲥⲉⲓ ⲉⲃⲟⲗ. ⲉⲧⲁ ⲡⲓⲥⲟⲛ ⲇⲉ ϧⲱⲛⲧ ⲉϧⲟⲩⲛ ⲉⲣⲟϥ ϣⲁ ⲡϣⲁⲩ ⲛϩⲓⲟⲩⲓ ⲛⲟⲩⲥⲟⲑⲛⲉϥ ⲉⲃⲟⲗ ⲁϥⲥⲱⲧⲉⲙ ⲉⲣⲟϥ ⲉϥϫⲱ ⲙⲡⲁⲓⲯⲁⲗⲙⲟⲥ ϫⲉ ⲁⲓⲛⲁϩⲱⲥ ⲛⲁⲕ ⲡ̅ⲟ̅ⲥ̅ ⲛⲟⲩⲛⲁⲓ. ⲛⲉⲙ ⲟⲩϩⲁⲡ ϯⲛⲁⲉⲣⲯⲁⲗⲗⲉⲓⲛ[2] ⲛⲧⲁⲕⲁϯ ϧⲉⲛ ⲟⲩⲙⲱⲓⲧ ⲛⲁⲧⲁϭⲛⲓ ϫⲉ ⲁⲕⲛⲁⲓ ϣⲁⲣⲟⲓ ⲛⲑⲛⲁⲩ. ⲉⲧⲁϥϫⲟⲩϣⲧ ⲇⲉ ⲁϥⲛⲁⲩ ⲉⲡⲓⲥⲟⲛ ⲁϥⲭⲱ ⲇⲉ ⲙⲙⲟϥ ⲁϥⲭⲱ ⲙⲡⲓⲱⲛⲓ ⲉⲡⲉⲥⲏⲧ ⲁϥϩⲉⲙⲥⲓ ϩⲓϫⲱϥ. ⲡⲉϫⲉ ⲡⲓⲥⲟⲛ ⲛⲁϥ ϫⲉ ⲛⲁϩϯ ⲉⲣⲟⲓ ϫⲉ ⲁⲓⲉⲣ ϣⲫⲏⲣⲓ ⲛⲧⲁⲓⲛⲓϣϯ ⲛϫⲟⲙ ⲛⲉⲙ ⲧⲁⲓⲙⲉⲧϫⲱⲣⲓ ⲉⲧⲁⲕⲁⲓⲥ ϫⲉ ⲛⲁϣ ⲛⲣⲏϯ ⲁⲕⲉⲣϩⲩⲡⲟⲙⲉⲛⲉⲓⲛ[3] ⲁⲕⲧⲱⲟⲩⲛ ϧⲁ ⲡⲁⲓⲛⲓϣϯ ⲛⲛⲁⲩⲥⲱⲛ[4] ⲛⲧⲁⲓⲙⲁⲓⲛ. ⲁⲛⲟⲕ ⲅⲁⲣ ⲓⲥ ⲡⲓⲑⲱⲟⲩⲓ ⲧⲟⲓ ⲉⲛⲁϭⲁⲗⲁⲩϫ ϩⲏⲡⲡⲉ ⲁⲩⲣⲱⲕϩ ⲙⲫⲣⲏϯ ϫⲉ ⲉⲓⲙⲟϣⲓ ⲉϫⲉⲛ ϩⲁⲛ ϫⲉⲃⲥ ⲛⲭⲣⲱⲙ ⲉⲩⲙⲟϩ. ϩⲁⲣⲁ ⲡⲁ-

moine alla le chercher dans sa caverne, il ne le trouva pas; il suivit ses traces (?), il le vit en cet état[5] de sorte que par le poids de la pierre ses yeux étaient remplis de sang comme s'ils allaient être arrachés et sortir de leur orbite. Lorsque le frère se fût approché de lui à la portée d'une flèche, il l'entendit réciter ce psaume : «Je chanterai, Seigneur, ta miséricorde et ta justice, je chanterai pour me convertir à un chemin sans tache, car quand viendras-tu vers moi?» Lorsqu'il regarda, il vit le frère, il cessa, mit la pierre à terre et s'assit dessus. Le frère lui dit : «Crois-moi, j'admire cette grande vertu et ce grand (acte de) courage que tu as fait; car comment peux-tu supporter de rester debout dans une aussi grande chaleur? voici qu'une chaussure revêt mes pieds; ils sont brûlés

1. Cod. ϩⲱⲥⲇⲉ. — 2. Cod. ϯⲛⲁⲉⲣⲯⲁⲗⲓⲛ. — 3. Cod. ⲁⲕⲉⲣϩⲩⲡⲟⲙⲉⲛⲓⲛ. — 4. Dans le *Voyage d'un moine égyptien*, (p. 18) j'ai considéré ce mot comme abusif pour ⲕⲁⲩⲙⲁ : c'est à tort; c'est un mot de basse grécité employé sans doute communément en Égypte. — 5. Mot-à-mot : il le vit faisant ainsi.

ⲥⲟⲛ ⲡⲓⲥⲉⲛⲧⲓⲟⲥ[1] ⲉⲣⲉ ⲟⲩ ⲙⲙⲉⲩⲓ ϧⲉⲛ ⲡⲉⲕϩⲏⲧ ϣⲁⲧⲉⲕⲉⲣ ⲧⲁⲓⲛⲓϣϯ ⲙⲡⲟⲗⲓⲧⲉⲓⲁ[2] ⲑⲁⲓ ⲉⲧⲉ ⲙⲙⲟⲛ ⲣⲱⲙⲓ ⲛⲁϣⲁⲓⲥ ⲛⲧⲉϥⲟϩⲓ ⲉⲣⲁⲧϥ ϩⲓϫⲉⲛ ⲡⲁⲓϣⲱ (ⲇ̅) ⲉⲧⲉϥⲉⲣϩⲩⲡⲟⲙⲉⲛⲉⲓⲛ[3] ⲙⲡⲁⲓⲛⲓϣϯ ⲛϭⲱⲗⲕ ⲉⲃⲟⲗ ⲛⲧⲉ ⲡⲁⲓⲕⲁⲩⲙⲁ ⲙⲡⲁⲓⲣⲏϯ. ⲁϥⲉⲣ ⲟⲩⲱ ⲛϫⲉ ⲁⲃⲃⲁ ⲡⲓⲥⲉⲛⲧⲓⲟⲥ[4] ⲡⲉϫⲁϥ ⲛⲁϥ ϫⲉ ⲁⲣⲉϣⲧⲉⲙ ⲡⲓⲣⲱⲙⲓ ⲉⲣ ϩⲱⲃ ϧⲉⲛ ⲧⲉϥⲙⲉⲧⲕⲟⲩϫⲓ ⲉϥⲛⲁϣⲉⲣ[5] ϩⲱⲃ ⲑⲱⲛ ϧⲉⲛ ⲡⲥⲏⲟⲩ ⲛⲧⲉϥⲙⲉⲧϧⲉⲗⲗⲟ ⲙⲉⲛⲉⲛⲥⲁ ⲑⲣⲉ ⲛⲉⲛⲕⲁⲥ ⲙⲡⲉϥⲥⲱⲙⲁ ϧⲓϯ ⲟⲩⲉⲃϣⲓ ⲅⲁⲣ ⲉⲧϩⲓϫⲉⲛ ⲡϩⲏⲧ ⲙⲡⲓⲣⲱⲙⲓ ⲛⲥⲭⲱ ⲙⲙⲟϥ ⲁⲛ ⲉⲉⲣ ⲫⲙⲉⲩⲓ ⲙⲫ̅ϯ̅ ⲁϥϫⲟⲥ ⲅⲁⲣ ⲛϫⲉ ⲁⲡⲁ ⲉⲩⲁⲅⲣⲓⲟⲥ ⲡⲓⲁⲛⲁⲭⲱⲣⲏⲧⲏⲥ[6] ϫⲉ ⲟⲩⲟⲛ ⲅ̅ ⲛⲇⲁⲓⲙⲱⲛ[7] ⲙⲟϣⲓ ⲉⲩⲟⲓ ⲛϣⲫⲏⲣ ⲉⲛⲟⲩⲉⲣⲏⲟⲩ ⲡⲓϣⲟⲣⲡ ⲛϧⲏⲧⲟⲩ ⲡⲉ ⲡⲓⲡ̅ⲛ̅ⲁ̅ ⲛⲧⲉ ϯⲡⲟⲣⲛⲉⲓⲁ[8] ⲉϥϩⲉⲙⲥⲓ ⲥⲁ ⲡⲥⲫⲓⲣ ⲙⲡⲓⲣⲱⲙⲓ ⲛⲥⲏⲟⲩ ⲛⲓⲃⲉⲛ ⲉϥⲧϧⲙⲟ ⲙⲙⲟϥ ⲉϧⲟⲩⲛ ϯⲡⲟⲣⲛⲉⲓⲁ[9] ⲡⲓⲙⲁϩ ⲃ̅ ⲡⲉ ⲡⲓⲡ̅ⲛ̅ⲁ̅ ⲛⲧⲉ ϯⲉⲃϣⲓ ⲛϥⲭⲱ[10] ⲙⲙⲟϥ ⲁⲛ ⲉⲉⲣⲁⲓⲥ-

comme si j'avais marché sur des charbons ardents. Mon frère Pisentios, quelle pensée as-tu eue en ton cœur de faire cette grande pratique de dévotion que personne ne fera jamais, de se tenir debout sur ce sable, de supporter cette grande continuité d'une pareille chaleur?» — Abba Pisentios répondit et lui dit : «Si l'homme ne travaille pas dans le temps de sa jeunesse, quand travaillera-t-il dans le temps de sa vieillesse, alors que les os de son corps auront vieilli? car la négligence qui est dans le cœur de l'homme ne lui permet pas de penser à Dieu. En effet apa Evagrios l'anachorète a dit : «Il y a trois démons qui vont de compagnie l'un avec l'autre; le premier, c'est l'esprit de fornication qui est assis en tout temps aux côtés de l'homme et l'excite à la fornication; le second

1. Cod. ⲡⲓⲥⲉⲛⲧⲓ. — 2. Cod. ⲙⲡⲟⲗⲏⲧⲓⲁ. — 3. Cod. ⲛⲧⲉϥⲉⲣϩⲩⲡⲟⲙⲉⲛⲓⲛ. — 4. Cod. ⲡⲓⲥⲉⲛⲧⲓ. — 5. La lettre initiale de ce mot ⲉ avait été omise par le scribe : on l'a ajoutée anciennement. — 6. Cod. ⲡⲓⲁⲛⲁⲭⲱⲣⲓⲧⲏⲥ. — 7. Cod. ⲛⲇⲉⲙⲱⲛ. — 8. Cod. ϯⲡⲟⲣⲛⲓⲁ. — 9. Cod. ⲉϯⲡⲟⲣⲛⲓⲁ. — 10. Cod. ⲙϥⲭⲱ *(sic)*.

ⲥⲑⲁⲛⲉⲥⲑⲁⲓ[1] ⲟⲩⲇⲉ ⲉⲉⲣ ⲫⲙⲉⲩⲓ ϫⲉ ⲫ̅ϯ̅ ϣⲟⲡ ϣⲁⲧⲉϥϫⲉⲕ ⲛⲓⲛⲟⲃⲓ ⲉⲃⲟⲗ ⲉⲧⲁϥϩⲓ ⲧⲟⲧϥ ⲉⲣⲟϥ ⲡⲓⲙⲁϩ ⲅ̅ ⲡⲉ ⲡⲓⲡ̅ⲛ̅ⲁ̅ ⲉⲧϩⲱⲃⲥ ⲙⲡⲓϩⲟ ϫⲉ ⲛⲛⲉϥⲛⲁⲩ ⲉⲛⲓⲛⲟⲃⲓ ⲉⲧⲉϥⲓⲣⲓ ⲙⲙⲱⲟⲩ. ⲉⲡⲉⲓⲇⲏ[2] ⲭⲙⲉⲩⲓ[3] ⲉⲣⲟⲓ ϯⲛⲟⲩ ϫⲉ ⲁⲓⲉⲣ ⲟⲩⲛⲓϣϯ ⲙⲡⲟⲗⲓⲧⲉⲓⲁ[4] ⲟⲩ ϩⲟⲗⲱⲥ ⲧⲉ ⲧⲁⲓⲡⲟⲗⲓⲧⲉⲓⲁ[5] ⲑⲁⲓ ⲛⲁϩⲣⲉⲛ ⲛⲓⲛⲓϣϯ ⲙⲡⲟⲗⲓⲧⲉⲓⲁ[6] ⲛⲧⲉ ⲛⲉⲛⲓⲟϯ ⲛⲁⲣⲭⲁⲓⲟⲥ.[7] ⲁⲩϫⲟⲥ ⲅⲁⲣ ⲉⲑⲃⲉ ⲫⲏ ⲉⲑⲟⲩⲁⲃ ⲁⲡⲁ ⲕⲟⲗⲟⲩⲑⲟⲥ ⲡⲓⲣⲱⲙⲓ ϧⲉⲛ ⲟⲩ- (fol. 126 ⲉ̅) ⲙⲉⲑⲙⲏⲓ ⲉⲧⲉⲣⲕⲟⲥⲙⲉⲓⲛ[8] ⲛϯⲙⲉⲧⲙⲟⲛⲁⲭⲟⲥ ⲛⲕⲁⲗⲱⲥ ⲟⲩⲟϩ ⲡⲓⲧⲉⲗⲉⲓⲟⲥ[9] ϧⲉⲛ ⲛⲉϥϩⲃⲏⲟⲩⲓ ⲧⲏⲣⲟⲩ ϫⲉ ⲡⲓⲥⲏⲟⲩ ⲧⲏⲣϥ ⲉⲧⲁϥⲁⲓϥ ϣⲁⲛϫⲉⲙϥ ⲉϥⲉⲣⲛⲏⲥⲧⲉⲩⲉⲓⲛ[10] ⲉϥⲥⲉⲕ ⲃ̅ⲃ̅ ⲁⲣⲉϣⲁⲛ ⲡⲓⲣⲏ ϣⲁⲓ ⲥⲁ ⲡⲉⲓⲉⲃⲧ ϣⲁϥⲕⲱϯ ⲙⲡⲉϥϩⲟ ⲉⲣⲟϥ ⲙⲱⲓⲧ ⲛⲓⲃⲉⲛ ⲉⲣⲉ ⲡⲓⲣⲏ ⲛⲁϩⲱⲗ ⲉⲣⲟϥ ⲙⲡⲉϩⲟⲟⲩ ⲧⲏⲣϥ ϣⲁⲧⲉϥϩⲱⲧⲡ ⲙⲡⲁϥⲕⲏⲛ ⲉⲣⲉ ⲡⲉϥϩⲟ ⲕⲱϯ ⲉⲣⲟϥ ⲉϥⲓⲣⲓ ⲙⲡⲉϥϩⲱⲃ ⲛϫⲓϫ ⲟⲩⲟϩ ⲟⲛ ⲁⲩⲉⲣ ⲙⲉⲑⲣⲉ ϧⲁⲣⲟϥ ⲛⲑⲟϥ ⲡⲉ-

est l'esprit de négligence qui ne le laisse pas sentir et penser que Dieu existe, avant qu'il n'ait accompli le péché qu'il a résolu de faire; le troisième est l'esprit qui lui met un voile devant la figure, afin qu'il ne voie pas les péchés qu'il commet. Puisque maintenant tu penses de moi que j'ai fait une grande pratique de dévotion, qu'est-ce que cette pratique près des grandes œuvres de nos anciens pères? car on dit d'apa Colouthos, homme qui a vraiment été un bel ornement pour le monachisme et parfait en toutes ses actions, que pendant toute sa vie[11] tu l'aurais trouvé jeûnant et prolongeant son jeûne de deux jours en deux jours. Si le soleil se levait à l'Orient, il tournait son visage de ce côté et de quelque côté que le soleil se tournait pendant le jour entier jus-

1. Cod. ⲉⲉⲣⲉⲥⲑⲁⲛⲉⲥⲑⲉ. — 2. Cod. ⲉⲡⲓⲇⲏ. — 3. Cette orthographe est rare, mais elle se rencontre. Je laisse donc le ⲭ quoique le ⲕ fût meilleur à mon avis. — 4. Cod. ⲙⲡⲟⲗⲏⲧⲓⲁ. — 5. Cod. ⲧⲁⲓⲡⲟⲗⲏⲧⲓⲁ. — 6. Cod. ⲙⲡⲟⲗⲏⲧⲓⲁ. — 7. Cod. ⲛⲁⲣⲭⲉⲟⲥ. — 8. Cod. ⲉⲧⲉⲣⲕⲟⲥⲙⲓⲛ. — 9. Cod. ⲡⲓⲧⲉⲗⲓⲟⲥ. — 10. Cod. ⲉϥⲉⲣⲛⲏⲥⲧⲉⲩⲓⲛ. — 11. Mot-à-mot : tout le temps qu'il fit.

ⲑⲟⲩⲁⲃ ⲁⲡⲁ ⲕⲟⲗⲟⲩⲑⲟⲥ ϫⲉ ⲁϥⲥⲉⲛ ϯ ϩⲉⲃⲇⲟⲙⲁⲥ[1] ⲧⲏⲣⲥ ϣⲁ ⲡⲥⲁⲃⲃⲁⲧⲟⲛ ϧⲉⲛ ⲡⲓⲁⲃⲟⲧ ⲡⲁⲱⲛⲓ ϧⲉⲛ ⲡⲓϩⲙⲉ ⲛⲧⲉ ⲡⲓϣⲱⲙ. ⲁⲩϫⲟⲥ ⲉⲑⲃⲉ ⲟⲩⲥⲟⲛ ⲉϥϧⲉⲛ ⲡⲓⲡⲁⲣⲁⲇⲉⲓⲥⲟⲥ[2] ⲛⲧⲉ ϣⲓⲏⲧ ϧⲉⲛ ⲛⲓⲁⲣⲭⲁⲓⲟⲥ[3] ϫⲉ ⲁϥⲉⲣ ⲙ̅ ⲛⲉϩⲟⲟⲩ ⲉϥⲟϩⲓ ⲉⲣⲁⲧϥ ϧⲉⲛ ⲡⲓⲣⲏ ⲙⲡⲁⲧⲉϥⲓ ⲉϧⲟⲩⲛ ⲉϯⲥⲕⲉⲡⲏ. ⲁⲣⲉϣⲁⲛ ⲡⲓⲣⲏ ϩⲱⲧⲡ ϣⲁϥⲟϩⲓ ⲉⲣⲁⲧϥ ϩⲓϫⲉⲛ ⲟⲩⲣⲁⲙⲛⲟⲥ ϣⲁ ⲣⲁⲥϯ ⲛⲧⲉϥϣⲁⲓ ⲛϫⲉ ⲡⲓⲣⲏ ⲛⲧⲉϥϣⲉ ⲛⲁϥ ⲟⲛ ⲛⲧⲉϥⲟϩⲓ ⲉⲣⲁⲧϥ ⲛϧⲏⲧϥ. ⲙⲡⲉⲣⲉⲣ ϣⲫⲏⲣⲓ ⲟⲩⲛ ⲙⲡⲓⲥⲉⲛⲧⲓⲟⲥ[4] ϩⲱⲥ ϫⲉ ⲁϥⲉⲣ ⲟⲩⲛⲓϣϯ ⲙⲡⲟⲗⲓⲧⲉⲓⲁ[5] ⲁⲗⲗⲁ ⲉϣⲱⲡ ⲧⲉⲛⲛⲁⲉⲣ ⲡⲉ ⲙⲡϣⲁ ⲛⲛⲁⲩ ⲉⲛⲉⲛⲉⲣⲏⲟⲩ ϧⲉⲛ ⲡⲓⲁⲓⲱⲛ[6] ⲉⲑⲛⲁⲙⲟⲩⲛ ⲉⲃⲟⲗ ϣⲁ ⲉⲛⲉϩ ⲛⲧⲉⲕⲛⲁⲩ ⲉⲣⲟⲓ ⲉⲁⲓⲉⲣϫⲓⲛⲓⲟⲣ ⲙⲡⲓⲁⲣⲟ ⲛⲭⲣⲱⲙ ⲉⲧⲥⲱⲕ ϩⲓ ⲧϩⲏ ⲙⲡⲓⲕⲣⲓⲧⲏⲥ (ⲉ̅) ⲟⲩⲟϩ ⲛⲧⲁⲟⲩⲱϣⲧ ⲙⲡⲁⲟ̅ⲥ̅ ⲓ̅ⲏ̅ⲥ̅ ϧⲉⲛ ⲟⲩϩⲟ ⲙⲙⲟⲛ ϣⲓⲡⲓ ⲛϧⲏⲧϥ. ⲑⲁⲓ ⲧⲉ ϯⲛⲓϣϯ

qu'à son coucher, il ne cessait pas d'y tourner (aussi) son visage en travaillant de ses mains. On assure aussi que le saint apa Colouthos jeûnait la semaine entière jusqu'au samedi dans le mois de Paoni, dans le carême de l'été. On dit d'un frère qui est (cité) dans le *Paradis de Scété*[7] parmi les anciens, qu'il passa quarante jours se tenant debout au soleil, sans aller à l'ombre : si le soleil se couchait, il se tenait debout sur un nerprun épineux jusqu'au lendemain au lever du soleil; il allait alors se placer dans ses rayons.[8] N'admire donc pas Pisentios, comme s'il avait fait une grande pratique de dévotion; mais si nous sommes dignes de nous voir l'un l'autre dans la vie qui demeurera éternellement, tu me verras ayant traversé le fleuve de feu qui s'étend devant le juge et adorant ensuite mon Seigneur Jésus d'un visage où il n'y aura

1. Cod. ϯⲥⲃⲇⲟⲙⲁⲥ. J'ai rétabli le ϩ qui remplace l'esprit rude dans ce mot et qui ne se trouve pas dans ce manuscrit. — 2. Cod. ⲡⲓⲛⲁⲣⲁⲇⲓⲥⲟⲥ. — 3. Cod. ⲛⲓⲁⲣⲭⲥⲟⲛ. — 4. Cod. ⲁⲃⲃⲁ ⲡⲓⲥⲉⲛϯ. — 5. Cod. ⲙⲡⲟⲗⲏⲧⲓⲁ. — 6. Cod. ⲡⲓⲥⲱⲛ. — 7. C'est le titre d'un livre qui s'est conservé, je crois, en arabe sous le titre de بستان الرهبان : c'est sans doute le type du *Pratum spirituale*. — 8. Mot-à-mot : il se tenait en lui.

ⲙⲡⲟⲗⲓⲧⲉⲓⲁ[1] ⲉⲑⲛⲁⲛⲉⲥ ⲛⲉⲙ ϯⲛⲓϣϯ ⲛⲁⲅⲁⲡⲏ ⲉⲧⲉⲙⲡⲁⲩϣⲧⲁϩⲟⲥ ⲟⲩϩⲗⲓ ⲅⲁⲣ ⲧⲉ ⲧϧⲉⲙⲓ ⲙⲡⲣⲏ ⲛⲁϩⲣⲉⲛ ⲡⲓⲭⲣⲱⲙ ⲛⲧⲉ ⲁⲙⲉⲛϯ. ⲛⲁϩϯ ⲉⲣⲟⲓ ⲡⲁⲥⲟⲛ ϫⲉ ⲁⲣⲉϣⲁⲛ ⲡⲓⲣⲱⲙⲓ ⲉⲣ ⲡⲉϥⲥⲛⲟⲩ ⲧⲏⲣϥ ⲉϥⲟϩⲓ ⲉⲣⲁⲧϥ ϧⲉⲛ ⲡⲓⲣⲏ ϥⲟⲓ ⲛⲛⲓϣϯ ⲁⲛ ⲙⲫⲣⲏϯ ⲛⲟⲩⲉϩⲟⲟⲩ ⲛⲟⲩⲱⲧ ⲉⲛⲛⲁⲁⲓϥ ϧⲉⲛ ⲛⲓⲕⲟⲗⲁⲥⲓⲥ ⲟⲩⲟϩ ⲛⲁⲛⲉⲥ ⲛⲧⲉ ⲡⲓⲣⲱⲙⲓ ⲉⲣ ⲡⲉϥⲥⲛⲟⲩ ⲧⲏⲣϥ ⲉϥϣⲉⲡ ϧⲓⲥⲓ ϧⲉⲛ ϧⲓⲥⲓ ⲛⲓⲃⲉⲛ ⲕⲁⲛ ϩⲕⲟ ⲕⲁⲛ ⲓⲃⲓ ⲕⲁⲛ ⲛⲏⲥⲧⲉⲓⲁ[2] ⲕⲁⲛ ϣⲗⲏⲗ ⲕⲁⲛ ϣⲣⲱⲓⲥ ⲁⲡⲗⲱⲥ ϧⲓⲥⲓ ⲛⲓⲃⲉⲛ ϧⲉⲛ ⲟⲩⲧⲟⲩⲃⲟ ϣⲁ ⲉϧⲣⲏⲓ ⲉⲫⲉⲛ ⲡⲉϥⲥⲛⲟϥ ⲉⲃⲟⲗ ⲉⲑⲃⲉ ⲫϯ ϩⲓⲛⲁ ⲛⲧⲉϥϫⲓⲙⲓ ⲛⲟⲩⲛⲁⲓ ⲙⲡⲉϥⲙⲑⲟ ⲉⲃⲟⲗ ϧⲉⲛ ⲡⲓⲉϩⲟⲟⲩ ⲛⲧⲉ ϯⲕⲣⲓⲥⲓⲥ ⲛϩⲟⲩⲟ ⲛⲧⲉϥⲓ ⲉⲃⲟⲗϧⲉⲛ ⲡⲁⲓⲕⲟⲥⲙⲟⲥ ⲛⲥⲉϩⲓⲧϥ ⲉⲛⲓⲕⲟⲗⲁⲥⲓⲥ.

ⲁϥⲉⲣ ⲟⲩⲱ ⲛϫⲉ ⲡⲓⲥⲟⲛ ϫⲉ ⲛⲑⲟⲕ ⲙⲉⲛ ϯⲙⲉⲩⲓ ⲁⲛ ϫⲉ ⲟⲩⲟⲛ ⲙⲟⲛⲁⲭⲟⲥ ϧⲉⲛ ⲛⲁⲓⲥⲛⲟⲩ[3] ⲛⲁϣⲧⲉⲛⲑⲱⲛϥ ⲉⲣⲟⲕ ϧⲉⲛ ⲛⲉⲕϣⲗⲏⲗ ⲛⲉⲙ ⲛⲉⲕⲙⲉⲗⲉⲧⲏ ⲛⲉⲙ ⲛⲉⲕⲡⲟⲗⲓⲧⲉⲓⲁ ⲧⲏⲣⲟⲩ ⲛⲁⲓ ⲉⲧⲉⲕⲓⲣⲓ ⲙⲙⲱⲟⲩ ⲉⲧⲉⲙ-

pas de honte. C'est là la grande et bonne pratique, le grand acte d'amour qu'on ne peut comprendre, car la chaleur du soleil n'est rien auprès du feu de l'Amenti. Crois-moi, mon frère, quand même l'homme se tiendrait toute sa vie au soleil, cela n'équivaudrait pas à un seul jour que l'on passerait dans les tourments. Il est bon que l'homme, toute sa vie, endure toute (sorte de) souffrances, qu'il ait faim, qu'il ait soif, qu'il jeûne, qu'il prie, qu'il veille, en un mot qu'il souffre tout avec pureté jusqu'à répandre son sang pour Dieu afin qu'il trouve miséricorde en sa présence au jour du jugement, plutôt qu'au moment où il sortira de ce monde on ne le jettera dans les tourments.»

Le frère lui répondit : «Je pense qu'il n'y a pas en ce temps un seul moine qui puisse te surpasser en tes prières, tes médita-

1. Cod. ⲙⲡⲟⲗⲏⲧⲓⲁ. — 2. Cod. ⲛⲏⲥⲧⲓⲁ. — 3. Cod. ⲛⲁⲥⲛⲟⲩ : puis on a ajouté l'ⲓ par dessus.

ⲡⲉⲛⲭⲁ ⲣⲱⲙⲓ ⲉⲉⲙⲓ ⲉⲣⲱⲟⲩ ⲉⲓⲙⲏⲧⲓ[1] ⲉϯⲡⲟⲗⲏⲉⲓⲁ[2] ⲉⲧⲁⲓⲛⲁⲩ ⲉⲣⲟⲕ ⲉⲧⲉⲕⲓⲣⲓ ⲙⲙⲟⲥ ϯⲛⲟⲩ ⲟⲩⲟϩ ϯⲙⲉⲩⲓ ϫⲉ ⲁ ⲡⲉⲕϩⲏⲧ ⲙⲕⲁϩ ⲉⲧⲁⲓ- (fol. 127 ⲍ̅) ⲛⲁⲩ ⲉⲣⲟⲕ ⲛϧⲏⲧⲥ ⲁⲗⲗⲁ ϯϯϩⲟ ⲭⲱ ⲛⲏⲓ ⲉⲃⲟⲗ ϫⲉ ϯⲉⲙⲓ ϫⲉ ⲭⲟⲩⲱϣ ⲁⲛ ⲛⲧⲉ ϩⲗⲓ ⲛⲣⲱⲙⲓ ⲉⲙⲓ ϫⲉ ⲉⲕⲉⲣ ϩⲱⲃ ⲛⲁϣ ⲛⲣⲏϯ ⲁⲛⲟⲕ ϩⲱ ϯⲛⲁϫⲟⲥ ⲛϩⲗⲓ ⲛⲣⲱⲙⲓ ⲁⲛ ⲛⲧⲁϯ ⲙⲕⲁϩ ⲙⲡⲉⲕϩⲏⲧ ⲁⲗⲗⲁ ϯⲛⲁⲣⲱⲓⲥ ⲉⲡⲁⲓⲙⲩⲥⲧⲏⲣⲓⲟⲛ ϣⲁ ⲡⲉϩⲟⲟⲩ ⲙⲡⲁⲙⲟⲩ. ⲉⲛⲉ ⲙⲡⲉⲕⲉⲣ ϩⲗⲓ ⲙⲡⲟⲗⲓⲧⲉⲓⲁ[3] ⲡⲉ ⲉⲃⲏⲗ ⲉⲡⲓⲧⲟⲩⲃⲟ ⲛⲧⲉ ⲡⲉⲕⲥⲱⲙⲁ ϥⲣⲱϣⲓ ⲙⲙⲟⲕ ⲉϯ ⲭⲗⲱⲙ ⲉϫⲱⲕ. ⲁϥⲉⲣ ⲟⲩⲱ ⲛϫⲉ ⲡⲓⲧⲉⲗⲉⲓⲟⲥ[4] ϧⲉⲛ ⲛⲉϥⲁⲣⲉⲧⲏ ⲧⲏⲣⲟⲩ ϫⲉ ϧⲉⲛ ⲟⲩⲙⲉⲑⲙⲏⲓ ⲉⲧⲁⲓϣⲉⲡ ⲛⲁⲓϧⲓⲥⲓ ⲧⲏⲣⲟⲩ ⲉⲡϫⲓⲛϫⲏ. ⲁⲣⲉϣⲁⲛ ⲡⲓⲣⲱⲙⲓ ⲅⲁⲣ ⲉⲣ ϩⲁⲛ ⲕⲟⲩϫⲓ ⲙⲡⲟⲗⲓⲧⲉⲓⲁ[5] ⲉⲑⲃⲉ ⲫ̅ϯ̅ ⲥϣⲉ ⲉⲣⲟϥ ⲛⲧⲉϥϣⲧⲉⲙⲭⲁ ⲣⲱⲙⲓ ⲉⲉⲙⲓ ⲉⲣⲟϥ ϧⲉⲛ ⲟⲩⲛⲓϣϯ ⲛⲥⲡⲟⲩⲇⲏ

tions, en toutes les pratiques que tu fais et que tu ne laisses voir à personne, sinon ce que je t'ai vu faire aujourd'hui; je pense aussi que ton cœur a été affligé lorsque je t'ai vu t'y livrer;[6] mais, je t'en prie, pardonne-moi; car je sais que tu désires que personne ne sache comment tu agis. Certes je ne le dirai à personne, pour (ne pas) contrister ton cœur,[7] et je veillerai sur ce secret jusqu'au jour de ma mort. Quand même tu ne ferais d'autre œuvre de dévotion que de purifier ton corps, cela suffirait pour t'obtenir la couronne.»[8] Le parfait en toutes ses vertus répondit : «En vérité, c'est en vain que j'ai enduré toutes ces souffrances; car, si un homme a fait quelques petites pratiques pour Dieu, il doit avoir grand soin de ne laisser personne le savoir, à cause de la gloire

1. Cod. ⲓⲙⲏϯ. — 2. Cod. ⲡⲟⲗⲏⲧⲓⲁ. On a ajouté ensuite ⲉϯ. — 3. Cod. ⲡⲁⲗⲏⲧⲓⲁ. — 4. Cod. ⲡⲓⲧⲉⲗⲓⲟⲥ. — 5. Cod. ⲙⲡⲟⲗⲏⲧⲓⲁ. — 6. Mot-à-mot : lorsque je t'ai vu en elle. — 7. Mot-à-mot : Je ne le dirai à personne pour contrister ton cœur. Cette phrase serait amphibologique en français : j'ai pris la tournure négative qui dans ces sortes de tours est employée de préférence en français. — 8. Mot-à-mot : pour te couronner; c'est-à-dire pour t'assurer le ciel.

ⲉⲑⲃⲉ ⲟⲩⲱⲟⲩ ⲛⲣⲱⲙⲓ ⲉϣⲁϥⲧⲁⲕⲟ ⲫⲏ ⲅⲁⲣ ⲉⲧⲉ ⲡⲓⲣⲱⲙⲓ ⲛⲁⲁⲓϥ ⲙⲡⲁⲧⲟⲩϫⲱ ⲙⲡⲉϥⲧⲁⲓⲟ ⲛⲑⲟϥ ⲡⲉ. ⲉⲡⲉⲓⲇⲏ[1] ⲁⲕⲧⲁⲓⲟ ⲛϩⲟⲩⲟ ⲟⲩⲟϩ ⲟⲛ ⲁⲕϫⲟⲥ ⲛⲏⲓ ϫⲉ ϣⲁⲣⲉ ϯⲙⲉⲧⲡⲁⲣⲑⲉⲛⲟⲥ ⲛⲁϩⲙⲉⲕ ⲥⲱⲧⲉⲙ ⲉⲡⲟ̅ⲥ̅ ⲉϥϫⲱ ⲙⲙⲟⲥ ϧⲉⲛ ⲡⲓⲉⲩⲁⲅⲅⲉⲗⲓⲟⲛ ϫⲉ ⲫⲏ ⲉⲧⲱϣ ⲙⲁⲣⲉϥⲕⲁϯ ⲥⲱⲧⲉⲙ ⲉϯⲁⲡⲟⲫⲁⲥⲓⲥ ⲉⲧⲟⲓ ⲛϩⲟϯ ⲉⲧⲁϥϫⲟⲥ ⲛⲛⲓⲡⲁⲣⲑⲉⲛⲟⲥ ⲛⲥⲟϫ ϧⲉⲛ ⲡϫⲓⲛⲑⲣⲟⲩⲕⲱⲗϩ ⲉϧⲟⲩⲛ ϫⲉ ⲡⲉⲛⲟ̅ⲥ̅ ⲁⲟⲩⲱⲛ ⲛⲁⲛ ⲁϥⲉⲣ ⲟⲩⲱ ⲛⲱⲟⲩ (ⲛ̄) ⲉϥϫⲱ ⲙⲙⲟⲥ ϫⲉ ⲁⲙⲏⲛ ϯϫⲱ ⲙⲙⲟⲥ ⲛⲱⲧⲉⲛ ϫⲉ ϯⲥⲱⲟⲩⲛ ⲙⲙⲱⲧⲉⲛ ⲁⲛ ⲣⲱⲓⲥ ⲟⲩⲛ ϫⲉ ⲧⲉⲧⲉⲛⲥⲱⲟⲩⲛ ⲁⲛ ⲙⲡⲓⲉϩⲟⲟⲩ ⲟⲩⲇⲉ ϯⲟⲩⲛⲟⲩ ⲙⲙⲟⲛ ⲣⲱⲙⲓ ⲅⲁⲣ ⲛⲁϣⲟⲩϣⲟⲩ ⲙⲙⲟϥ ⲁⲛ ϧⲉⲛ ϩⲗⲓ ⲙⲡⲉⲑⲛⲁⲛⲉϥ ⲉϥⲓⲣⲓ ⲙⲙⲟϥ ϧⲉⲛ ⲡⲓⲕⲟⲥⲙⲟⲥ ⲉⲓⲙⲏⲧⲓ[2] ⲛⲧⲉϥⲉⲣⲁⲡⲁⲛⲧⲁⲛ ⲉⲫ̅ϯ̅ ⲛⲧⲉϥⲓⲣⲓ ⲙⲡⲉϥⲗⲟⲅⲟⲥ ⲟⲩⲉⲧ[3] ⲛⲓϩⲁⲡ ⲅⲁⲣ ⲛⲧⲉ ⲫ̅ϯ̅ ⲟⲩⲉⲧ[4] ⲛⲓϩⲁⲡ ⲛⲧⲉ ⲛⲓⲣⲱⲙⲓ ⲟⲩⲟⲛ ⲣⲱⲙⲓ ⲅⲁⲣ ⲉϥⲓⲣⲓ ⲛⲟⲩⲡⲉⲑⲛⲁⲛⲉϥ ⲉϥⲙⲉⲩⲓ

humaine qui lui fait perdre (tous ses mérites), car ce que l'homme fait avant qu'on ne célèbre sa gloire lui appartient. Puisque tu loues avec abondance et me dis : «La virginité te sauve,» écoute le Seigneur qui dit dans l'Évangile : «Que celui qui lit comprenne.» Écoute la réponse terrible qu'il a faite aux vierges folles lorsqu'elles frappaient pour entrer et disaient : «O notre Maître, ouvre-nous;» il leur répondit en disant : «En vérité, je vous le dis, je ne vous connais pas : veillez donc car vous ne savez ni le jour, ni l'heure;» car personne ne peut se glorifier d'avoir fait quelque bonne action en ce monde avant d'avoir paru devant Dieu et d'avoir rendu ses comptes. Car, autres sont les jugements de Dieu, et autres les jugements des hommes. Si un homme fait quelque chose de bon en pensant qu'il est le seul juste, le Seigneur dit

1. Cod. ⲉⲡⲓⲇⲏ. — 2. Cod. ⲓⲙⲏϯ. — 3. Cod. ⲟⲩⲟⲧ. On a biffé le second ⲟ et on a écrit en dessus ⲉ, ce qui donne ⲟⲩⲉⲧ, véritable forme. — 4. Même remarque que pour le mot précédent.

ⲉⲣⲟϥ ⲙⲙⲁⲩⲁⲧϥ ϫⲉ ϥⲥⲟⲩⲧⲱⲛ ⲉⲣⲉ ⲡⲟ̅ⲥ̅ ϫⲱ ⲙⲙⲟⲥ ϫⲉ ⲟⲩⲛⲡⲉⲧϩⲱⲟⲩ ⲡⲉ ⲥⲥϧⲏⲟⲩⲧ ⲅⲁⲣ ϫⲉ ⲟⲩⲟⲛ ϩⲁⲛ ⲙⲱⲓⲧ ⲙⲙⲁⲩ ⲉⲣⲉ ⲛⲓⲣⲱⲙⲓ ⲙⲉⲩⲓ ⲉⲣⲱⲟⲩ ϫⲉ ⲥⲉⲥⲟⲩⲧⲱⲛ ⲉⲣⲉ ⲧⲟⲩϧⲁⲏ ⲫⲉϩ ⲉⲡϣⲓⲕ ⲛⲁⲙⲉⲛϯ. ⲛⲓⲙ ⲅⲁⲣ ⲡⲉ ⲉⲧⲁϥⲉⲙⲓ ⲉⲡϩⲏⲧ ⲙⲡⲟ̅ⲥ̅ ⲕⲁⲧⲁ ⲡⲥⲁϫⲓ ⲙⲡⲓⲥⲟⲫⲟⲥ ⲛⲁⲡⲟⲥⲧⲟⲗⲟⲥ ⲡⲁⲩⲗⲟⲥ. ⲡⲉϫⲁϥ ⲛⲁϥ ⲟⲛ ⲛϫⲉ ⲡⲥⲟⲛ ⲙⲙⲟⲛⲁⲭⲟⲥ ϫⲉ ⲁⲣⲓⲡⲓⲥⲧⲉⲩⲉⲓⲛ[1] ⲛⲏⲓ ϫⲉ ⲁⲓⲉⲣⲁⲡⲟⲗⲁⲩⲉⲓⲛ[2] ⲙⲫⲟⲟⲩ ⲛⲟⲩⲛⲓϣϯ ⲛⲥⲙⲟⲩ ⲟⲩⲟϩ ⲁⲓⲉⲣ ⲙⲫⲣⲏϯ ϫⲉ ⲉⲧⲁⲓⲛⲁⲩ ⲉⲡⲭ̅ⲥ̅ ⲡⲟ̅ⲥ̅ ϧⲉⲛ ⲑⲃⲁⲕⲓ ⲛⲇⲁⲩⲓⲇ. ⲁϥⲓ ⲇⲉ ⲉⲃⲟⲗϩⲓⲧⲟⲧϥ ⲉϥϯ ⲱⲟⲩ ⲙⲫ̅ϯ̅ ⲉϫⲉⲛ ⲥⲁϫⲓ ⲛⲓⲃⲉⲛ ⲉⲧⲁϥⲥⲟⲑⲙⲟⲩ ⲛⲧⲟⲧϥ ⲙⲡⲓⲇⲓⲕⲁⲓⲟⲥ[3] ⲡⲉⲛⲓⲱⲧ ⲉⲑⲟⲩⲁⲃ ⲁⲃⲃⲁ ⲡⲓⲥⲉⲛⲧⲓⲟⲥ.

ⲁⲥϣⲱⲡⲓ ⲇⲉ ⲟⲛ ⲙⲉⲛⲉⲛⲥⲁ ⲑⲣⲉϥⲉⲣⲁⲡⲟⲥⲧⲏⲑⲓⲍⲉⲓⲛ[4] ⲙⲡⲓⲯⲁⲗⲧⲏⲣⲓⲟⲛ (fol. 128 ⲑ̅) ⲁϥϩⲓ ⲁⲣⲭⲏ ⲙⲡⲓⲓ̅ⲃ̅ ⲛⲕⲟⲩϫⲓ ⲙⲡⲣⲟⲫⲏⲧⲏⲥ ⲟⲩⲟϩ ϧⲉⲛ ⲓ̅ⲃ̅ ⲛⲉϩⲟⲟⲩ ⲁϥⲉⲣⲁⲡⲟⲥⲧⲏⲑⲓⲍⲉⲓⲛ[5] ⲙⲙⲱⲟⲩ ⲛⲉϣⲁϥⲱⲗⲓ ⲛⲟⲩⲁⲓ ⲙⲙⲏⲛⲓ ⲛⲁⲡⲟⲥⲧⲏⲑⲏⲥ.[6] ⲁϥϭⲓ ⲇⲉ ⲟⲛ ⲙⲡⲓⲉⲩⲁⲅⲅⲉⲗⲓⲟⲛ ⲉⲑⲟⲩⲁⲃ

que c'est mauvais, car il est écrit : «Il y a des chemins dont les hommes disent qu'ils sont droits, et ils aboutissent[7] à la fosse de l'Amenti.» En effet qui connaît le cœur du Seigneur, selon la parole du sage apôtre Paul?» — Le frère moine lui dit encore : «Crois-moi, j'ai joui en ce jour d'une grande bénédiction, comme si j'eusse vu le Christ Seigneur dans la cité de David.» Et il le quitta, glorifiant Dieu sur toute parole qu'il avait entendue du juste, notre père saint abba Pisentios.

Il arriva qu'après avoir appris le Psautier par cœur, il commença (d'apprendre) les douze petits prophètes; en douze jours il les apprit par cœur, chaque jour il en faisait entrer un dans sa mémoire.[8] Il apprit aussi par cœur le saint évangile selon Jean.

1. Cod. ⲁⲣⲓⲡⲓⲥⲧⲉⲩⲓⲛ. — 2. Cod. ⲁⲓⲉⲣⲁⲡⲟⲗⲁⲩⲓⲛ. — 3. Cod. ⲙⲡⲓⲇⲓⲕⲉⲟⲥ. — 4. Cod. ⲉⲣⲁⲡⲟⲥⲉⲛⲧⲓⲍⲓⲛ. — 5. Cod. ⲁϥⲉⲣⲁⲡⲟⲥⲉⲛⲧⲓⲍⲓⲛ. — 6. Cod. ⲛⲁⲡⲟⲥⲉⲛⲧⲏⲥ. — 7. Mot-à-mot : et leur terme conduit. — 8. Mot-à-mot : il en introduisait un par cœur.

ⲕⲁⲧⲁ ⲓⲱⲁⲛⲛⲏⲥ ⲛⲁⲡⲟⲥⲧⲏⲑⲏⲥ.[6] ⲙⲡⲓⲥⲛⲟⲩ ⲇⲉ ⲉⲧⲉⲙⲙⲁⲩ ⲉⲛⲁϥϣⲟⲡ ⲡⲉ ϧⲉⲛ ⲡⲓⲃⲏⲃ ⲉⲧⲥⲁⲡⲉⲙϩⲓⲧ ⲙⲡⲧⲱⲟⲩ ⲛⲧⲉ ⲧⲥⲉⲛⲧⲓ ϧⲉⲛ ⲡⲓⲙⲁ ⲛⲙⲟϣⲓ ⲙⲡⲓⲥⲛⲟⲩ ⲇⲉ ⲉⲧⲉⲙⲙⲁⲩ ⲛⲁⲣⲉ ⲟⲩⲟⲛ ⲟⲩⲛⲓϣϯ ⲛϩⲉⲛⲟⲩϥⲓ ϣⲟⲡ ⲡⲉ ϩⲓϫⲉⲛ ⲡⲕⲁϩⲓ ⲉⲑⲃⲉ ⲡⲓⲥⲑⲟⲓⲛⲟⲩϥⲓ ⲉⲧϣⲟⲡ ϧⲉⲛ ⲛⲓⲙⲟⲛⲁⲥⲧⲏⲣⲓⲟⲛ ⲉⲑⲟⲩⲁⲃ ⲛϩⲟⲩⲟ ⲇⲉ ⲡⲉⲛⲓⲱⲧ ⲉⲑⲟⲩⲁⲃ ⲁⲃⲃⲁ ⲡⲓⲥⲉⲛⲧⲓⲟⲥ[7] ⲫⲁⲓ ⲉⲧⲁϥⲉⲣ ⲟⲩⲱⲓⲛⲓ ϧⲉⲛ ⲡⲉⲛⲑⲟϣ ⲛϧⲏⲕⲓ ⲙⲁⲗⲗⲟⲛ ⲇⲉ ⲁϥϣⲱⲡⲓ ⲛⲛⲁϣϯ ⲛⲧⲉⲛⲭⲱⲣⲁ ⲧⲏⲣⲥ. ⲉⲧⲁϥϫⲉⲕ ⲛⲁⲓ ⲇⲉ ⲉⲃⲟⲗ ⲁϥⲧⲏⲓϥ ⲉⲡⲓϣⲗⲏⲗ ⲛⲉⲙ ϯⲛⲏⲥⲧⲉⲓⲁ[8] ⲛⲉⲙ ⲡⲓⲱⲣϥ ⲉⲛⲉ ⲙⲡⲁϥⲓ ⲉⲃⲟⲗ ⲉⲛⲉϩ ϧⲉⲛ ⲡⲉϥⲃⲏⲃ ⲓⲥϫⲉⲛ ⲫⲛⲁⲩ ⲉⲧⲉϥⲛⲁⲙⲁϩ ⲡⲉϥⲕⲉⲗⲱⲗ ⲉϥⲙⲟϣⲓ ⲛⲉⲙ ⲛⲓⲥⲛⲏⲟⲩ ⲉϥⲉⲣⲙⲉⲗⲉⲧⲁⲛ ϣⲁⲧⲟⲩⲓ ⲉϫⲉⲛ ϯϣⲱϯ ⲛⲥⲉϣⲗⲏⲗ ⲛⲥⲉⲙⲟϩ ⲛⲛⲓⲙⲱⲟⲩ ⲛⲥⲉⲙⲟϣⲓ ⲟⲛ ⲛⲉⲙ ⲛⲟⲩⲉⲣⲏⲟⲩ ⲉⲩⲉⲣⲙⲉⲗⲉⲧⲁⲛ ϣⲁⲧⲉⲛ ⲡⲓⲟⲩⲁⲓ ⲡⲓⲟⲩⲁⲓ ⲙⲙⲱⲟⲩ ϣⲉ ⲉϧⲟⲩⲛ ⲉⲡⲉϥⲙⲁ ⲛϣⲱⲡⲓ.

ⲁⲥϣⲱⲡⲓ ⲇⲉ ⲟⲛ ⲛⲓⲟⲩⲉϩⲟⲟⲩ ⲕⲁⲧⲁ ⲛⲓⲑⲱϣ ⲛⲧⲉ ⲫ̅ϯ̅ ⲁϥⲓ ⲉⲃⲟⲗ

Mais quand il habitait la caverne au nord de la montagne de Tsenti dans le chemin, il y eut en ce temps-là une grande abondance sur terre, à cause du parfum qui était dans les monastères saints, surtout (à cause de) notre père saint abba Pisentios qui brillait dans notre pauvre nome, et même il fut la protection de tout notre pays. Lorsqu'il eut achevé (tout) cela, il se livra à la prière, au jeûne et à la retraite, il ne sortait jamais de sa caverne depuis l'heure où pour remplir sa cruche d'eau il marchait avec les frères, méditant jusqu'à ce qu'ils fussent arrivés au puits : ils priaient (alors), ils puisaient de l'eau, marchaient de nouveau ensemble, faisant méditation, jusqu'à ce que chacun d'entre eux fût entré dans son habitation.

Il arriva qu'un jour, par la volonté de Dieu, il sortit, il se rendit

1. Cod. ⲛⲁⲡⲟⲥⲉⲑⲛⲧⲏⲥ. — 2. Cod. ⲡⲓⲥⲉⲛϯ. — 3. Cod. ϯⲛⲏⲥⲧⲓⲁ.

ⲁϥⲓ ⲉϫⲉⲛ ϯϣⲱϯ ϧⲉⲛ ⲡϫⲓⲛⲑⲣⲉϥ- (ⲓ) ⲙⲟϩ ⲙⲡⲉϥⲕⲉⲗⲱⲗ ⲙⲙⲱⲟⲩ ⲛⲧⲉϥⲙⲟϣⲓ ϫⲉ ⲁϥⲛⲁϩⲱⲗ ⲉⲡⲉϥⲃⲏⲃ ⲁϥⲉⲣⲁⲡⲁⲛⲧⲁⲛ ⲉⲥϧⲓⲙⲓ ⲥⲛⲟⲩϯ ϧⲉⲛ ⲡⲓⲙⲁ ⲛⲙⲟϣⲓ ⲉⲩϩⲉⲙⲥⲓ ⲉⲩϭⲓ ϧⲛⲓⲃⲓ. ⲉⲧⲁⲩⲛⲁⲩ ⲇⲉ ⲉⲣⲟϥ ⲁⲩⲧⲱⲟⲩⲛⲟⲩ ⲁⲩϭⲟϫⲓ ⲛⲥⲱϥ ϫⲉ ⲉⲩⲛⲁϭⲓ ⲙⲡⲉϥⲥⲙⲟⲩ ⲟⲩⲟϩ ⲛⲧⲟⲩⲟⲩⲱϣⲧ ⲛⲛⲉϥϫⲓϫ ⲉⲑⲟⲩⲁⲃ ϯⲟⲩⲓ ⲙⲉⲛ ⲛⲁⲥⲟⲓ ⲛⲏⲙⲓⲕⲣⲁⲛⲓⲟⲛ[1] ⲉⲥϯ ⲧⲕⲁⲥ ⲉⲡⲓⲟⲩⲁⲓ ⲛⲥⲫⲓⲣ ⲛⲧⲉ ⲡⲉⲥϩⲟ ϩⲱⲥ ϫⲉ ⲉⲣⲉ ⲡⲉⲥⲃⲁⲗ ⲛⲁⲫⲱⲣⲕ ⲛⲧⲉϥⲓ ⲉⲃⲟⲗ ϯⲕⲉⲟⲩⲓ ⲇⲉ ⲛⲁⲥⲟⲓ ⲛϩⲩⲇⲣⲟⲡⲓⲕⲏ ⲉⲥϣⲁϥⲓⲱⲟⲩ ⲧⲏⲣⲥ. ⲟⲩⲟϩ ⲉⲧⲁ ⲫⲏ ⲉⲑⲟⲩⲁⲃ ⲛⲁⲩ ⲉⲣⲱⲟⲩ ⲉⲧⲁⲩⲉⲣ ⲗⲁϫⲓ ⲉⲣⲟϥ ⲛⲧⲁⲓϧⲉ ⲧⲏⲣⲥ ⲁϥϩⲱⲃⲥ ⲛⲧⲉϥⲁⲫⲉ ⲛⲧⲉϥⲭⲗⲁϥⲧ ⲟⲩⲟϩ ⲁϥⲥⲁⲧ ⲡⲓⲕⲉⲗⲱⲗ ⲙⲙⲱⲟⲩ ⲉⲃⲟⲗ ⲁϥⲫⲱⲧ. ϯⲥϩⲓⲙⲓ ⲇⲉ ⲛϩⲩⲇⲣⲟⲡⲓⲕⲏ ⲁⲥϩⲉⲓ[2] ϧⲉⲛ ⲡⲓⲙⲁ ⲛⲙⲟϣⲓ ⲙⲡⲉⲥϣϫⲉⲙϫⲟⲙ ⲛϭⲟϫⲓ ⲛⲥⲱϥ ⲫⲏ ⲉⲑⲟⲩⲁⲃ ⲇⲉ ⲁϥⲱϣ ⲉⲃⲟⲗ ⲉϥϫⲱ ⲙⲙⲟⲥ ϫⲉ ⲉⲑⲃⲉ ⲟⲩ ⲉⲣⲉϭⲟϫⲓ ⲛⲥⲱⲓ ⲱ ϯⲟⲣⲅⲏ

au puits pour remplir sa cruche d'eau, il reprit sa marche[3] pour rentrer dans sa caverne. Il rencontra en chemin deux femmes assises dans le deuil; lorsqu'elles l'eurent vu, elles se levèrent et coururent après lui pour recevoir sa bénédiction et baiser ses mains saintes; l'une avait la migraine qui faisait souffrir (tout) un côté de son visage, de sorte que son œil était sur le point d'être arraché et de sortir de l'orbite; l'autre était hydropique et toute gonflée. Et lorsque le saint les vit qui le regardaient ainsi avec hardiesse, il couvrit sa tête de sa cuculle, il jeta sa cruche d'eau et s'enfuit. La femme hydropique faillit en chemin, elle ne put courir après lui. Mais le saint s'écria, disant : «Pourquoi cours-tu après moi, ô passion?[4] Où irai-je en ce jour? Retire-toi de moi,

1. Cod. ⲛⲓⲙⲉⲕⲣⲁⲛⲓⲟⲛ. — 2. Cod. ⲁⲥϧⲉⲓ; récemment on a mis un ϩ au-dessus du ϧ. — 3. Mot-à-mot : il marcha. — 4. Cette interjection peut s'expliquer de deux manières, soit que Pisentios s'adresse à la passion même qu'il croit prête à soulever son cœur; soit qu'il apostrophe la femme. Ce dernier sens me paraît le véritable.

ⲉⲓⲛⲁϣⲉ ⲛⲏⲓ ⲉⲑⲱⲛ ⲙⲫⲟⲟⲩ ⲥⲁϩⲱ ⲥⲁⲃⲟⲗ ⲙⲙⲟⲓ ⲙⲁϣⲉ ⲛⲉ. ⲡⲉϫⲉ ϯⲥϩⲓⲙⲓ ⲛⲁϥ ϫⲉ ⲉⲓϣⲱⲛⲓ ⲡⲁⲓⲱⲧ ⲉⲓϧⲟⲥⲓ ϧⲉⲛ ⲧⲁⲙⲁⲥⲧⲓⲅⲝ ϯϯϩⲟ ⲉⲣⲟⲕ ⲟϩⲓ ⲉⲣⲁⲧⲕ ⲛⲧⲉⲕⲭⲁ ⲛⲉⲕϫⲓϫ ⲉⲑⲟⲩⲁⲃ ⲉϫⲉⲛ ⲧⲁⲁⲫⲉ ϯⲛⲁϩϯ ϫⲉ ⲡⲓⲟⲩϫⲁⲓ ⲛⲁⲧⲁϩⲟⲓ. ⲛⲑⲟϥ ⲇⲉ ⲡⲉϫⲁϥ ⲛⲁⲥ ϫⲉ ⲟⲩⲟϩ ⲟⲩ ⲡⲉ ⲧϫⲟⲙ ⲛⲧⲁⲙⲉⲧⲉⲗⲁⲭⲓⲥⲧⲟⲥ (fol. 129 ⲓ̅ⲁ̅) ϩⲱⲗ ϣⲁ ⲛⲓⲥⲛⲏⲟⲩ ⲛⲥⲉϣⲗⲏⲗ ⲉϫⲱ ⲧⲉⲣⲁⲟⲩϫⲁⲓ ⲁⲛⲟⲕ ⲅⲁⲣ ⲁⲛⲟⲕ ⲟⲩⲣⲉϥⲉⲣ ⲛⲟⲃⲓ ⲛⲧⲁⲗⲁⲓⲡⲱⲣⲟⲥ. ⲟⲩⲟϩ ⲡⲁⲓⲣⲏϯ ⲙⲡⲉϥⲭⲁ ⲧⲟⲧϥ ⲉⲃⲟⲗ ⲉϥϭⲟϫⲓ ϣⲁⲧⲉϥϩⲱⲗ ⲉϧⲟⲩⲛ ⲉⲡⲓⲃⲏⲃ ⲛⲧⲉϥⲙⲁϣⲑⲁⲙ ⲙⲡⲓⲣⲟ. ϯⲥϩⲓⲙⲓ ⲇⲉ ϩⲱⲥ ⲉⲧⲟⲓ ⲛⲏⲙⲓⲕⲣⲁⲛⲓⲟⲛ ⲡⲉϫⲁⲥ ϫⲉ ⲕⲁⲛ ⲙⲡⲓⲙⲡϣⲁ ⲛⲧⲁⲟⲩⲱϣⲧ ⲛⲉⲕϫⲓϫ ⲉⲑⲟⲩⲁⲃ ⲡⲁⲓⲱⲧ ⲡⲁⲛⲧⲱⲥ ⲡⲉϫⲁⲥ ⲉϥⲥⲱⲟⲩⲛ ϫⲉ ϯⲙⲡϣⲁ ⲁⲛ ⲉϭⲟϩ ⲉⲣⲟϥ ⲉⲑⲃⲉ ⲡⲁϣⲁⲓ ⲛⲛⲓⲛⲟⲃⲓ ⲉⲧⲁⲓⲁⲓⲧⲟⲩ ⲙⲁⲣⲓⲱⲗⲓ ⲛⲟⲩⲛⲟⲩϫⲓ ⲛϣⲱ ϧⲉⲛ ⲡⲓⲙⲁ ⲉⲧⲁϥⲟⲩⲁϩ ⲛⲉϥϭⲁⲗⲁⲩϫ ⲉⲑⲟⲩⲁⲃ ⲛϧⲏⲧϥ ⲡⲁⲛⲧⲱⲥ ⲛⲧⲉ ⲡ̅ⲟ̅ⲥ̅ ⲉⲣⲭⲁⲣⲓⲍⲉⲥⲑⲁⲓ[1] ⲛⲏⲓ ⲙⲡⲓⲧⲁⲗϭⲟ ϩⲓⲧⲉⲛ ⲛⲉϥϣⲗⲏⲗ

va-t-en.» — La femme lui dit : «Je suis malade, mon père, je souffre de mon affliction.[2] Je t'en prie, arrête-toi, place tes mains saintes sur ma tête, j'ai confiance que je serai guérie.»[3] — Mais il lui dit : «Et quel est le pouvoir de ma petitesse? Va vers les frères qui prieront sur toi et tu seras guérie; car moi, je suis un misérable pécheur.» Et ainsi il ne cessa pas de courir jusqu'à ce qu'il fût entré dans la caverne et eût fermé la porte. Mais la femme qui avait la migraine dit : «Quand même je ne suis pas digne de baiser tes mains saintes, ô mon père, cependant, dit-elle, vu que[4] je ne mérite pas de le toucher à cause de la multitude des péchés que j'ai commis, que je puisse (au moins) emporter un peu de sable du lieu où il a posé ses pieds saints, afin que de toute ma-

1. Cod. ⲉⲣⲭⲁⲣⲓⲍⲉⲥⲑⲉ. — 2. Mot-à-mot : de mon fouet. — 3. Mot-à-mot : j'ai confiance que le salut me saisira. — 4. Mot-à-mot : étant su que. Ce petit monologue est assez difficile à comprendre dans le texte.

ⲉⲑⲟⲩⲁⲃ. ϯⲥϩⲓⲙⲓ ⲇⲉ ϩⲓⲧⲉⲛ ⲡⲉⲥⲛⲓϣϯ ⲛⲛⲁϩϯ ⲉϧⲟⲩⲛ ⲉⲣⲟϥ ⲁⲥϯ-ⲛⲓⲁⲧⲥ ⲛϯϣⲉⲛⲧⲁⲧⲥⲓ ⲛⲟⲩⲓⲛⲁⲙ ⲛⲧⲉ ⲫⲏ ⲉⲑⲟⲩⲁⲃ ⲁⲃⲃⲁ ⲡⲓⲥⲉⲛⲧⲓⲟⲥ ⲁⲥⲱⲗⲓ ⲙⲡϣⲱ ϧⲉⲛ ⲡⲉⲥⲉⲣϣⲱⲛ ⲁⲥⲧⲁⲗⲟϥ ⲉϫⲉⲛ ⲧⲉⲥⲧⲉϩⲛⲓ ⲟⲩⲟϩ ⲡⲉϫⲁⲥ ϫⲉ ϧⲉⲛ ⲫⲣⲁⲛ ⲙⲫⲓⲱⲧ ⲛⲉⲙ ⲡϣⲏⲣⲓ ⲛⲉⲙ ⲡⲓⲡ̅ⲛ̅ⲁ̅ ⲉⲑⲟⲩⲁⲃ ⲁⲣⲓⲭⲁⲣⲓⲍⲉⲥⲑⲁⲓ[1] ⲛⲏⲓ ⲙⲡⲓⲧⲁⲗϭⲟ ϩⲓⲧⲉⲛ ⲛⲓϣⲗⲏⲗ ⲛⲧⲉ ⲡⲁⲓⲱⲧ ⲉⲑⲟⲩⲁⲃ ⲁⲃⲃⲁ ⲡⲓⲥⲉⲛⲧⲓⲟⲥ. ⲟⲩⲟϩ ϧⲉⲛ ϯⲟⲩⲛⲟⲩ ⲉⲧⲉⲙⲙⲁⲩ ⲁϥⲗⲏⲛ ⲛϫⲉ ⲡⲓϯ[2] ⲧⲕⲁⲥ ⲛⲧⲉ ⲧⲉⲥⲁⲫⲉ ⲟⲩⲟϩ ⲁⲥⲙⲟϣⲓ ⲉⲥϯ ⲱⲟⲩ ⲙⲫ̅ϯ̅ ϩⲓⲧⲉⲛ ⲛⲓⲧⲱⲃϩ ⲛⲧⲉ ⲡⲉⲛⲓⲱⲧ ⲁⲃⲃⲁ ⲡⲓⲥⲉⲛⲧⲓⲟⲥ. (ⲓ̅ⲃ̅) ⲉⲧⲁⲥⲓ ⲇⲉ[3] ⲉⲡⲓⲙⲁ ⲉⲧⲉ ϯⲥϩⲓⲙⲓ ⲛϩⲩⲇⲣⲟⲡⲓⲕⲏ ⲛϧⲏⲧϥ ⲉⲥⲥⲁϯ ⲉⲃⲟⲗ ϩⲓϫⲉⲛ ⲡⲓⲕⲁϩⲓ ⲡⲉϫⲁⲥ ⲛⲁⲥ ϫⲉ ⲁⲣⲉⲧⲁϩⲉ ⲫⲏ ⲉⲑⲟⲩⲁⲃ ⲁⲣⲉϭⲓ ⲥⲙⲟⲩ ⲛⲧⲟⲧϥ ⲉϣⲱⲡ ⲁ ⲛⲉ-ϫⲓϫ ϭⲟϩ ⲉⲛⲉϥϫⲓϫ ⲉⲑⲟⲩⲁⲃ ⲓⲉ ⲧⲁⲗⲱⲟⲩ ⲉϩⲣⲏⲓ ⲉϫⲱⲓ ϩⲱ ϯⲛⲁϩϯ ϫⲉ ϯⲛⲁⲙⲧⲟⲛ ⲉⲃⲟⲗϧⲉⲛ ϯⲙⲁⲥⲧⲓⲅⲝ ⲛⲧⲉ ⲡⲁⲓϣⲱⲛⲓ ⲉⲧϩⲓϫⲱⲓ. ⲡⲉ-ϫⲁⲥ ⲛⲁⲥ ϫⲉ ⲙⲡⲉϥⲭⲁ ⲧⲟⲧϥ ⲉⲃⲟⲗ ⲉϥϭⲟϫⲓ ϣⲁⲧⲉϥϩⲱⲗ ⲉϧⲟⲩⲛ

nière le Seigneur m'accorde la guérison par ses prières saintes.» La femme, avec la grande foi qu'elle avait en lui, remarqua les traces du pied droit de ce saint abba Pisentios, elle prit du sable dans son manteau, elle le porta à son front et dit : «Au nom du Père, du Fils et du Saint-Esprit, accorde-moi la guérison par les prières de mon père saint, abba Pisentios.» Aussitôt la douleur de sa tête cessa, elle marcha louant Dieu grâce aux prières de notre père abba Pisentios. Lorsqu'elle parvint à l'endroit où était la femme hydropique étendue à terre, celle-ci lui dit : «As-tu mis la main sur ce saint? as-tu reçu sa bénédiction? si tes mains ont touché ses mains saintes et que tu les poses sur moi, je crois que je serai guérie de l'affliction de cette maladie qui est sur moi.»[4]

1. Cod. ⲁⲣⲓⲭⲁⲣⲓⲍⲉⲥⲉⲉ. — 2. Cod. ⲡⲓⲧⲓⲧⲕⲁⲥ, orthographe vicieuse. — 3. Le ⲇ de ce mot avait été omis tout d'abord par le scribe, puis ajouté. — 4. Mot-à-mot : du fouet de cette maladie qui est sur moi.

ⲉⲧⲉϥⲣⲓ ⲛⲧⲉϥϣⲑⲁⲙ ⲙⲡⲓⲣⲟ ⲉⲧⲁⲓⲛⲁⲩ ⲇⲉ ϫⲉ ⲙⲡⲓϣⲧⲁϩⲟϥ ⲁⲓⲱⲗⲓ ⲙⲡⲓϣⲱ ⲉⲧϧⲁ ⲧⲉϥⲫⲁⲧ ⲛⲟⲩⲓⲛⲁⲙ ⲁⲓⲧⲁⲗⲟϥ ⲉϫⲉⲛ ⲧⲁⲁⲫⲉ ⲟⲩⲟϩ ⲡϩⲙⲟⲧ ⲙⲫ̅ϯ̅ ϣⲏⲡ ⲁⲓⲁⲥⲓⲁⲓ ⲉⲃⲟⲗϧⲉⲛ ⲡⲁϣⲱⲛⲓ. ϯⲥϩⲓⲙⲓ ⲇⲉ ϩⲱⲥ ⲛϩⲩⲇⲣⲟⲡⲓⲕⲏ[1] ⲉⲃⲟⲗϩⲓⲧⲉⲛ ⲡⲉⲥⲛⲓϣϯ ⲛⲛⲁϩϯ ⲡⲉϫⲁⲥ ϫⲉ ϯ ⲟⲩⲕⲟⲩϫⲓ ⲛⲏⲓ ϩⲱ ϧⲉⲛ ⲡⲓϣⲱ ⲉⲧⲉⲙⲙⲁⲩ ⲟⲩⲟϩ ⲁⲥϭⲓⲧϥ ⲁⲥⲟⲩⲱⲙ ⲉⲃⲟⲗ ⲛϧⲏⲧϥ ⲁϥϣⲉ ⲉϧⲣⲏⲓ ⲉⲛⲉⲥⲙⲁϧⲧ ⲟⲩⲟϩ ϧⲉⲛ ϯⲟⲩⲛⲟⲩ ⲁ ⲧⲉⲥⲛⲉϫⲓ ⲕⲏⲛ ⲉⲥϣⲁϥⲓⲱⲟⲩ ⲟⲩⲟϩ ⲁ ⲡⲉⲥⲥⲱⲙⲁ ⲧⲏⲣϥ ⲟⲩϫⲁⲓ. ⲁⲩⲱⲗⲓ ⲇⲉ ⲙⲡⲓϣⲱ ⲉⲡⲟⲩⲏⲓ ⲁⲩⲭⲁϥ ⲛⲱⲟⲩ ⲛⲥⲙⲟⲩ. ⲙⲉⲛⲉⲛⲥⲁ ⲛⲁⲓ ⲇⲉ ⲛⲉ ⲟⲩⲟⲛ ⲛⲧⲉ ϯⲥϩⲓⲙⲓ ⲉⲧⲟⲓ ⲛⲏⲙⲓⲕⲣⲁⲛⲓⲟⲛ[2] ⲛⲟⲩⲕⲟⲩϫⲓ ⲛϣⲏⲣⲓ ⲉⲁϥⲱⲥⲕ ⲙⲡⲉϥⲙⲟϣⲓ ⲟⲩⲇⲉ ⲟⲛ ⲙⲡⲉϥⲥⲁϫⲓ. (fol. 130 ⲓ̅ⲉ̅) ϧⲉⲛ ⲡϫⲓⲛⲑⲣⲉⲥϭⲓ ⲇⲉ ⲙⲡⲓϣⲱ ⲛⲧⲉ ⲫⲏ ⲉⲑⲟⲩⲁⲃ ⲉⲡⲉⲥⲏⲓ ⲱ ⲛⲓϣⲫⲏⲣⲓ ⲛⲧⲉ ⲫ̅ϯ̅ ⲫⲏ ⲉⲧϭⲓⲥⲓ ⲛⲛⲉϥⲥⲱⲧⲡ ⲉϥⲟⲩⲱⲛϩ ⲙⲙⲱⲟⲩ ⲉⲃⲟⲗ ϯⲥϩⲓⲙⲓ ⲟⲩⲛ ⲉⲧⲁⲥϭⲓ

— L'autre lui dit : «Il n'a pas cessé de courir jusqu'à ce qu'il fût entré dans sa cellule et qu'il en eût fermé la porte. Lorsque j'ai vu que je n'avais pas pu le saisir, j'ai pris du sable qui s'était trouvé sous son pied droit, je l'ai mis sur ma tête, et, grâce à Dieu, j'ai été soulagée de mon mal.» La femme hydropique, elle aussi à cause de sa grande foi, lui dit : «Donne-moi un peu de ce sable.» Et elle le prit, en mangea : le sable pénétra dans ses entrailles et aussitôt son nombril se rompit et laissa couler toutes les impuretés qui étaient dans son ventre; et aussitôt son ventre cessa d'être gonflé et tout son corps fut sain. Elles emportèrent le sable dans leur maison, elles le gardèrent[3] comme une bénédiction pour elles. Après cela, la femme qui avait eu la migraine, avait un petit garçon en retard qui ne marchait ni ne parlait. Lorsqu'elle plaça le sable de ce saint dans sa maison, ô prodiges du Dieu

1. Cod. ⲛϩⲩⲇⲣⲟⲡⲓⲕⲟⲥ. — 2. Cod. ⲛⲏⲙⲉⲕⲣⲁⲛⲓⲟⲛ. — 3. Mot-à-mot : elles le placèrent comme une bénédiction.

ⲙⲡⲓϣⲱ ⲁⲥϩⲓⲧϥ ⲉϧⲣⲏⲓ ⲉⲟⲩⲙⲱⲟⲩ ⲁⲥϫⲱⲛⲉⲙ ⲙⲡⲓⲕⲟⲩϫⲓ ⲛϣⲏⲣⲓ ⲁⲥⲧⲥⲟϥ ⲟⲛ ϧⲉⲛ ⲡⲓⲙⲱⲟⲩ ⲉⲧⲉⲙⲙⲁⲩ ⲁⲩⲉⲣ ⲙⲉⲑⲣⲉ ⲛϫⲉ ⲛⲉϥⲓⲟϯ ϫⲉ ⲙⲡⲉϥⲉⲣ ⲟⲩϩⲉⲃⲇⲟⲙⲁⲥ[1] ϣⲁⲧⲉ ⲛⲉϥϭⲁⲗⲁⲩϫ ⲥⲟⲟⲩⲧⲉⲛ ⲛⲧⲉϥⲙⲟϣⲓ ⲛⲕⲁⲗⲱⲥ ⲟⲩⲟϩ ⲁϥⲃⲱⲗ ⲉⲃⲟⲗ ⲛϫⲉ ⲡⲓⲥⲛⲁⲩϩ ⲛⲧⲉ ⲡⲉϥⲗⲁⲥ ⲁϥⲥⲁϫⲓ ⲙⲫⲣⲏϯ ⲛⲣⲱⲙⲓ ⲛⲓⲃⲉⲛ.

ⲁⲥϣⲱⲡⲓ ⲇⲉ ⲟⲛ ⲛⲟⲩⲉϩⲟⲟⲩ ⲉϥⲉⲣⲙⲉⲗⲉⲧⲁⲛ ϧⲉⲛ ⲡⲓⲓ̅ⲃ̅ ⲛⲕⲟⲩϫⲓ ⲙⲡⲣⲟⲫⲏⲧⲏⲥ ⲁⲥϣⲱⲡⲓ ⲇⲉ ⲛⲟⲩⲥⲟⲡ ⲉⲁ ⲟⲩⲥⲟⲛ ⲥⲓⲛⲓ ⲉⲃⲟⲗ ⲉϫⲱϥ ϧⲉⲛ ⲡϫⲓⲛⲑⲣⲉϥϩⲓ ⲁⲣⲭⲏ ⲉⲡⲓϣⲟⲣⲡ ϧⲉⲛ ⲛⲓⲕⲟⲩϫⲓ ⲙⲡⲣⲟⲫⲏⲧⲏⲥ ⲉⲧⲉ ⲱⲥⲏⲉ ⲡⲉ ⲟⲩⲟϩ ϧⲉⲛ ⲡϫⲓⲛⲑⲣⲉϥⲥⲱⲧⲉⲙ ⲉⲣⲟϥ ⲉϥⲉⲣⲙⲉⲗⲉⲧⲁⲛ ϧⲉⲛ ⲟⲩⲥⲉⲙⲛⲓ ⲁϥϩⲉⲙⲥⲓ ⲥⲁⲃⲟⲗ ⲙⲡⲉϥⲙⲁ ⲛϣⲱⲡⲓ ⲛⲟⲩⲕⲟⲩϫⲓ ⲉϥⲭⲁ ⲙⲁϣϫ ⲉⲣⲟϥ ⲟⲩⲟϩ ⲁ ⲡⲓⲥⲟⲛ ϫⲟⲩϣⲧ ⲉϧⲟⲩⲛ ϧⲉⲛ ⲡⲓⲟⲩⲱⲓⲛⲓ ⲛⲧⲉ ⲡⲣⲟ ⲛⲧⲉ ⲡⲉϥⲙⲁ ⲛϣⲱⲡⲓ ⲁϥⲉⲣⲑⲉⲱⲣⲉⲓⲛ[2] ⲙⲙⲟϥ ϫⲉ ⲉϥⲉⲣ ϩⲱⲃ

qui élève ses élus en les manifestant! la femme prit du sable, le jeta dans (un vase) d'eau, lava le petit enfant, lui fit boire de cette eau, et les parents ont attesté qu'il ne s'écoula pas une semaine avant que ses pieds ne se tinssent droits, qu'il ne marchât bien, que les liens de sa langue ne se fussent déliés et qu'il ne parlât comme tout homme.

Il arriva un jour que comme il méditait[3] les douze petits prophètes, un frère vint à passer près de lui au moment où il commençait le premier des petits prophètes, qui est Osée, et lorsque ce frère l'entendit méditer avec suite, il s'assit un moment en dehors de son habitation, prêtant l'oreille. Et le frère regarda par la lumière de la porte de son habitation,[4] il vit comme le saint

1. Cod. ⲟⲩⲉⲃⲇⲟⲙⲁⲥ. — 2. Cod. ⲁϥⲉⲣⲑⲉⲱⲣⲓⲛ. — 3. Cette méditation consistait dans une récitation à haute voix, sans doute avec des temps d'arrêt pour réfléchir aux paroles prononcées. — 4. Sans doute par les fentes de la porte ou peut-être par le trou de la serrure. Il ne peut en effet s'agir d'ouverture. Quant à la serrure, la chose est possible, mais non probable.

ⲛⲁϣ ⲛⲣⲏϯ ⲛⲁϥⲉⲣⲙⲉⲗⲉⲧⲁⲛ ⲡⲉ ⲉⲣⲉ ⲡⲓⲡⲣⲟⲫⲏⲧⲏⲥ ⲱⲥⲏⲉ ⲟϩⲓ ⲉⲣⲁⲧϥ ⲉⲣⲟϥ ⲟⲩⲟϩ ϧⲉⲛ ⲡϫⲓⲛⲑⲣⲉϥϫⲟⲕϥ ⲉⲃⲟⲗ ⲁϥⲉⲣⲁⲥⲡⲁⲍⲉⲥⲑⲁⲓ[1] ⲙⲙⲟϥ (ⲓ̅ⲇ̅) ⲁϥϩⲱⲗ ⲉⲡϭⲓⲥⲓ ϣⲁ ⲡⲭ̅ⲥ̅ ⲉϥⲉⲣ ⲟⲩⲱⲓⲛⲓ ⲉϩⲟⲧⲉ ⲫⲣⲏ ⲟⲩⲟϩ ⲡⲁⲓⲣⲏϯ ⲟⲛ ⲁϥϩⲓ ⲁⲣⲭⲏ ⲁⲙⲱⲥ ⲉⲓⲧⲁ[2] ⲙⲓⲭⲉⲁⲥ ⲛⲉⲙ ⲓⲱⲏⲗ ⲛⲉⲙ ⲁⲃⲇⲓⲟⲩ ⲛⲉⲙ ⲓⲱⲛⲁⲥ ⲛⲉⲙ ⲁⲃⲃⲁⲕⲟⲩⲙ ⲛⲉⲙ ⲛⲁⲟⲩⲙ ⲛⲉⲙ ⲥⲟⲫⲟⲛⲓⲁⲥ ⲛⲉⲙ ⲁⲅⲅⲉⲁⲥ ⲛⲉⲙ ⲍⲁⲭⲁⲣⲓⲁⲥ ⲛⲉⲙ ⲙⲁⲗⲁⲭⲓⲁⲥ. ⲁ ⲡⲓⲥⲟⲛ ⲛⲁⲩ ⲉⲡⲓ̅ⲃ̅ ⲙⲡⲣⲟⲫⲏⲧⲏⲥ ⲕⲁⲧⲁ ⲟⲩⲁⲓ ⲉϣⲁϥⲉⲣⲙⲉⲗⲉⲧⲁⲛ ⲛϧⲏⲧϥ ϣⲁϥⲓ ⲛⲧⲉϥⲟϩⲓ ⲉⲣⲁⲧϥ ⲉⲣⲟϥ ϣⲁⲧⲉⲛϫⲟⲕϥ ⲉⲃⲟⲗ ⲛⲧⲉϥⲉⲣⲁⲥⲡⲁⲍⲉⲥⲑⲁⲓ[3] ⲙⲙⲟϥ ⲛⲧⲉϥⲉⲣⲁⲛⲁⲭⲱⲣⲉⲓⲛ[4] ⲛⲁϥ. ⲉⲧⲁ ⲡⲓⲥⲟⲛ ⲇⲉ ⲛⲁⲩ ⲉⲛⲁⲓ ⲁϥⲕⲱⲗϩ ⲉϧⲟⲩⲛ ϧⲉⲛ ⲡⲉϥϩⲏⲧ ⲟⲩⲟϩ ⲡⲉϫⲁϥ ϫⲉ ⲟⲩⲟⲓ ⲛⲏⲓ ϫⲉ ⲡⲓⲣⲁⲛ ⲙⲙⲁⲩⲁⲧϥ ϫⲉ ⲙⲟⲛⲁⲭⲟⲥ ⲡⲉ ϯⲉⲣⲫⲟⲣⲉⲓⲛ[5] ⲙⲙⲟϥ ⲓⲥ ⲫⲁⲓ ⲡⲉ ⲡⲓⲙⲟⲛⲁⲭⲟⲥ ⲛⲧⲉⲗⲉⲓⲟⲥ[6] ⲉⲣⲉ ⲛⲏ ⲉⲑⲟⲩⲁⲃ ⲟⲓ ⲛϣⲫⲏⲣ ⲉⲣⲟϥ ⲉⲑⲃⲉ ⲡⲉϥⲱⲣϥ ⲛⲉⲙ ⲡⲓⲧⲟⲩⲃⲟ ⲛⲧⲉ ⲡⲉϥϩⲏⲧ. ⲡⲓⲥⲟⲛ ⲇⲉ ⲙⲡⲉϥⲙⲟⲩϯ

faisait. Pendant qu'il méditait, le prophète Osée se tenait près de lui, et lorsqu'il eut fini, le prophète l'embrassa et monta dans les hauteurs vers le Christ, plus brillant que le soleil. Et ainsi (le saint) commença Amos, puis Michée, puis Joël, puis Abdias, puis Jonas, puis Habacuc, puis Nahum, puis Sophonie, puis Aggée, puis Zacharie, puis Malachie : le frère vit les douze prophètes venir et se tenir debout devant le saint, à mesure qu'il les méditait, jusqu'à ce qu'il eût fini, puis l'embrasser et se retirer. Lorsque le frère eut vu cela, il frappa sur son cœur et dit : «Malheur à moi parce que je ne porte du moine que le nom! voici le moine parfait; les saints lui tiennent compagnie à cause de sa retraite et de la pureté de son cœur.» Mais le frère n'en parla pas

1. Cod. ⲁϥⲉⲣⲁⲥⲡⲁⲍⲉⲥⲟⲉ. — 2. Cod. ⲓⲧⲁ. — 3. Cod. ⲛⲧⲉϥⲉⲣⲁⲥⲡⲁⲍⲉⲥⲟⲉ. — 4. Cod. ⲛⲧⲉϥⲉⲣⲁⲛⲁⲭⲱⲣⲓⲛ. — 5. Cod. ϯⲉⲣⲫⲟⲣⲓⲛ. — 6. Cod. ⲛⲧⲉⲗⲓⲟⲥ.

ⲉϧⲟⲩⲛ ϩⲟⲗⲱⲥ ⲉϥϫⲱ ⲙⲙⲟⲥ ϫⲉ ⲁϥϣⲁⲛⲉⲙⲓ ϫⲉ ⲁⲓⲛⲁⲩ ⲉⲣⲟϥ ⲙⲡⲁⲓⲣⲏϯ ⲡⲉϥϩⲏⲧ ⲛⲁϣⲱⲡⲓ ϧⲉⲛ ⲟⲩⲛⲓϣϯ ⲛⲉⲙⲕⲁϩ ϥⲛⲁϫⲟⲥ ϫⲉ ϩⲟⲥⲟⲛ ⲁⲕⲛⲁⲩ ⲉⲣⲟⲓ ⲙⲡⲁⲓⲣⲏϯ ⲁⲓϯⲟⲥⲓ ⲙⲡⲁϧⲓⲥⲓ ⲧⲏⲣϥ. ⲉⲧⲁ ⲡⲓⲥⲟⲛ ⲇⲉ ⲓ ⲉⲣⲏⲥ ⲁϥⲧⲁⲟⲩⲟ ⲛϩⲱⲃ ⲛⲓⲃⲉⲛ ⲉⲛⲓⲥⲛⲏⲟⲩ ⲡⲉϫⲉ ⲛⲓⲥⲛⲏⲟⲩ ⲛⲁϥ ϫⲉ ⲑⲁⲓ ⲧⲉ ϯⲕⲟⲩϫⲓ (fol. 131 ⲓ̅ⲉ̅) ϧⲉⲛ ⲛⲉϥⲡⲟⲗⲓⲧⲉⲓⲁ[1] ⲧⲏⲣⲟⲩ ⲉⲧⲉϥⲓⲣⲓ ⲙⲙⲱⲟⲩ ⲉⲛⲉ ⲉⲧⲁⲕⲉⲣϩⲩⲡⲟⲙⲉⲛⲉⲓⲛ[2] ⲡⲉ ϣⲁⲧⲉϥⲟϩⲓ ⲉⲣⲁⲧϥ ⲉⲡⲓϣⲗⲏⲗ ⲭⲛⲁⲛⲁⲩ ⲉϩⲁⲛ ⲛⲓϣϯ ⲛⲑⲉⲱⲣⲓⲁ.

ⲁⲩϫⲟⲥ ⲟⲛ ⲉⲑⲃⲏⲧϥ ⲛⲑⲟϥ ⲡⲉⲛⲓⲱⲧ ⲉⲑⲟⲩⲁⲃ ⲁⲃⲃⲁ ⲡⲓⲥⲉⲛⲧⲓⲟⲥ ϫⲉ ⲙⲡⲓⲛⲁⲩ ⲉⲧⲉϥⲛⲁⲫⲉⲣϫ ⲛⲉϥϫⲓϫ ⲉⲃⲟⲗ ⲉⲡⲓϣⲗⲏⲗ ϣⲁⲩϣⲱⲡⲓ ⲛϫⲉ ⲡⲉϥⲓ̅ ⲛⲧⲏⲃ ⲉⲩⲙⲟϩ ⲙⲫⲣⲏϯ ⲛⲓ̅ ⲛⲗⲁⲙⲡⲁⲥ ⲛⲭⲣⲱⲙ. ⲛⲓⲙ ⲡⲉⲑⲛⲁϣⲱⲡⲓ ⲉϥⲧⲉⲛⲑⲱⲛⲧ ⲉⲣⲟϥ ϧⲉⲛ ⲛⲓⲡⲟⲗⲓⲧⲉⲓⲁ[3] ⲉⲧϭⲟⲗⲕ ⲛⲁⲓ ⲉⲧⲁϥⲁⲓⲧⲟⲩ ϧⲉⲛ ⲟⲩⲙⲉⲧϫⲱⲣⲓ. ⲉϥⲉⲣ ⲙⲉⲗⲉⲧⲏ ⲛⲟⲩⲉϩⲟⲟⲩ ⲛⲑⲟϥ ⲡⲉⲛⲓⲱⲧ ⲉⲑⲟⲩⲁⲃ ⲁⲃⲃⲁ ⲡⲓⲥⲉⲛⲧⲓⲟⲥ ⲁ ⲟⲩⲟⲩⲟϩⲓ ⲗⲟϫϥ ⲛⲑⲟϥ ⲇⲉ ⲙⲡⲉϥ-

du tout, disant : «S'il savait que je l'ai vu ainsi, son cœur serait dans une grande affliction et il dirait : Puisque tu m'as vu en cet état, j'ai perdu tout (le mérite de) ma mortification.» Mais lorsque le frère fut allé vers le Sud, il apprit toute chose aux frères. Les frères lui dirent : «Ce n'est qu'une petite pratique parmi celles qu'il fait : si tu avais attendu qu'il se tînt debout pour la prière, tu aurais vu de grands spectacles.»

On dit aussi de notre père saint, abba Pisentios, qu'à l'heure où il étendait les mains pour prier, ses dix doigts étaient enflammés comme dix lampes allumées. Qui l'imitera dans les pratiques continuelles auxquelles il s'est livré avec courage? Un jour que notre père saint, abba Pisentios, méditait, un scorpion le piqua, il ne cessa pas de prier bien que la douleur atteignit son cœur; mais

1. Cod. ⲛⲉϥⲡⲟⲗⲏⲧⲓⲁ. — 2. Cod. ⲉⲧⲁⲕⲉⲣϩⲩⲡⲟⲙⲉⲛⲏⲛ. — 3. Cod. ⲛⲓⲡⲟⲗⲏⲧⲓⲁ.

ⲭⲁⲧⲟⲧϥ ⲉⲃⲟⲗ ⲉϥⲉⲣⲙⲉⲗⲉⲧⲁⲛ ϩⲱⲥⲧⲉ ⲛⲧⲉ ⲡⲓϯ ⲧⲕⲁⲥ[1] ⲫⲟϩ ⲉⲛⲉϥϩⲏⲧ ⲛⲑⲟϥ ⲇⲉ ⲛⲁϥⲙⲏⲛ ⲉⲃⲟⲗ ⲡⲉ ⲉϥⲟϩⲓ ⲉⲣⲁⲧϥ ⲉϥϥⲁⲓ ϧⲁ ⲡⲓⲙⲕⲁϩ ϧⲉⲛ ⲟⲩⲛⲓϣϯ ⲙⲙⲉⲧϫⲱⲣⲓ. ⲉⲧⲁ ⲡ̅ⲟ̅ⲥ̅ ⲛⲁⲩ ⲉⲧⲉϥⲛ̀ⲛⲓϣϯ ⲛϩⲩⲡⲟⲙⲟⲛⲏ ⲁϥⲉⲣⲭⲁⲣⲓⲍⲉⲥⲑⲁⲓ[2] ⲛⲁϥ ⲙⲡⲓⲧⲁⲗϭⲟ ⲛⲕⲉⲥⲟⲡ ⲁ ⲡⲓϯ ⲧⲕⲁⲥ ⲗⲏⲛ ⲉⲃⲟⲗ ϩⲁⲣⲟϥ. ⲁϥϣⲱⲛⲓ ⲇⲉ ⲟⲛ ⲛⲟⲩⲥⲟⲡ ⲉⲡⲉϥⲥⲡⲗⲏⲛ ϧⲉⲛ ⲡⲓ̅ⲅ̅ ⲙⲡϣⲁⲓ ⲙⲡⲓⲃⲱⲗ ⲉⲃⲟⲗ ⲛⲧⲉ ⲡⲓⲡⲁⲥⲭⲁ ⲙⲡⲉϥⲧⲁⲙⲉ ϩⲗⲓ ⲛⲛⲓⲥⲛⲏⲟⲩ ϫⲉ ϥϣⲱⲛⲓ ⲁϥϫⲟⲥ ⲅⲁⲣ ⲛⲱⲟⲩ ϫⲉ ϣⲗⲏⲗ ⲉϫⲱⲓ ⲛⲧⲁϣⲉ ⲛⲏⲓ ϣⲁ ϯⲙⲟⲛⲏ ⲛⲧⲉ ⲁⲃⲃⲁ ⲁⲃⲣⲁⲁⲙ ⲛⲧⲁϫⲉⲙ ⲡϣⲓⲛⲓ (ⲓ̅ⲉ̅) ⲛⲛⲓⲥⲛⲏⲟⲩ ⲛⲧⲉ ⲡⲓⲙⲁ ⲉⲧⲉⲙⲙⲁⲩ ⲁⲣⲉϣⲁⲛ ⲫ̅ϯ̅ ⲟⲩⲱϣ ϯⲛⲁⲓ ϣⲁⲣⲱⲧⲉⲛ ⲛⲭⲱⲗⲉⲙ. ⲉⲧⲁϥϫⲉ ⲫⲁⲓ ⲇⲉ ϫⲉ ϩⲓⲛⲁ ⲛⲧⲟⲩϣⲧⲉⲙⲉⲙⲓ ⲉⲣⲟϥ ϫⲉ ϥϣⲱⲛⲓ. ⲁⲣⲉϣⲁⲛ ⲟⲩⲁⲓ ⲇⲉ ϧⲉⲛ ⲛⲓⲁⲕⲣⲟⲁⲧⲏⲥ ⲟⲩⲱϣ ⲉϧⲟⲩϧⲉⲧ ϫⲉ ⲡⲱⲥ ⲥⲉϣⲱⲛⲓ ⲛϫⲉ ⲛⲓⲉⲃⲓⲁⲓⲕ ⲛⲧⲉ ⲡ̅ⲭ̅ⲥ̅ ⲙⲁⲣⲉ ⲫⲁⲓ ⲙⲡⲁⲓⲣⲏϯ ⲱϣ ϧⲉⲛ ⲡⲓϫⲱⲙ ⲛⲓⲱⲃ ⲡⲓⲇⲓⲕⲁⲓⲟⲥ[3] ⲭⲛⲁϫⲓⲙⲓ ⲙⲡ̅ⲟ̅ⲥ̅ ⲉϥϫⲱ ⲙⲙⲟⲥ ⲛⲁϥ ϫⲉ ⲉⲧⲁⲓⲛⲓ

il continua de se tenir debout supportant la souffrance avec un grand courage : lorsque le Seigneur vit sa grande patience, il lui accorda de nouveau la guérison et la douleur cessa.[4] Une fois il eut mal à la rate, au jour de la troisième fête de la fin de la Pâque : il n'informa point les frères qu'il était malade, mais il leur dit : «Priez pour moi, afin que j'aille jusqu'à la laure d'abba Abraham pour visiter les frères de ce lieu : si Dieu le veut, je reviendrai promptement près de vous.» Il dit cela, afin que les frères ignorassent qu'il était malade. Si quelqu'un de (mes) auditeurs désire poser une question, disant : «Comment (se fait-il que) les serviteurs du Christ soient malades?» que cet homme lise le livre du juste Job, tu verras que le Seigneur lui dit : «Je n'ai pas amené

1. Cod. ⲡⲓⲧⲓ ⲧⲕⲁⲥ. — 2. Cod. ⲁϥⲉⲣⲭⲁⲣⲓⲍⲉⲥⲑⲉ. — 3. Cod. ⲡⲓⲇⲓⲕⲉⲟⲥ. — 4. Mot-à-mot : cessa de lui. Ce passage montre bien que ce document n'est qu'un résumé, puisque dans cette phrase il est parlé d'une autre guérison dont l'auteur n'a rien dit.

ⲛⲛⲁⲓ ⲉϩⲣⲏⲓ ⲉϫⲱⲕ ⲁⲛ ⲛⲕⲉⲥⲙⲟⲧ ⲁⲗⲗⲁ ϫⲉ ϩⲓⲛⲁ ⲛⲧⲉⲕⲟⲩⲱⲛϩ ⲉⲃⲟⲗ ⲛⲇⲟⲛⲓⲙⲟⲥ. ⲡⲁⲗⲓⲛ ⲟⲛ ϥϫⲱ ⲙⲙⲟⲥ ⲛϫⲉ ⲡⲁⲩⲗⲟⲥ ⲡⲓⲁⲡⲟⲥⲧⲟⲗⲟⲥ ϫⲉ ⲁⲓⲉⲣ ⲥⲙⲟⲧ ⲛⲓⲃⲉⲛ ⲛⲉⲙ ⲟⲩⲟⲛ ⲛⲓⲃⲉⲛ ϫⲉ ϩⲓⲛⲁ ⲛⲧⲁⲛⲟϩⲉⲙ ⲛϩⲁⲛ ⲟⲩⲟⲛ. ⲉⲧⲁ ⲫⲏ ⲉⲑⲟⲩⲁⲃ ⲇⲉ ⲉⲣ ⲟⲩϩⲉⲃⲇⲟⲙⲁⲥ[1] ⲛⲉϩⲟⲟⲩ ⲉϥϣⲱⲛⲓ ⲛⲁϥϧⲟⲥⲓ ⲡⲉ ϧⲉⲛ ⲡⲓϣⲱⲛⲓ ⲛⲁⲣⲉ ⲛⲓⲥⲛⲏⲟⲩ ⲙⲉⲩⲓ ⲉⲣⲟϥ ϫⲉ ϥⲭⲏ ⲁⲛ ϧⲉⲛ ⲡⲓⲃⲏⲃ ⲁⲩⲥⲁϫⲓ ⲟⲩⲛ ⲛϫⲉ ⲛⲓⲥⲛⲏⲟⲩ ⲛⲉⲙ ⲛⲟⲩⲉⲣⲏⲟⲩ ⲉⲩϫⲱ ⲙⲙⲟⲥ ϫⲉ ⲁϥⲱⲥⲕ ⲛϫⲉ ⲁⲃⲃⲁ ⲡⲓⲥⲉⲛⲧⲓⲟⲥ[2] ⲙⲁⲣⲉⲛϣⲓⲛⲓ[3] ⲛⲥⲱϥ ⲓⲉ ⲁⲣⲏⲟⲩ ⲡⲁⲛⲧⲱⲥ ⲉⲧⲁ ⲡⲓϧⲓⲥⲓ ϩⲣⲟϣ ⲉϩⲣⲏⲓ ⲉϫⲱϥ ⲙⲡⲉϥϣⲧⲱⲟⲩⲛ. ⲁⲩⲟⲩⲱⲣⲡ ⲇⲉ ⲛⲟⲩⲥⲟⲛ ⲉϣⲓⲛⲓ ⲛⲥⲱϥ. ⲙⲉⲛⲉⲛⲥⲁ ⲛⲁⲓ ⲇⲉ ⲓⲥϫⲉⲛ ⲉⲧⲁϥⲥⲉⲛ ⲛⲓⲥⲛⲏⲟⲩ ⲉⲃⲟⲗ ⲛⲁⲣⲉ ⲡ̅ⲟ̅ⲥ̅ ⲟⲩⲱⲣⲡ ⲛⲏⲛ ⲉⲑⲟⲩⲁⲃ ⲉⲩϫⲓⲙⲓ ⲙⲡⲉϥϣⲓⲛⲓ ⲉⲩϯ ⲛⲟⲙϯ ⲛⲁϥ (fol. 132 ⲓ̅ⲍ̅) ⲕⲁⲧⲁ ⲟⲩⲟⲓⲕⲟⲛⲟⲙⲓⲁ ⲇⲉ ⲛⲧⲉ ⲫ̅ϯ̅ ⲙⲡⲓⲛⲁⲩ ⲉⲧⲁ ⲡⲓⲥⲟⲛ ⲙⲙⲟⲛⲁⲭⲟⲥ ⲓ ϣⲁⲣⲟϥ ⲛⲁϥⲭⲏ ϧⲁⲧⲟⲧϥ ⲡⲉ ⲛϫⲉ ⲏⲗⲓⲁⲥ ⲡⲓⲡⲣⲟⲫⲏⲧⲏⲥ. ⲉⲧⲁ ⲡⲓⲥⲟⲛ ⲇⲉ ⲙⲙⲟⲛⲁⲭⲟⲥ ⲟϩⲓ ⲉϥⲕⲱⲗϩ ⲉϧⲟⲩⲛ ⲟⲩⲟϩ ⲉϥⲙⲟⲩϯ ϩⲓ ⲧⲟⲏ ⲙⲙⲟϥ ϫⲉ ⲥⲙⲟⲩ

ces choses sur toi pour une autre raison que pour faire paraître ta justice.» L'apôtre Paul dit encore : «Je me suis fait tout à tous pour sauver tout le monde.» Et lorsque ce saint eut passé toute une semaine malade, il souffrit (beaucoup) de son mal; les frères pensaient qu'il n'était pas dans la caverne. Ils se parlèrent les uns aux autres, disant : «Abba Pisentios tarde, envoyons le chercher : peut-être que la souffrance pèse lourdement sur lui et qu'il ne peut pas se lever!» Ils envoyèrent un frère le chercher. Mais depuis qu'il avait quitté les frères, le Seigneur lui envoyait les saints le visiter et l'encourager. Et par une économie de Dieu, lorsque le frère moine vint vers lui, le prophète Élie se trouvait à ses côtés. Lorsque le frère moine se mit à frapper pour entrer

1. Cod. ⲟⲩⲉⲃⲇⲟⲙⲁⲥ. — 2. Cod. ⲡⲓⲥⲉⲛϯ. — 3. Cod. ⲙⲁⲣⲉ; la lettre ⲛ a été ajoutée récemment.

ⲉⲣⲟⲓ ⲉⲧⲁϥⲛⲁⲩ ⲇⲉ ⲛϫⲉ ⲏⲗⲓⲁⲥ ⲡⲓⲑⲉⲥⲃⲩⲧⲏⲥ[1] ϫⲉ ⲡⲓⲥⲟⲛ ⲛⲕⲱⲗϩ ⲁϥⲟⲩⲱϣ ⲉⲉⲣⲁⲛⲁⲭⲱⲣⲉⲓⲛ[2] ⲛⲁϥ ⲫⲏ ⲉⲑⲟⲩⲁⲃ ⲇⲉ ⲁⲃⲃⲁ ⲡⲓⲥⲉⲛⲧⲓⲟⲥ ⲁϥⲁⲙⲟⲛⲓ ⲙⲙⲟϥ ⲉϥϫⲱ ⲙⲙⲟⲥ ϫⲉ ϯϯϩⲟ ⲉⲣⲟⲕ ⲡⲁⲓⲱⲧ ⲙⲏ ⲉⲣϩⲱⲗ ⲛⲧⲉⲕⲭⲁⲧ ⲁⲗⲗⲁ ⲟϩⲓ ⲛⲉⲙⲏⲓ ⲛⲕⲉⲕⲟⲩϫⲓ ⲛⲧⲉⲕⲥⲉⲗⲥⲱⲗⲧ. ⲡⲓⲥⲟⲛ ⲇⲉ ⲙⲙⲟⲛⲁⲭⲟⲥ ⲉⲧⲁϥⲛⲁⲩ ϫⲉ ⲙⲡⲉ ϩⲗⲓ ⲉⲣ ⲟⲩⲱ ⲛⲁϥ ⲁϥϯ ⲙⲡⲉϥⲟⲩⲟⲓ ⲉϧⲟⲩⲛ ⲁϥϫⲓⲙⲓ ⲛⲏⲛ ⲉⲑⲟⲩⲁⲃ ⲡⲓⲙⲁⲕⲁⲣⲓⲟⲥ ⲏⲗⲓⲁⲥ ⲡⲓⲑⲉⲥⲃⲩⲧⲏⲥ[3] ⲛⲉⲙ ⲡⲓⲙⲁⲕⲁⲣⲓⲟⲥ ⲁⲃⲃⲁ ⲡⲓⲥⲉⲛⲧⲓⲟⲥ[4] ⲉⲛⲁϥⲛⲕⲟⲧ ⲡⲉ ⲉϥϣⲱⲛⲓ. ϧⲉⲛ ⲡϫⲓⲛⲑⲣⲉ ⲡⲓⲥⲟⲛ ⲉⲧⲉⲙⲙⲁⲩ ϣⲉ ⲛⲁϥ ⲉϧⲟⲩⲛ ⲁϥϭⲓ ⲙⲡⲓⲥⲙⲟⲩ ⲙⲡⲓⲃ̅ ⲉⲧⲁϥⲟϩⲓ ⲉⲣⲁⲧϥ ϫⲉ ⲉϥⲛⲁϣⲗⲏⲗ ⲙⲡⲉϥϫⲉⲙϫⲟⲙ ⲛϥⲁⲓ[5] ⲛⲛⲉϥⲃⲁⲗ ⲉⲡϣⲱⲓ ⲉⲥⲟⲙⲥ ⲉⲡϩⲟ ⲙⲡⲓⲁⲅⲓⲟⲥ ⲏⲗⲓⲁⲥ ⲉⲑⲃⲉ ⲡⲁϣⲁⲓ ⲛⲛⲓⲁⲕⲧⲓⲛ ⲛⲟⲩⲱⲓⲛⲓ ⲉϥⲛⲏⲩ ⲉⲃⲟⲗϧⲉⲛ ⲡⲉϥϩⲟ ⲙⲫⲣⲏϯ ⲛⲟⲩⲥⲉⲧⲉⲃⲣⲏϫ. ⲫⲏ ⲉⲑⲟⲩⲁⲃ ⲇⲉ ⲁⲃⲃⲁ ⲡⲓⲥⲉⲛⲧⲓⲟⲥ[6] ⲡⲉϫⲁϥ ⲙⲡⲓⲥⲟⲛ ϧⲉⲛ ⲟⲩϩⲟ ⲉϥⲙⲉϩ ⲛⲣⲁϣⲓ ϫⲉ ⲡⲓⲥⲟⲛ ⲙⲏ ⲫⲁⲓ ⲡⲉ ⲡⲓⲕⲱⲧ ⲉⲧⲁⲕϯ ⲙⲡⲉⲕⲟⲩⲟⲓ ⲉϧⲟⲩⲛ

et qu'il dit pour s'annoncer:[7] «Bénis-moi», Élie le Thesbite, ayant vu le frère qui frappait, voulut se retirer; mais le saint abba Pisentios le saisit et lui dit: «Je t'en prie, mon père, ne t'en va pas, ne me laisse pas, mais reste encore un peu avec moi afin de me consoler.» Mais le frère moine ayant vu que personne ne lui répondait, s'approcha et trouva les saints, le bienheureux Élie le Thesbite et le bienheureux abba Pisentios couché, malade. Lorsque le frère entra, il se fit bénir de tous les deux; mais lorsqu'il se tint debout pour prier, il ne put lever les yeux en haut pour regarder le visage du saint Élie, à cause de la multitude des rayons de lumière sortant de sa figure comme des éclairs. Le saint abba Pisentios, le visage rempli de joie, dit au frère: «Frère,

1. Cod. ⲑⲉⲥⲃⲓⲧⲏⲥ. — 2. Cod. ⲥⲉⲣⲁⲛⲁⲭⲱⲣⲓⲛ. — 3. Cod. ⲡⲓⲑⲉⲥⲃⲓⲧⲏⲥ. — 4. Cod. ⲡⲓⲥⲉⲛϯ. — 5. Cod. ⲙϥⲁⲓ. — 6. Cod. ⲡⲓⲥⲉⲛϯ. — 7. Mot-à-mot : qu'il eût dit en avant de lui.

(ⲓ̅ⲏ̅) ⲁϭⲛⲉ ⲥⲟϭⲛⲓ ⲉⲛⲉ ⲟⲩⲁⲣⲭⲱⲛ ⲛⲧⲉ ⲡⲁⲓ ⲕⲟⲥⲙⲟⲥ ⲡⲉ ⲙⲏ ⲭⲛⲁϣϣⲉ ⲉϧⲟⲩⲛ ⲁϭⲛⲉ ⲥⲟϭⲛⲓ. ⲁϥⲉⲣ ⲟⲩⲱ ⲛϫⲉ ⲡⲓⲥⲟⲛ ⲙⲙⲟⲛⲁⲭⲟⲥ ϫⲉ ⲭⲱ ⲛⲏⲓ ⲉⲃⲟⲗ ⲁⲓⲉⲣ ⲛⲟⲃⲓ. ⲉⲧⲁⲓⲱⲥⲕ ϩⲓ ⲧϩⲏ ⲙⲡⲓⲣⲟ ⲉⲓⲕⲱⲗϩ ⲛⲁⲓⲙⲉⲩⲓ ⲛⲏⲓ ⲡⲉ ϫⲉ ⲉⲕⲟⲓ ⲛⲁⲥⲑⲉⲛⲏⲥ ⲙⲡⲉⲕϣϫⲉⲙϫⲟⲙ ⲛⲧⲱⲟⲩⲛ ⲉⲉⲣ ⲟⲩⲱⲛ ⲛⲏⲓ. ⲉⲑⲃⲉ ⲫⲁⲓ ⲁⲓϯ ⲙⲡⲁⲟⲩⲟⲓ ⲉϧⲟⲩⲛ ϫⲉ ⲛⲧⲁϫⲉⲙ ⲡⲉⲕϣⲓⲛⲓ. ϧⲉⲛ ⲡϫⲓⲛⲑⲣⲉ ⲡⲓⲥⲟⲛ ⲇⲉ ⲙⲙⲟⲛⲁⲭⲟⲥ ϫⲉ ⲛⲁⲓ ⲉϥϯ ⲙⲉⲧⲁⲛⲟⲓⲁ ⲡⲉϫⲉ ⲏⲗⲓⲁⲥ ⲡⲓⲑⲉⲥⲃⲩⲧⲏⲥ ⲛⲁⲡⲁ ⲡⲓⲥⲉⲛⲧⲓⲟⲥ[1] ϫⲉ ⲡⲟⲩⲱϣ ⲙⲫ̅ϯ̅ ⲡⲉ ⲫⲁⲓ ϫⲉ ⲟⲩⲛⲓ ϥⲉⲙⲡϣⲁ ⲛϫⲉ ⲡⲁⲓⲥⲟⲛ ⲉⲑⲣⲉϥⲉⲣⲁⲥⲡⲁⲍⲉⲥⲑⲁⲓ[2] ⲙⲙⲟⲛ ⲟⲩⲟϩ ⲛⲧⲉϥϭⲓ ⲙⲡⲉⲛⲥⲙⲟⲩ ⲉⲟⲩⲥⲟⲛ.[3] ⲉⲧⲁϥϫⲉ ⲛⲁⲓ ⲇⲉ ⲛϫⲉ ⲏⲗⲓⲁⲥ[4] ⲡⲓⲡⲣⲟⲫⲏⲧⲏⲥ ⲁϥⲉⲣⲁⲛⲁⲭⲱⲣⲉⲓⲛ[5] ⲉⲃⲟⲗ ϩⲁⲣⲱⲟⲩ. ⲡⲓⲥⲟⲛ ⲇⲉ ⲙⲙⲟⲛⲁⲭⲟⲥ ⲛⲁϥϣⲓⲛⲓ ⲙⲫⲏ ⲉⲑⲟⲩⲁⲃ ϫⲉ ⲟⲩ ⲉⲃⲟⲗ ⲑⲱⲛ ⲡⲉ ⲡⲁⲓⲣⲱⲙⲓ ⲉⲣⲉ ⲡⲉϥϥⲱⲓ ϣⲏⲟⲩ ⲟⲩⲟϩ ⲉⲣⲉ ⲡⲁⲓⲛⲓϣϯ ⲛⲱⲟⲩ[6] ⲕⲱϯ

est-ce que c'est la règle de s'avancer sans permission? Si c'était un grand personnage de ce monde, est-ce que tu serais entré sans permission?» — Le frère moine dit : «Pardonne-moi, j'ai péché. Lorsque je suis resté quelque temps à la porte après avoir frappé,[7] j'ai pensé en moi-même que tu étais sans force et que tu ne pouvais pas te lever pour m'ouvrir, c'est pourquoi je me suis approché pour te visiter.» Quand le frère eut dit ces (paroles) avec repentir, Élie le Thesbite dit à apa Pisentios : «C'est la volonté de Dieu, car certes ce frère est digne de nous saluer et de recevoir à la fois notre (double) bénédiction.» Et lorsque le prophète Élie eut ainsi parlé, il prit congé d'eux. Le frère moine interrogea ce saint et dit : «D'où est cet homme? (que) ses cheveux étaient longs

1. Cod. ⲡⲓⲥⲉⲛϯ. — 2. Cod. ⲉⲑⲣⲉϥⲉⲣⲁⲥⲡⲁⲍⲉⲥⲉⲑⲉ. — 3. Cod. ⲉⲩⲥⲟⲛ, mauvaise orthographe. — 4. Cod. ⲏⲥⲁⲓⲁⲥ, faute évidente. — 5. Cod. ⲁϥⲉⲣⲁⲛⲁⲭⲱⲣⲓⲛ. — 6. Cod. ⲱⲟⲩ sans préposition; la préposition ⲛ a été ajoutée ensuite. — 7. Mot-à-mot : j'ai tardé devant la porte, frappant.

ⲉⲣⲟϥ ϧⲉⲛ ⲟⲩⲙⲉⲑⲙⲏⲓ ⲙⲡⲓⲛⲁⲩ ⲉⲟⲩⲟⲛ ⲙⲡⲁⲓⲣⲏϯ ⲉⲛⲉϩ ⲉϥⲙⲉϩ ⲛⲱⲟⲩ ⲛⲉⲙ ⲙⲉⲧⲣⲁⲩϣ ⲙⲫⲣⲏϯ ⲙⲫⲁⲓ ⲟⲩⲟϩ ϧⲉⲛ ϯⲟⲩⲛⲟⲩ ⲉⲧⲁⲓⲁⲙⲟⲛⲓ ⲛⲛⲉϥϫⲓϫ ⲁⲓⲟⲩⲱϣⲧ ⲙⲙⲱⲟⲩ ⲁ ⲟⲩⲛⲓϣϯ ⲛϫⲟⲙ ϣⲱⲡⲓ ϧⲉⲛ ⲡⲁⲥⲱⲙⲁ ⲁⲓⲕⲏⲛ ⲉⲓⲟⲓ ⲛⲁⲥⲑⲉⲛⲏⲥ ⲟⲩⲟϩ ⲁⲓⲟⲩⲛⲟϥ ⲙⲫⲣⲏϯ ⲛⲟⲩⲁⲓ ⲉⲧⲁϥ- (fol. 133 ⲓ̅ⲑ̅) ⲧⲱⲛϥ ⲉⲃⲟⲗϧⲉⲛ ⲟⲩⲁⲣⲓⲥⲧⲟⲛ. ⲁⲓϣⲁⲛϫⲟⲥ ⲟⲩⲛ ϫⲉ ⲫⲁ ⲡⲁⲓⲧⲱⲟⲩ ⲡⲉ ⲡⲁⲓⲣⲱⲙⲓ ⲙⲡⲓⲛⲁⲩ ⲉⲣⲟϥ ⲛϧⲏⲧϥ ⲟⲩⲟϩ ⲙⲡⲓⲛⲁⲩ ⲉⲟⲩⲟⲛ ⲉⲛⲉϩ ⲉϥⲣⲏⲧ ⲙϥⲱⲓ ⲙⲫⲣⲏϯ ⲙⲫⲁⲓ ⲛⲉⲙ ⲡⲉϥⲥⲙⲟⲧ. ⲁϥⲉⲣ ⲟⲩⲱ ⲛϫⲉ ⲡⲓⲙⲁⲕⲁⲣⲓⲟⲥ ⲁⲃⲃⲁ ⲡⲓⲥⲉⲛⲧⲓⲟⲥ[1] ⲡⲉϫⲁϥ ⲙⲡⲓⲥⲟⲛ ϫⲉ ⲁⲣⲓϩⲟⲙⲟⲗⲟⲅⲉⲓⲛ[2] ϫⲉ ⲭⲛⲁⲁⲣⲉϩ ⲉⲡⲓⲙⲩⲥⲧⲏⲣⲓⲟⲛ ⲁⲛⲟⲕ ϯⲛⲁⲧⲁⲙⲟⲕ. ⲁϥⲉⲣ ⲟⲩⲱ ⲛϫⲉ ⲡⲓⲥⲟⲛ ϫⲉ ⲉⲓⲙⲏⲧⲓ[3] ⲙⲉⲛⲉⲛⲥⲁ ⲟⲩⲥⲛⲟⲩ ⲛⲧⲉ ⲟⲩⲁⲛⲁⲅⲕⲏ ⲧⲁϩⲟⲓ ⲛⲧⲁⲟⲩⲟⲛϩϥ ⲉⲃⲟⲗ ⲛϯⲛⲁϫⲟϥ ⲁⲛ. ⲡⲁⲗⲓⲛ ⲟⲛ ⲡⲉϫⲉ ⲡⲓⲥⲟⲛ ⲛⲁϥ ⲟⲛ[4]. ϫⲉ ⲙⲡⲉⲕⲥⲱⲧⲉⲙ ⲉⲣⲁⲫⲁⲏⲗ ⲡⲓⲁⲣⲭⲓⲁⲅⲅⲉⲗⲟⲥ ⲉϥⲥⲁϫⲓ ⲛⲉⲙ

et (quelle) grande gloire l'environnait! En vérité je n'ai jamais vu personne rempli de tant de gloire et de dignité comme (l'était) cet homme! Au moment où j'ai pris ses mains et les ai baisées, il s'est fait une grande vertu en mon corps : j'ai cessé de ressentir de la faiblesse[5] et j'ai été rempli d'allégresse comme quelqu'un qui se lève d'un festin; et si je dis que cet homme est de cette montagne, (je dois dire aussi que) je ne l'y ai jamais vu et que je n'ai jamais vu quelqu'un avec pareille chevelure et pareille forme.»[6] Le bienheureux abba Pisentios répondit, il dit au frère : «Promets-moi[7] que tu garderas le secret et je te l'apprendrai.» — Le frère répondit : «A moins qu'après quelque temps je ne sois dans la nécessité[8] de le dévoiler, je ne le dirai pas.» Le frère lui dit encore :

1. Cod. ⲡⲓⲥⲉⲛϯ. — 2. Cod. ⲁⲣⲓⲟⲙⲟⲗⲟⲅⲓⲛ. — 3. Cod. ⲓⲙϯ. L'ⲛ a été ajouté en dessus par le scribe lui-même. — 4. Un des deux ⲟⲛ est de trop. — 5. Mot-à-mot : j'ai cessé étant sans force. — 6. Mot-à-mot : et je n'ai jamais vu quelqu'un planté de cheveux comme celui-là et sa forme. — 7. Mot-à-mot : Avoue-moi. — 8. Mot-à-mot : à moins que dans un temps la nécessité ne me prenne.

ⲫⲏ ⲉⲑⲟⲩⲁⲃ ⲧⲱⲃⲓⲁⲥ ϫⲉ ⲡⲓⲙⲩⲥⲧⲏⲣⲓⲟⲛ ⲛⲧⲉ ⲡⲟⲩⲣⲟ ⲛⲁⲛⲉⲥ ⲉϩⲟⲡϥ ⲛⲓϩⲃⲏⲟⲩⲓ ⲛⲧⲉ ⲫ̅ϯ̅ ⲛⲑⲱⲟⲩ ⲛⲁⲛⲉⲥ ⲉⲟⲩⲟⲛϩⲟⲩ ⲉⲃⲟⲗ ⲁⲗⲗⲁ ϯⲥⲱⲟⲩⲛ ϫⲉ ⲛⲙⲟⲥϯ ⲉⲡⲓⲱⲟⲩ ⲉⲧϣⲟⲩⲓⲧ ⲛⲧⲉ ⲛⲓⲣⲱⲙⲓ ⲙⲁⲧⲁⲙⲟⲓ ⲉⲡⲓⲙⲩⲥⲧⲏⲣⲓⲟⲛ ϯⲛⲁϯ ⲙⲕⲁϩ ⲛϩⲏⲧ ⲛⲁⲕ ⲁⲛ. ⲁϥⲉⲣ ⲟⲩⲱ ⲛϫⲉ ⲡⲓⲙⲁⲕⲁⲣⲓⲟⲥ ⲁⲃⲃⲁ ⲡⲓⲥⲉⲛⲧⲓⲟⲥ[1] ⲡⲉϫⲁϥ ⲙⲡⲓⲥⲟⲛ ϫⲉ ϧⲉⲛ ⲡϫⲓⲛⲑⲣⲓϣⲉ ⲛⲏⲓ ⲉⲃⲟⲗϩⲓⲧⲉⲛ ⲑⲏⲛⲟⲩ ⲉⲓⲟⲩⲱϣ ⲉϩⲱⲗ ⲉⲡⲓⲙⲟⲛⲁⲥⲧⲏⲣⲓⲟⲛ ⲛⲧⲉ ⲁⲃⲃⲁ ⲁⲃⲣⲁⲁⲙ ⲛⲧⲁϫⲉⲙ ⲡⲉϥϣⲓⲛⲓ ⲁⲓⲛⲁⲩ ⲉⲡⲁⲥⲱⲙⲁ ⲉϥⲟⲓ ⲛⲁⲥⲑⲉⲛⲏⲥ ⲁⲓϫⲟⲥ ϫⲉ ϯⲛⲁϣⲉ ⲉ̣ⲙⲁⲩ ⲁⲛ ⲛⲧⲁ (ⲛ̅) ϣⲱⲡⲓ ⲉⲓⲣⲁϧⲧ ⲉϧⲣⲏⲓ ϩⲓ ⲡⲓⲙⲱⲓⲧ ⲉⲑⲃⲉ ⲧⲁⲙⲉⲧⲁⲧϫⲟⲙ ⲁⲓⲓ ⲉⲡⲁⲓⲙⲁ ⲁⲓⲟⲣϥⲧ ⲉϧⲟⲩⲛ ⲉⲧⲁⲓⲕⲟⲩϫⲓ ⲛⲣⲓ. ⲓⲥϫⲉⲛ ⲡⲓⲉϩⲟⲟⲩ ⲉⲧⲁⲓⲓ ⲉⲃⲟⲗϩⲓⲧⲉⲛ ⲑⲏⲛⲟⲩ ⲙⲡⲓⲛⲁⲩ ⲉⲡϩⲟ ⲛⲟⲩⲣⲱⲙⲓ ⲉⲃⲏⲗ ⲉⲣⲟⲕ ⲉⲧⲁ ⲡⲁⲥⲡⲗⲏⲛ ϯ ⲙⲕⲁϩ ⲛⲏⲓ ⲉⲙⲁϣⲱ ⲁⲓϯϩⲟ ⲉⲡⲁ̅ⲟ̅ⲥ̅ ⲓ̅ⲏ̅ⲥ̅ ⲡⲭ̅ⲥ̅ ⲁϥⲉⲣ ϩⲙⲟⲧ ⲛⲏⲓ ⲙⲡⲧⲁⲗϭⲟ ⲙⲡⲁⲥⲱⲙⲁ. ⲟⲩⲟϩ ⲟⲛ ⲉⲑⲃⲉ ⲡⲁⲓⲣⲱⲙⲓ ⲉⲧⲁⲕⲛⲁⲩ ⲉⲣⲟϥ ⲫⲁⲓ ⲡⲉ ⲏⲗⲓⲁⲥ ⲡⲓⲑⲉⲥⲃⲩⲧⲏⲥ ⲫⲏ ⲉⲧⲁⲩⲟⲗϥ ⲉⲧⲫⲉ

«N'as-tu pas entendu l'archange Raphaël dire au saint Tobie : Il est bon de cacher le secret du roi, mais il est bon de dévoiler les œuvres de Dieu; je sais que tu hais la vaine gloire des hommes : apprends-moi le secret, je ne te causerai pas de peine.» Le bienheureux abba Pisentios répondit, il dit au frère : «Lorsque je vous ai quittés, je voulais aller au monastère d'abba Abraham pour le visiter; j'ai vu (que) mon corps (était) sans force, j'ai dit : Je n'irai pas là-bas de peur que je ne tombe en chemin par suite de ma faiblesse. Je suis venu en ce lieu, je me suis retiré dans cette petite cellule. Depuis le jour où je vous ai quittés, je n'ai pas vu visage d'homme, sinon le tien. Lorsque ma rate m'a fait beaucoup souffrir, j'ai prié notre Seigneur Jesus le Christ : il m'a accordé la grâce de la guérison pour mon corps. Quant à cet homme que tu as vu, c'est Élie le Thesbite qu'on a conduit au ciel dans un

1. Cod. ⲡⲓⲥⲉⲛϯ.

ϧⲉⲛ ϩⲁⲛ ϩⲁⲣⲙⲁ ⲛⲭⲣⲱⲙ ⲁⲗⲗⲁ ϯϯϩⲟ ⲉⲣⲟⲕ ⲡⲁⲥⲟⲛ ⲙⲙⲁⲓⲛⲟⲩϯ ⲛⲧⲉⲕϣⲧⲉⲙϫⲉ ⲡⲁⲓⲥⲁϫⲓ ⲛϩⲗⲓ ⲛⲣⲱⲙⲓ ϣⲁ ⲡⲉϩⲟⲟⲩ ⲙⲡⲁⲙⲟⲩ. ϧⲉⲛ ⲡϫⲓⲛⲑⲣⲉ ⲡⲓⲥⲟⲛ ⲇⲉ ⲥⲱⲧⲉⲙ ⲉⲛⲁⲓ ⲛⲧⲟⲧϥ ⲙⲡⲓϧⲉⲗⲗⲟ ⲁϥⲣⲁϣⲓ ⲉⲙⲁϣⲱ ⲟⲩⲟϩ ⲙⲡⲉϥⲟⲩⲉⲛϩ ⲡⲓⲥⲁϫⲓ ⲉⲃⲟⲗ ϣⲁ ⲡⲓⲉϩⲟⲟⲩ ⲉⲧⲁ ⲡ̅ⲟ̅ⲥ̅ ϫⲉⲙ ⲡⲉϥϣⲓⲛⲓ ⲛϧⲏⲧϥ.

ⲛⲉ ⲟⲩⲟⲛ ⲟⲩⲥⲟⲛ ⲇⲉ ⲟⲛ ⲉϥϣⲱⲛⲓ ϧⲉⲛ ⲡⲧⲱⲟⲩ ⲛⲧⲥⲉⲛϯ ϯⲃⲁⲕⲓ. ⲉⲃⲟⲗϧⲉⲛ ⲡϩⲟⲩⲟ ⲙⲡⲓϣⲱⲛⲓ ⲁϥⲉⲣⲉⲡⲓⲑⲩⲙⲉⲓⲛ[1] ⲉⲟⲩⲕⲟⲩϫⲓ ⲛⲧⲉⲃⲧ ⲁϥϫⲟⲥ ⲙⲡⲉⲛⲓⲱⲧ ⲉⲑⲟⲩⲁⲃ ⲁⲃⲃⲁ ⲡⲓⲥⲉⲛⲧⲓⲟⲥ[2] ⲛϫⲉ ⲡⲓⲥⲟⲛ ⲉⲧϣⲱⲛⲓ ϫⲉ ϯⲉⲣⲉⲡⲓⲑⲩⲙⲉⲓⲛ[3] ⲉⲟⲩⲕⲟⲩϫⲓ ⲛⲧⲉⲃⲧ. ⲡⲉϫⲉ ⲁⲃⲃⲁ ⲡⲓⲥⲉⲛⲧⲓⲟⲥ[4] ⲙⲡⲓⲥⲟⲛ ⲉⲧϣⲱⲛⲓ ϫⲉ ⲫ̅ϯ̅ ⲛⲁϯ ⲛⲁⲕ ⲛⲧⲉⲕⲉⲡⲓⲑⲩⲙⲓⲁ ϩⲓ ⲡⲉⲕⲣⲱⲟⲩϣ ⲉⲡ̅ⲟ̅ⲥ̅ ⲛⲑⲟϥ ⲉⲑⲛⲁϣⲁⲛⲟⲩϣⲕ ⲛⲛⲉϥϯ ⲛⲟⲩⲕⲓⲙ ⲙⲡⲓⲑⲙⲏⲓ ϣⲁ ⲉⲛⲉϩ. ⲁϥϭⲓ ⲟⲩⲛ ⲙⲡⲉϥⲕⲉⲗⲱⲗ ⲁϥⲙⲁϩϥ (fol. 134 ⲛ̅ⲁ̅) ⲙⲙⲱⲟⲩ ⲙⲫⲛⲁⲩ ⲙⲙⲉⲣⲓ ⲛⲁϥⲱϣ ⲉϩⲣⲏⲓ ϩⲁ ⲫ̅ϯ̅ ⲡⲉ ϫⲉ ⲙⲡⲉⲣⲭⲁ ⲙⲡⲁⲓⲥⲟⲛ ⲉϥⲟⲓ

char de feu. Mais je t'en supplie, ô mon frère qui aimes Dieu, ne dis cette chose à personne avant le jour de ma mort.» Lorsque le frère eut appris cela du vieillard, il se réjouit beaucoup et il ne révéla pas la chose jusqu'au jour où le Seigneur visita le saint.[5]

Il y eut un frère malade dans la montagne de la ville de Tsenti: par suite de l'excès de la maladie, il eut envie d'un petit poisson. Le frère qui était malade dit à notre père saint, abba Pisentios : «J'ai envie d'un petit poisson.» Abba Pisentios dit au frère qui était malade : «Le Seigneur t'accordera ton désir : place tout ton souci en le Seigneur, il te nourrira, il ne causera jamais de fluctuation au juste.»[6] Il prit donc sa cruche, il la remplit d'eau vers l'heure de midi, il s'écria au Seigneur, disant : «Ne laisse pas ce

1. Cod. ⲁϥⲉⲣⲉⲡⲓⲑⲩⲙⲓⲛ. — 2. Cod. ⲡⲓⲥⲉⲛϯ. — 3. Cod. ϯⲉⲣⲉⲡⲓⲑⲩⲙⲓⲛ. — 4. Cod. ⲡⲓⲥⲉⲛϯ. — 5. C'est-à-dire où il mourut. — 6. Ps. 54, v. 25.

ⲛⲉⲙⲕⲁϩ ⲛϩⲏⲧ ⲉϣⲱⲡ ⲡⲉⲛⲟⲩⲱϣ ⲡⲉ ⲡⲟ̅ⲥ̅ ⲓⲉ ⲙⲟⲓ ⲛⲁϥ ⲛⲧⲉϥⲉⲡⲓⲑⲩⲙⲓⲁ. ⲁ ⲡⲟ̅ⲥ̅ ⲇⲉ ϫⲉⲙ ⲡϣⲓⲛⲓ ⲙⲡⲓⲕⲁϩⲓ ⲛϯⲣⲟⲙⲡⲓ ⲉⲧⲉⲙⲙⲁⲩ ⲁ ⲟⲩⲛⲓϣϯ ⲙⲙⲱⲟⲩ ϣⲱⲡⲓ ⲁϥϥⲁⲓ ⲛⲛⲉϥⲃⲁⲗ ⲉⲡϣⲱⲓ ⲛϫⲉ ⲫⲏ ⲉⲑⲟⲩⲁⲃ ⲁⲃⲃⲁ ⲡⲓⲥⲉⲛⲧⲓⲟⲥ[1] ⲁϥⲛⲁⲩ ⲉⲟⲩⲛⲓϣϯ ⲛⲧⲉⲃⲧ ⲉϥⲛⲟⲓⲙⲓ ⲥⲁ ⲡϣⲱⲓ ⲛⲛⲓⲙⲱⲟⲩ ⲉϥϭⲓ ϥⲟϫⲓ. ⲉⲧⲁϥⲛⲁⲩ ⲟⲩⲛ ⲉⲡⲓⲧⲉⲃⲧ ⲁϥⲣⲁϣⲓ ⲁϥⲥⲱⲟⲩⲧⲉⲛ ⲛⲧⲉϥϫⲓϫ ⲉⲃⲟⲗ ⲁϥⲁⲙⲟⲛⲓ ⲙⲙⲟϥ ⲁϥⲟⲗϥ ⲉⲡⲓⲥⲟⲛ ⲉϥⲟⲛϧ. ⲛⲉ ⲑⲁⲓ ⲣⲱ ⲧⲉ ⲧⲉϥⲛⲁϩⲥ ⲉϥⲓⲣⲓ ⲛⲣⲱⲙⲓ ⲛⲓⲃⲉⲛ ⲙⲫⲣⲏϯ ⲙⲫ̅ϯ̅ ⲛⲧⲟⲧϥ ⲉϥⲟⲓ ⲛⲥⲡⲟⲩⲇⲁⲓⲟⲥ[2] ⲛⲁϣⲓⲣⲓ ⲉϥⲙⲏⲥ ⲙⲙⲟϥ ⲉϯ ⲙⲧⲟⲛ ⲛⲣⲱⲙⲓ ⲛⲓⲃⲉⲛ. ⲡⲁⲗⲓⲛ ⲟⲛ ⲡⲉϫⲁϥ ⲙⲡⲓⲥⲟⲛ ϫⲉ ⲙⲡⲉ ⲫ̅ϯ̅ ϥⲟϫⲕ ⲙⲡⲉⲕⲁⲓⲧⲏⲙⲁ[3] ⲥⲉⲥϧⲏⲟⲩⲧ ⲅⲁⲣ ϫⲉ ⲁ ⲫ̅ϯ̅ ϯ ⲛⲟⲩϧⲣⲉ ⲛⲏⲏ ⲉⲧⲉⲣ ϩⲟϯ ϧⲁ ⲧⲉϥϩⲏ ⲟⲩⲟϩ ⲟⲛ ⲁ ⲫ̅ϯ̅ ⲟⲩⲱⲣⲡ ⲙⲡⲉϥⲁⲣⲓⲥⲧⲟⲛ ⲛⲇⲁⲛⲓⲏⲗ.

ⲁⲥϣⲱⲡⲓ ⲇⲉ ⲟⲛ ⲉϥⲛⲁϩⲱⲗ ⲉⲙⲁϩ ⲙⲱⲟⲩ ⲛⲟⲩⲥⲟⲡ ⲁϥⲉⲣ ⲉⲃϣⲓ ⲙⲡⲉϥⲱⲗⲓ ⲛⲉⲙⲁϥ ⲙⲡⲓⲛⲟϩ ⲁϥⲧⲱⲃϩ ⲙⲫ̅ϯ̅ ⲉϥϫⲱ ⲙⲙⲟⲥ ϫⲉ ⲡⲟ̅ⲥ̅

frère être triste; si c'est ta volonté, Seigneur, accorde-lui son désir.» Cette année-là le Seigneur avait visité la terre, il y avait eu une grande inondation :[4] le saint abba Pisentios leva les yeux, il vit un grand poisson s'agitant et sautant à la surface des eaux. Lorsqu'il vit le poisson, il se réjouit, il étendit la main, il le saisit, il l'apporta vivant au frère. C'était certes sa coutume de faire pour tous les hommes comme Dieu (fait lui-même);[5] par la plénitude de son zèle, il s'empressait de contenter[6] chacun. Il dit de nouveau au frère : «Dieu ne t'a pas privé de ta demande, car il est écrit que Dieu nourrira ceux qui sont pleins de crainte en sa présence, et de même le Seigneur envoya son repas à Daniel.»

Il arriva une fois que, devant aller puiser de l'eau, il oublia de

1. Cod. ⲡⲓⲥⲉⲛϯ. — 2. Cod. ⲛⲥⲡⲟⲩⲇⲉⲟⲥ. — 3. Cod. ⲙⲡⲉⲕⲉⲧⲏⲙⲁ. — 4. Mot-à-mot : une grande eau. — 5. Mot-à-mot : à la manière de Dieu; c'est-à-dire d'être charitable. — 6. Mot-à-mot : de donner repos à chacun.

ⲫ̅ϯ̅ ⲛ̀ⲛⲉⲛⲓⲟϯ ⲉⲑⲟⲩⲁⲃ ⲉⲛⲉⲉⲣ ⲡⲓⲛⲁⲓ ⲛⲉⲙⲏⲓ ⲡ̅ⲟ̅ⲥ̅ ⲛ̀ⲧⲉⲕⲓⲛⲓ ⲙ̀ⲡⲓⲙⲱⲟⲩ ⲉⲡϣⲱⲓ ⲛ̀ⲧⲁⲙⲟϩ ⲙ̀ⲡⲁⲓϣⲟϣⲟⲩ ⲙ̀ⲙⲱⲟⲩ ϫⲉ ⲟⲩⲏⲓ ϥⲟⲩⲏⲟⲩ ⲛ̀ϫⲉ ⲡⲓⲙⲁ. (ⲕ̅ⲃ̅) ⲉⲧⲓ ⲟⲩⲛ ⲉϥⲧⲱⲃϩ ⲙ̀ⲡⲁⲧⲉϥϫⲱⲕ ⲛ̀ϯⲉⲩⲭⲏ ⲉⲃⲟⲗ ⲁ ⲡ̅ⲟ̅ⲥ̅ ⲟⲩⲁϩⲥⲁϩⲛⲓ ⲙ̀ⲡⲓⲙⲱⲟⲩ ⲁϥⲓ ⲉⲡϣⲱⲓ ⲁϥⲙⲟϩ ⲙ̀ⲡⲓϣⲟϣⲟⲩ ⲙ̀ⲙⲱⲟⲩ. ⲉⲧⲓ ⲟⲩⲛ ⲉϥⲛⲁϣⲉ ⲛⲁϥ ⲁϥⲓ ⲛ̀ϫⲉ ⲟⲩⲙⲁⲛⲉⲥⲱⲟⲩ ⲉϫⲉⲛ ϯϣⲱϯ ⲁϥⲥⲟⲙⲥ ⲁϥⲛⲁⲩ ⲉⲡⲓⲙⲱⲟⲩ ⲉϥⲙⲟϣⲓ ⲉⲡⲉⲥⲏⲧ ⲁϥϫⲟⲩϣⲧ ⲁϥⲛⲁⲩ ⲉⲡⲓϧⲉⲗⲗⲟ ⲙ̀ⲙⲟⲛ ⲛⲟϩ ⲛ̀ⲧⲟⲧϥ ⲁϥⲛⲁⲩ ⲇⲉ ⲉⲣⲟϥ ⲉⲣⲉ ⲡⲉϥⲥⲙⲟⲧ ⲟⲛⲓ ⲙ̀ⲫⲁ ⲟⲩⲁⲅⲅⲉⲗⲟⲥ ⲛ̀ⲧⲉ ⲡ̅ⲟ̅ⲥ̅ ⲉⲑⲃⲉ ⲡⲓⲱⲟⲩ ⲉⲧⲕⲱϯ ⲉⲣⲟϥ ⲁϥⲉⲣ ϣⲫⲏⲣⲓ ⲉⲙⲁϣⲱ[1] ⲛ̀ϫⲉ ⲡⲓⲣⲱⲙⲓ ⲙ̀ⲙⲁⲛⲉⲥⲱⲟⲩ.

ⲁⲥϣⲱⲡⲓ ϧⲉⲛ ⲟⲩⲁⲓ ⲛ̀ⲛⲓⲉϫⲱⲣϩ ⲁⲛⲛⲁⲩ ⲉⲟⲩⲭⲣⲱⲙ ⲉϥⲙⲟϩ ϧⲉⲛ ⲡⲉϥⲏⲓ ⲁⲛⲥⲁϫⲓ ⲛⲉⲙ ⲛⲉⲛⲉⲣⲏⲟⲩ ⲛ̀ϫⲱ ⲙ̀ⲙⲟⲥ ϫⲉ ϩⲁⲣⲁ ⲉⲣⲉ ⲡⲉⲛⲥⲟⲛ ⲡⲓⲥⲉⲛⲧⲓⲟⲥ[2] ϭⲉⲣⲟ ⲭⲣⲱⲙ. ⲉⲑⲃⲉ ⲟⲩ ⲁⲛϯ ϩⲑⲏⲛ ⲉⲡⲓϩⲱⲃ ϫⲉ ⲛⲉ

prendre la corde avec lui. Il pria Dieu, disant : «Seigneur, Dieu de nos pères saints, fais-moi miséricorde, fais monter l'eau afin que j'en remplisse cette cruche, car certes le lieu est (bien) loin.» Il n'avait pas achevé sa prière et priait encore, que le Seigneur commanda à l'eau : elle monta et il en remplit sa cruche. Comme elle était encore en mouvement,[3] un berger vint au puits, il regarda, il vit l'eau qui descendait; il regarda (derechef), il vit le vieillard qui n'avait pas de corde, il vit (que) son apparence était semblable à celle d'un ange du Seigneur à cause de la gloire qui l'environnait; et l'homme qui gardait les brebis fut dans une grande admiration.

Il arriva qu'une nuit nous vîmes du feu flambant dans sa maison; nous nous dîmes les uns aux autres : «Est-ce que notre frère Pisentios a allumé du feu? C'est pourquoi nous remarquâmes la

1. Cod. ⲙ̀ⲙⲁϣⲱ, orthographe vicieuse, ou en tout cas extraordinaire. — 2. Cod. ⲡⲓⲥⲉⲛϯ. — 3. Mot-à-mot : comme elle marchait encore.

ⲧⲉϥⲥⲩⲛⲏⲑⲉⲓⲁ[1] ⲁⲛ ⲧⲉ. ⲁⲛⲧⲱⲟⲩⲛ ⲁⲛⲥⲟⲙⲥ ⲉϧⲟⲩⲛ ϧⲉⲛ ⲟⲩⲁⲓ ⲛⲛⲓϣⲟⲩϣⲧ ⲛⲧⲉ ⲡⲉϥⲏⲓ ⲁⲛⲛⲁⲩ ⲉⲣⲟϥ ⲉϥϣⲗⲏⲗ ⲉⲣⲉ ⲛⲉϥϫⲓϫ ⲫⲟⲣϣ ⲉⲃⲟⲗ ⲙⲡⲧⲩⲡⲟⲥ ⲙⲡⲥⲧⲁⲩⲣⲟⲥ[2] ⲉⲣⲉ ⲡⲉϥⲓ̅ ⲛⲧⲏⲃ ⲙⲟϩ ⲙⲫⲣⲏϯ ⲛϩⲁⲛ ⲗⲁⲙⲡⲁⲥ ⲛⲭⲣⲱⲙ. ⲉⲧⲓ ⲇⲉ ⲉϥⲟϩⲓ ⲉⲣⲁⲧϥ ⲉϥϣⲗⲏⲗ ⲁϥⲛⲁⲩ ⲉⲟⲩⲛⲓϣϯ ⲛⲟⲡⲧⲁⲥⲓⲁ ⲓⲥ ⲅ̅ ⲛⲁⲅⲅⲉⲗⲟⲥ ⲁⲩⲓ ϣⲁⲣⲟϥ ⲙⲡⲉⲙⲟⲧ ⲛϩⲁⲛ ⲙⲟⲛⲁⲭⲟⲥ ⲉⲩⲉⲣⲫⲟⲣⲉⲓⲛ[3] ⲛϩⲁⲛ ⲥⲧⲟⲗⲏ ⲛⲟⲩⲱⲃϣ ⲟⲩⲟϩ ⲉⲛⲉⲥⲱⲟⲩ ϧⲉⲛ ⲡⲟⲩⲓⲛⲓ ⲉⲣⲉ ϩⲁⲛ ϣⲟϣⲧ ⲛⲧⲟⲧⲟⲩ (fol. 135 ⲛ̅ⲅ̅) ⲟⲩⲟϩ ⲡⲉϫⲱⲟⲩ ⲛⲁϥ ϣⲁ ⲅ̅ ⲛⲥⲟⲡ ϫⲉ ⲡⲓⲥⲉⲛⲧⲓⲟⲥ ⲡⲓⲥⲉⲛⲧⲓⲟⲥ ⲡⲓⲥⲉⲛⲧⲓⲟⲥ. ⲛⲑⲟϥ ⲇⲉ ⲡⲉϫⲁϥ ϫⲉ ⲥⲙⲟⲩ ⲉⲣⲟⲓ ⲛⲁⲓⲟϯ ⲁⲛⲟⲕ ϧⲁ ⲡⲓⲃⲱⲕ ⲛⲁⲧϣⲁⲩ ⲫⲁⲓ ⲉⲧⲉ ⲙⲉⲛⲉⲛⲥⲁ ⲟⲩⲕⲟⲩϫⲓ ϥⲛⲁⲃⲱⲗ ⲉⲃⲟⲗ ⲛⲧⲉϥⲧⲁⲕⲟ ϧⲉⲛ ⲡⲓⲙϩⲁⲩ. ⲛⲑⲱⲟⲩ ⲇⲉ ⲡⲉϫⲱⲟⲩ ⲛⲁϥ ϫⲉ ⲉⲧⲁ ⲡ̅ⲟ̅ⲥ̅ ⲧⲁⲟⲩⲟⲛ ϣⲁⲣⲟⲕ ⲉϯ ⲛⲁⲕ ⲛⲛⲓϣⲟϣⲧ ⲛⲧⲉ ϯⲉⲕⲕⲗⲏⲥⲓⲁ ϯⲛⲟⲩ ϫⲉ ϭⲓⲧⲟⲩ ⲛⲁⲕ ϧⲉⲛ ⲛⲉⲕϫⲓϫ ⲉⲧⲁ ⲡ̅ⲟ̅ⲥ̅ ⲧⲉⲛϩⲟⲩⲧⲕ ⲉⲣⲱⲟⲩ ⲉⲁⲙⲟⲛⲓ ⲛⲧⲉϥⲉⲕⲕⲗⲏⲥⲓⲁ ⲑⲁⲓ ⲉⲧⲁϥϫⲫⲟⲥ ⲛⲁϥ

chose parce que ce n'était pas sa coutume. Nous nous levâmes, nous regardâmes par l'une des fenêtres de sa maison, nous le vîmes en prière, les mains étendues en forme de croix, ses dix doigts enflammés comme des lampes de feu. Comme il se tenait encore debout à prier, il vit une grande vision : voici que trois anges vinrent à lui sous la forme de moines portant des stoles blanches et de belle apparence, ils avaient des clefs en leurs mains et ils lui dirent jusqu'à trois fois : «Pisentios, Pisentios, Pisentios!» — Il dit : «Bénissez-moi, mes pères; je suis le serviteur indigne qui dans quelque temps sera dissous et se perdra dans le tombeau.» — Mais eux, ils lui dirent : «Le Seigneur nous a envoyés vers toi pour te donner les clefs de l'Église. Maintenant donc, prends-les dans tes mains; le Seigneur te les confie pour paître son Église qu'il s'est acquise lui-même au prix de son sang. Ne

1. Cod. ⲧⲉϥⲥⲩⲛⲏⲑⲓⲁ. — 2. Cod. ⲙⲡϯ̅. — 3. Cod. ⲉⲩⲉⲣⲫⲟⲣⲓⲛ.

ϧⲉⲛ ⲡⲉϥⲥⲛⲟϥ ⲙⲙⲓⲛ ⲙⲙⲟϥ ϯⲛⲟⲩ ϫⲉ ⲙⲡⲉⲣⲉⲣ ⲁⲧⲥⲱⲧⲉⲙ ⲛⲥⲁ ⲫⲏ ⲉⲑⲟⲩⲁϩⲥⲁϩⲛⲓ ⲛⲁⲕ ϫⲉ ⲟⲩⲛⲓ ⲡⲟ̅ⲥ̅ ⲡⲉ ⲉⲧⲟⲩⲱⲣⲡ[1] ⲙⲙⲟⲕ ⲉⲑⲣⲉⲕⲁⲙⲟⲛⲓ ⲙⲡⲉϥⲗⲁⲟⲥ ⲁⲛⲁⲩ ⲙⲡⲉⲣⲉⲣⲡⲁⲣⲁⲓⲧⲉⲓⲥⲑⲁⲓ[2] ϫⲉ ⲓⲥ ⲧⲧⲁⲝⲓⲥ ⲛϯⲉⲕⲕⲗⲏⲥⲓⲁ ⲛⲛⲟⲩ ⲛⲥⲱⲛ ⲛⲣⲁⲥϯ. ⲛⲑⲟϥ ⲇⲉ ⲡⲉϫⲁϥ ϫⲉ ⲟⲩⲟϩ ⲁⲛⲟⲕ ⲛⲓⲙ ⲁⲛⲟⲕ ϧⲁ ⲡⲓⲧⲁⲗⲁⲓⲡⲱⲣⲟⲥ[3] ϫⲉ ⲉⲓⲛⲁ ⲙⲡϣⲁ ⲛⲧⲁⲓⲛⲓϣϯ ⲛⲉⲧⲫⲱ ⲉⲧϩⲟⲣϣ ⲙⲟⲅⲓⲥ ⲅⲁⲣ ⲉⲓⲛⲁϣϫⲉⲙϫⲟⲙ ⲛϯ ⲗⲟⲅⲟⲥ ϧⲁⲣⲟⲓ ϫⲉ ⲉⲓⲛⲁϯ ϧⲁ ⲕⲉⲟⲩⲁⲓ ⲧⲉⲧⲉⲛⲉⲙⲓ ϫⲉ ⲡⲓϩⲱⲃ ⲉⲧⲉⲧⲉⲛⲑⲱϩⲉⲙ ⲙⲙⲟⲓ ⲉⲣⲟϥ ⲟⲩⲛⲓϣϯ ⲡⲉ ⲁⲗⲗⲁ ϯϯϩⲟ ⲉⲣⲱⲧⲉⲛ ⲱ ⲛⲁⲓⲟϯ ⲉⲑⲟⲩⲁⲃ ⲁⲣⲓ ⲡⲁⲙⲉⲩⲓ ⲛⲁϩⲣⲉⲛ ⲡⲟ̅ⲥ̅ ⲉⲑⲣⲉϥϯ ⲙⲡⲓⲣⲏϯ ⲛⲏⲓ ⲉⲑⲣⲓϫⲱⲛ ⲉⲃⲟⲗ ⲛⲧⲁⲙⲉⲧⲙⲟⲛⲁⲭⲟⲥ ⲛⲕⲁⲗⲱⲥ ⲙⲙⲟⲛ ⲡⲁⲓϩⲱⲃ ⲣⲱ ϫⲉ ⲉⲡⲓⲥⲕⲟⲡⲟⲥ ϥⲧⲟⲙⲓ ⲁⲛ (ⲕ̅ⲇ̅) ϩⲟⲗⲱⲥ ⲉⲧⲁⲙⲉⲧⲉⲗⲁⲭⲓⲥⲧⲟⲥ ⲥⲉϫⲱ ⲙⲙⲟⲥ ϧⲉⲛ ⲡϫⲱⲙ ⲙⲡⲓⲡⲁⲣⲁⲇⲉⲓⲥⲟⲥ[4] ⲛⲧⲉ ϣⲓⲏⲧ ⲉⲑⲃⲉ ⲟⲩⲟⲩϫⲁⲓ[5] ϫⲉ ⲑⲉⲟⲇⲱⲣⲟⲥ ϫⲉ

désobéis donc pas à présent à ce qui t'est commandé, car certes le Seigneur t'envoie pour paître son peuple; prends garde de ne pas refuser, car voici que les dignitaires de l'Eglise viendront demain vers toi.» Pour lui, il dit : «Moi! qui suis-je, moi malheureux, pour être digne de ce grand et lourd fardeau, car c'est à peine si je pourrai rendre compte pour moi-même; comment rendrais-je encore compte pour un autre! car vous savez que l'œuvre à laquelle vous m'appelez est considérable. Mais, je vous en prie, ô mes pères saints, souvenez-vous de moi près du Seigneur afin qu'il m'accorde de bien remplir les devoirs de mon état de moine.[6] Cette chose là, je veux dire l'épiscopat, ne convient pas à ma

1. Cod. ⲡⲉⲧⲟⲩⲱⲣⲡ. Il y a ici une faute qui revient assez souvent, mais qui n'existe pas dans la plupart des passages analogues. — 2. Cod. ⲙⲡⲉⲣⲉⲣⲡⲟⲣⲥⲧⲓⲥⲟⲥ. — 3. Cod. ⲡⲓⲧⲁⲗⲉⲡⲱⲣⲟⲥ. — 4. Cod. ⲙⲡⲓⲡⲁⲣⲁⲇⲓⲥⲟⲥ. — 5. Cod. ⲟⲩϫⲁⲓ, l'article a été omis pour la même raison que plus haut (note 1) la lettre ⲥ, c'est-à-dire à cause de la répétition de la même voyelle ou de la même syllabe. — 6. Mot-à-mot : d'accomplir bien mon monachisme.

ⲁ ⲛⲓⲥⲛⲏⲟⲩ ϭⲓⲧϥ ⲛϫⲟⲛⲥ ⲁⲩⲉⲣⲭⲉⲓⲣⲟⲧⲟⲛⲉⲓⲛ[1] ⲙⲙⲟϥ ⲛⲇⲓⲁⲕⲱⲛ ⲁ ⲛⲓⲥⲛⲏⲟⲩ ϯϩⲟ ⲉⲣⲟϥ ⲉⲩϫⲱ ⲙⲙⲟⲥ ϫⲉ ⲭⲁⲥ ϫⲉ ⲭⲛⲁⲓⲣⲓ ⲙⲡⲓϣⲉⲙϣⲓ ⲁⲛ ϩⲓϫⲉⲛ ⲡⲓⲙⲁ ⲛⲉⲣ ϣⲱⲟⲩϣⲓ ⲛⲁⲛⲁⲙⲟⲛⲓ ⲙⲡⲓⲡⲟⲧⲏⲣⲓⲟⲛ ⲛⲉⲙ ⲡⲓⲡⲣⲉⲥⲃⲩⲧⲉⲣⲟⲥ. ⲡⲉϫⲉ ⲡⲓⲇⲓⲁⲕⲱⲛ ⲛⲱⲟⲩ ϫⲉ ⲁⲣⲉϣⲧⲉⲙ ⲡ̅ⲟ̅ⲥ̅ ⲉⲣⲡⲗⲏⲣⲟⲫⲟⲣⲉⲓⲛ[2] ⲙⲙⲟⲓ ⲙⲙⲟⲛ ϣϫⲟⲙ ⲙⲙⲟⲓ ⲉⲓⲣⲓ ⲙⲡⲁⲓϩⲱⲃ ⲉⲃⲟⲗϩⲓⲧⲟⲧ ⲙⲙⲁⲩⲁⲧⲧ. ⲗⲟⲓⲡⲟⲛ ⲁϥϣⲗⲏⲗ ⲉϩⲣⲏⲓ ϩⲁ ⲡ̅ⲟ̅ⲥ̅ ⲉϥϫⲱ ⲙⲙⲟⲥ ϫⲉ ⲡ̅ⲟ̅ⲥ̅ ϭⲱⲣⲡ ⲛⲏⲓ ⲉⲃⲟⲗ ⲙⲡⲁⲓϩⲱⲃ ϫⲉ ⲡⲉⲕⲟⲩⲱϣ ⲡⲉ ⲉⲑⲣⲓⲓⲣⲓ ⲛϯⲗⲉⲓⲧⲟⲩⲣⲅⲓⲁ[3] ⲛⲧⲉ ⲡⲓⲙⲁ ⲉⲑⲟⲩⲁⲃ ϣⲁⲛ ⲙⲙⲟⲛ. ⲟⲩⲟϩ ⲁ ⲡ̅ⲟ̅ⲥ̅ ⲟⲩⲱⲛ ⲛⲛⲉϥⲃⲁⲗ ⲁϥⲛⲁⲩ ⲉⲟⲩⲥⲧⲩⲗⲟⲥ ⲛⲭⲣⲱⲙ ⲉϥⲧⲁϫⲣⲏⲟⲩⲧ ϩⲓϫⲉⲛ ⲡⲓⲕⲁϩⲓ ⲉϥϭⲟⲥⲓ ϣⲁ ⲉϩⲣⲏⲓ ⲉⲧⲫⲉ ⲁ ⲟⲩⲥⲙⲏ ϣⲱⲡⲓ ϣⲁⲣⲟϥ ⲉⲃⲟⲗϧⲉⲛ ⲧⲫⲉ ϫⲉ ⲑⲉⲟⲇⲱⲣⲟⲥ ⲉϣⲱⲡ ⲭⲛⲁϣⲱⲡⲓ ⲙⲫⲣⲏϯ ⲙⲡⲁⲓⲥⲧⲩⲗⲟⲥ[4] ⲛⲭⲣⲱⲙ ⲓⲉ ⲙⲁϣⲉ ⲛⲁⲕ ⲁⲣⲓⲟⲩⲓ ⲛϯⲗⲉⲓⲧⲟⲩⲣⲅⲓⲁ ⲛⲧⲉ ⲡⲓⲙⲁ ⲛⲉⲣ ϣⲱⲟⲩϣⲓ. ⲉⲧⲁϥⲛⲁⲩ ⲇⲉ ⲉⲧⲁⲓⲟⲡⲧⲁⲥⲓⲁ ⲛϫⲉ ⲑⲉⲟⲇⲱⲣⲟⲥ

petitesse. On dit dans le livre du *Paradis de Scété* au sujet d'un saint (moine) nommé Théodore, que les frères le prirent de force, l'ordonnèrent diacre[5] et le supplièrent en disant : «Permets, car tu ne feras d'autre service à l'autel que de prendre le calice avec le prêtre.» Le diacre leur dit : «Si le Seigneur ne me remplit pas (de sa grâce), je n'aurai jamais la force de faire cette chose seul (et) de moi-même.» Du reste il adressa une prière au Seigneur, disant : «Seigneur, révèle-moi si c'est ta volonté ou non, que je fasse la liturgie de ce lieu saint!» et le Seigneur lui ouvrit les yeux, il vit une colonne de feu appuyée sur terre (et) s'élevant jusqu'au ciel. Une voix lui vint du ciel, disant : «Théodore, si tu es comme cette colonne de feu, alors va, fais la liturgie de l'autel.» Et lorsque Théodore eut vu cette vision, il se retira de

1. Cod. ⲁⲩⲉⲣⲭⲓⲣⲟⲇⲟⲛⲓⲛ. — 2. Cod. ⲉⲣⲡⲗⲏⲣⲟⲫⲟⲣⲓⲛ. — 3. Cod. ⲛϯⲗⲩⲧⲟⲩⲣⲅⲓⲁ. 4. Cod. ⲙⲡⲁⲓⲥⲧⲩⲗⲗⲟⲥ. — 5. Mot-à-mot : lui imposèrent les mains comme diacre.

ⲁϥⲥⲁϩⲱϥ ⲥⲁⲃⲟⲗ ⲙⲡⲓⲙⲁ ⲛⲉⲣ ϣⲱⲟⲩϣⲓ ϣⲁ ⲡⲉϩⲟⲟⲩ ⲙⲡⲉϥⲙⲟⲩ. (fol. 136 ⲛ̅ⲉ̅) ϯⲛⲟⲩ ϫⲉ ⲱ ⲛⲁⲓⲟϯ ⲓⲥϫⲉ ⲁ ⲡⲁⲓⲧⲉⲗⲉⲓⲟⲥ[1] ⲛⲧⲁⲓⲙⲁⲓⲛ ⲉⲧⲉⲣⲕⲟⲥⲙⲉⲓⲛ[2] ϧⲉⲛ ⲁⲣⲉⲧⲏ ⲛⲓⲃⲉⲛ ⲥⲁϩⲱϥ ⲉⲃⲟⲗϩⲁ ⲛⲁⲓϩⲃⲏⲟⲩⲓ ⲙⲡⲁⲓⲣⲏϯ ⲛⲧⲉ ϯⲧⲁⲍⲓⲥ ⲛⲓⲉⲣⲁⲧⲓⲕⲟⲛ ⲑⲁⲓ ⲉⲧⲉϥⲙⲡϣⲁ ⲙⲙⲟⲥ ⲡⲟⲥⲱ[3] ⲙⲁⲗⲗⲟⲛ ⲁⲛⲟⲕ ϧⲁ ⲡⲓⲧⲁⲗⲁⲓⲡⲱⲣⲟⲥ[4] ⲉⲧⲉ ⲛϥⲉⲙⲡϣⲁ ϩⲟⲗⲱⲥ ⲙⲡⲥⲁⲛⲇⲁⲗⲓⲟⲛ[5] ⲛⲛⲉϥϭⲁⲗⲁⲩϫ.[6] ϧⲉⲛ ⲟⲩⲙⲉⲑⲙⲏⲓ ⲁ ⲟⲩⲥⲟⲛ ⲛⲧⲉ ϣⲓⲏⲧ ⲉⲣϩⲟⲙⲟⲗⲟⲅⲉⲓⲛ[7] ⲛⲏⲓ ⲉⲑⲃⲏⲧϥ ⲛⲑⲟϥ ⲁⲡⲁ ⲑⲉⲟⲇⲱⲣⲟⲥ ϫⲉ ⲙⲡⲉ ⲣⲱⲙⲓ ϣⲱⲡⲓ ⲉϥⲧⲉⲛⲑⲱⲛⲧ ⲉⲣⲟϥ ϣⲁ ⲉⲛⲉϩ ϧⲉⲛ ⲛⲉϥⲁⲣⲉⲧⲏ. ⲓⲥϫⲉ ⲟⲩⲛ ⲁ ⲡⲟⲗⲓⲧⲉⲩⲧⲏⲥ ⲙⲡⲁⲓⲣⲏϯ ⲥⲁϩⲱϥ ⲥⲁⲃⲟⲗ ⲛϯⲕⲟⲩϫⲓ ⲛⲧⲁⲍⲓⲥ ⲓⲉ ⲛⲓⲙ ϩⲱϥ ⲡⲉ ⲡⲁⲓϩⲏⲕⲓ ⲉⲧⲉ ⲛϥⲥⲙⲟⲛⲧ ⲁⲛ ϫⲉ ⲛⲥⲉⲉⲣ ⲡⲉϥⲙⲉⲩⲓ ⲉⲟⲩⲧⲁⲍⲓⲥ ⲛⲧⲁⲓⲙⲁⲓⲛ. ⲡⲓⲥⲩⲅⲅⲣⲁⲫⲉⲩⲥ[8] ⲅⲁⲣ ϥⲥϧⲁⲓ ϧⲉⲛ ⲛϫⲱⲙ

l'autel jusqu'au jour de sa mort. Maintenant donc, ô mes frères, puisqu'un (homme) aussi parfait, en qui brillaient toutes les vertus,[9] s'est retiré devant les fonctions semblables de cette dignité sacerdotale dont il était digne, à combien plus forte raison (ne dois-je pas le faire) moi malheureux, qui ne sois pas digne de (délier les) sandales de ses pieds? En vérité, un frère de Scété m'a assuré au sujet d'apa Théodore que jamais homme ne lui fut semblable en ses vertus. Puis donc qu'un ascète[10] de cette sorte s'écarte d'une petite dignité, qui est ce pauvre qui n'a pas les dispositions (nécessaires) pour qu'on pense à lui à propos d'une semblable dignité? Car le commentateur[11] a écrit dans le livre de Job : «Puisqu'il a

1. Cod. ⲡⲁⲓⲧⲉⲗⲓⲟⲥ. — 2. Cod. ⲉⲧⲉⲣⲕⲟⲥⲙⲓⲛ. — 3. Cod. ⲡⲱⲥⲱ. — 4. Cod. ⲡⲓⲧⲁⲗⲉⲡⲱⲣⲟⲥ. — 5. Cod. ⲙⲡⲥⲉⲛⲇⲁⲗⲓⲟⲛ. — 6. Cod. ⲛⲉϥϭⲁⲗⲁⲩϫ, sans préposition. — 7. Cod. ⲉⲣⲟⲙⲟⲗⲟⲅⲓⲛ. — 8. Cod. ⲡⲓⲥⲩⲛⲅⲣⲁⲫⲉⲩⲥ. — 9. Mot-à-mot : puisqu'un parfait de cette sorte qui brillait de toute vertu. — 10. Mot-à-mot : qu'un pratiquant. — 11. Je traduis ainsi le mot grec ⲥⲩⲅⲅⲣⲁⲫⲉⲩⲥ. La phrase qui suit n'est pas empruntée au livre de Job, mais elle est suggérée par un passage de ce livre. Il ne saurait donc s'agir ici de l'auteur.

ⲛⲓⲱⲃ ϫⲉ ⲓⲥϫⲉ ⲁϥϫⲟⲥ ϫⲉ ⲧⲫⲉ ⲧⲟⲩⲃⲏⲟⲩⲧ ⲁⲛ ⲙⲡⲉϥⲙⲑⲟ ⲓⲉ ⲡⲱⲥ
ⲁⲛⲟⲛ ⲁⲛ ⲛⲏ ⲉⲑⲟⲩⲉϩ ϧⲉⲛ ϩⲁⲛ ⲛⲓ ⲛⲟⲙⲓ. ⲡⲁⲗⲓⲛ ⲟⲛ ϫⲉ ⲁ ⲛⲓⲁⲅⲅⲉⲗⲟⲥ ⲧⲟⲩⲃⲏⲟⲩⲧ ⲁⲛ ⲙⲡⲉϥⲙⲑⲟ ⲛϩⲟⲩⲟ ⲙⲁⲗⲗⲟⲛ ⲁⲛⲟⲛ ϧⲁ
ⲡⲓⲟⲙⲓ ⲛⲉⲙ ⲡⲓⲕⲉⲣⲙⲓ. ⲡⲁⲓϩⲱⲃ ⲅⲁⲣ ϫⲉ ⲟⲩⲏⲃ ⲫⲁ ϩⲁⲛ ⲣⲱⲙⲓ
ⲉⲩⲟⲩⲁⲃ ⲡⲉ ⲁⲛⲟⲕ ⲅⲁⲣ ⲡⲁⲃⲓⲟⲥ ⲙⲉϩ ⲛⲁⲛⲟⲙⲓⲁ ⲛⲓⲃⲉⲛ. ⲙⲁⲣⲉ ⲛⲓⲣⲱⲙⲓ ⲉⲑⲙⲉⲓ ⲙⲡⲓⲱⲟⲩ ⲉⲧϣⲟⲩⲓⲧ ⲛⲉⲙ ⲑⲙⲉⲧⲛⲓϣϯ (ⲕⲉ̅) ⲛⲧⲉ ⲡⲁⲓⲕⲟⲥⲙⲟⲥ ⲛⲉϥⲗⲏⲟⲩ ⲛⲏ ⲉⲑⲙⲉⲓ ⲛϯⲙⲉⲧⲉⲡⲓⲥⲕⲟⲡⲟⲥ ⲛⲉⲙ ϯⲙⲉⲧⲡⲣⲉⲥ-
ⲃⲩⲧⲉⲣⲟⲥ ϩⲏ[1] ⲇⲓⲁⲕⲱⲛ ⲙⲁⲣⲟⲩϭⲓ ⲙⲡϫⲱⲙ ⲙⲡⲓⲗⲉⲩⲓⲧⲓⲕⲟⲛ ⲉϧⲣⲏⲓ
ⲉⲛⲟⲩϫⲓϫ ⲛⲥⲉⲱϣ ⲛϧⲏⲧϥ ϩⲓⲛⲁ ⲛⲥⲉϭⲓ ⲥⲃⲱ ϧⲉⲛ ⲛⲏ ⲉⲧⲁ ⲡⲓⲛⲟⲙⲟ-
ⲑⲉⲧⲏⲥ ⲙⲱⲩⲥⲏⲥ ϫⲟⲧⲟⲩ ⲉⲑⲃⲉ ⲛⲏ ⲉⲑⲗⲟⲃⲓ ⲛⲥⲁ ⲡⲁⲓⲣⲁⲛ ϫⲉ ⲟⲩⲏⲃ.
ⲛϣⲟⲣⲡ ⲙⲉⲛ ⲡⲉϫⲁϥ ϫⲉ ⲉϥⲉϭⲓ ⲛⲟⲩⲥϩⲓⲙⲓ ⲙⲡⲁⲣⲑⲉⲛⲟⲥ ⲉⲃⲟⲗϧⲉⲛ
ⲧⲉϥⲥⲩⲅⲅⲉⲛⲉⲓⲁ[2] ⲉⲣⲉ ⲙⲙⲟⲛ ⲁϭⲛⲓ ⲛϧⲏⲧⲥ ⲛⲛⲉϥϭⲓ ⲡⲉϫⲁϥ ⲛⲟⲩⲥϩⲓⲙⲓ ⲛⲭⲏⲣⲁ ϫⲉ ⲟⲩⲛⲟⲙⲓⲙⲟⲛ ⲛⲁϥ ⲁⲛ ⲡⲉ ϫⲉ ⲁⲩⲟⲡϥ ⲉⲧⲁⲗⲟ ⲛⲛⲓ-

dit que le ciel n'est pas pur en sa présence, comment (le serions-nous) nous qui habitons dans des maisons de boue?» et encore : «Les anges ne sont pas purs en sa présence; à combien plus forte raison (ne le serai-je pas) moi, boue et cendre.» Car cette œuvre du sacerdoce est l'œuvre d'hommes saints, et moi, ma vie est pleine d'iniquités. Que les hommes qui aiment la vaine gloire et les grandeurs de ce monde futile, qui aiment l'épiscopat, le sacerdoce ou le diaconat, prennent en leurs mains le livre du Lévitique, qu'ils y lisent pour s'instruire ce que le législateur Moïse dit de ceux qui désirent follement ce nom de prêtre. Il dit d'abord : «Que le (prêtre) prenne en sa parenté une femme vierge, qu'il n'y ait aucune tache en elle; qu'il ne prenne pas, dit-il, une femme veuve, car cela ne lui est pas permis, puisqu'on l'a destiné à offrir le sacrifice du Sei-

1. Cod. ϩⲓ. — 2. Cod. ⲥⲩⲛⲅⲉⲛⲓⲁ.

ⲑⲩⲥⲓⲁ ⲛⲧⲉ ⲡⲟ̅ⲥ̅ ⲡⲉϥⲛⲟⲩϯ ⲉϩⲣⲏⲓ. ⲟⲩⲟϩ ⲛⲑⲟϥ ϩⲱϥ ⲡⲓⲟⲩⲏⲃ ⲉϥⲉⲟⲩⲱⲛϩ ⲛⲛⲉϥϩⲃⲏⲟⲩⲓ ⲉⲃⲟⲗ ⲉⲩⲧⲟⲩⲃⲏⲟⲩⲧ ⲛⲟⲩⲁⲓ ⲟⲩⲁⲓ. ϥϫⲱ ⲙⲙⲟⲥ ⲟⲛ ⲛϫⲉ ⲡⲟ̅ⲥ̅ ϩⲓⲧⲉⲛ ⲙⲱⲩⲥⲏⲥ ϫⲉ ⲛⲛⲉ ϩⲗⲓ ⲉⲃⲟⲗϧⲉⲛ ⲡⲓⲥⲡⲉⲣⲙⲁ ⲛⲁⲁⲣⲱⲛ ⲁⲗⲉ ⲑⲩⲥⲓⲁ ⲉϩⲣⲏⲓ ⲙⲡⲟ̅ⲥ̅ ⲡⲉϥⲛⲟⲩϯ ⲉⲣⲉ ⲟⲩⲟⲛ ϩⲗⲓ ⲛⲁϭⲛⲓ ⲛϧⲏⲧϥ ⲛⲓⲇⲱⲣⲟⲛ ⲇⲉ ⲛⲧⲉ ⲡⲟ̅ⲥ̅ ⲡⲉϥⲛⲟⲩϯ ⲡⲉ ⲉⲧⲉ[1] ϥⲛⲁⲧⲁⲗⲱⲟⲩ ⲉϩⲣⲏⲓ. ⲟⲩⲣⲱⲙⲓ ⲉⲣⲉ ⲟⲩⲟⲛ ⲟⲩⲁϭⲛⲓ ⲛϧⲏⲧϥ ⲛⲛⲉϥϣⲉ ⲉϧⲟⲩⲛ ⲉⲡⲓⲙⲁ ⲉⲑⲟⲩⲁⲃ ⲟⲩⲣⲱⲙⲓ ⲛⲃⲉⲗⲗⲉ ⲓⲉ ⲛϭⲁⲗⲉ ⲓⲉ ⲛϫⲁϫϣⲁⲓ ⲓⲉ ⲉⲣⲉ ⲡⲉϥⲙⲁϣϫ ϫⲏϫⲓ ⲉⲃⲟⲗ ⲉⲟⲩⲣⲱⲙⲓ ⲉⲣⲉ ⲟⲩⲟⲛ ⲟⲩϧⲟⲙϧⲉⲙ ⲛϧⲏⲧϥ (fol. 137 ⲛ̅ⲍ̅) ⲛⲧⲉ ⲟⲩϫⲓϫ ⲓⲉ ⲟⲩϭⲁⲗⲁϫ ⲓⲉ ⲉϥⲟⲓ ⲛϫⲟ ⲓⲉ ⲉⲣⲉ ⲛⲉϥⲃⲁⲗ ⲟⲓ ⲛⲁⲟⲩⲁⲛ ⲛⲭⲗⲟ ⲓⲉ ⲉϥⲟⲓ ⲛⲛⲁⲛⲃⲁⲗ ⲓⲉ ⲉⲣⲉ ⲟⲩⲣⲱⲙⲓ ⲟⲩⲟⲛ ⲟⲩⲯⲱⲣⲁ ⲛⲁⲅⲣⲓⲟⲛ ϩⲓⲱⲧϥ ⲓⲉ ⲟⲩⲃⲁⲗ ⲛⲟⲩⲱⲧ ⲡⲉ ⲛⲉϥⲁⲑⲣⲉⲩ ⲫⲏ ⲛⲓⲃⲉⲛ ⲉⲧⲉ ⲉⲃⲟⲗϧⲉⲛ ⲛϫⲣⲟϫ ⲛⲁⲁⲣⲱⲛ ⲉⲧⲉ ⲟⲩⲟⲛ ⲁϭⲛⲓ ⲛϧⲏⲧϥ ⲛⲛⲉϥϧⲱⲛⲧ ⲉϧⲟⲩⲛ ⲉⲓⲛⲓ ⲉϩⲣⲏⲓ ⲙⲡⲟ̅ⲥ̅ ϫⲉ ⲟⲩⲛⲓ ⲟⲩⲟⲛ ⲁϭⲛⲓ ⲛϧⲏⲧϥ

gneur son Dieu. Que le prêtre montre sa pureté en chacune de ses œuvres,[2] car le Seigneur a dit par Moïse : Que nul de la race d'Aaron n'offre le sacrifice au Seigneur son Dieu, s'il y a (en lui) quelque tache, car c'est le présent du Seigneur son Dieu qu'il offrira. Que nul homme en qui il y a une tache n'entre dans le lieu saint. Que tout homme aveugle, boiteux, qui a le nez coupé, l'oreille amputée, ou tout homme qui a le pied ou la main cassée, qui est bossu (?) ou qui a les yeux d'une couleur blanche, ou qui a les cils des yeux arrachés, ou qui a une gale sauvage, ou dont les testicules ne sont que d'une seule glande, que tout homme de la race d'Aaron en lequel il y a une tache ne s'approche pas pour entrer près du Seigneur, car il y a une tache en lui : de même pour un homme qui est lépreux (?) ou n'a qu'un seul testicule. Le

1. Cod. ⲡⲉϥⲛⲟⲩϯ ⲡⲉ ⲧⲉϥⲛⲁⲧⲁⲗⲱⲟⲩ. — 2. Mot-à-mot : qu'il fasse voir ses œuvres pures chacune.

ⲓⲉ ⲟⲩⲁⲓ ⲉϥⲟⲓ ⲛ̀ⲛⲉⲗⲁⲫⲟⲥ ⲓⲉ ⲉϥⲟⲓ ⲙ̀ⲙⲟⲛⲟⲣⲭⲓⲥ. ⲛⲉⲧⲁ ⲡⲓⲡⲣⲟⲫⲏⲧⲏⲥ ⲙⲱⲩⲥⲏⲥ ⲧⲁⲟⲩⲉ ⲛⲁⲓ ⲁⲛ ϩⲱⲥ ⲉϥϯ ⲛⲟⲩϫⲱϫⲉⲃ ⲙ̀ⲡⲓⲥⲱⲙⲁ ⲉⲧⲁ ⲡⲓⲇⲏⲙⲓⲟⲩⲣⲅⲟⲥ ⲑⲁⲙⲓⲟϥ ⲁⲗⲗⲁ ⲉϥⲟⲩⲱⲛϩ ⲉⲃⲟⲗ ⲛ̀ⲛⲉϥϩⲃⲏⲟⲩⲓ ϫⲉ ⲉϣⲱⲡ ⲟⲩⲟⲛ ϩⲗⲓ ⲛ̀ϩⲱⲃ ⲉϥⲛⲟⲗϫ ϧⲉⲛ ⲡⲉⲕⲃⲓⲟⲥ ⲛ̀ⲑⲟⲕ ⲟⲩⲗⲟⲅⲓⲕⲟⲥ[1] ⲁⲛ ⲁⲗⲗⲁ ⲛ̀ⲑⲟⲕ ⲟⲩⲁⲗⲟⲅⲟⲥ ⲉⲣⲉ ⲛⲁⲓ ⲅⲁⲣ ⲉⲣⲥⲏⲙⲁⲓⲛⲉⲓⲛ ⲛⲁⲛ ⲛ̀ⲛⲓϩⲃⲏⲟⲩⲓ ⲛ̀ⲁⲧⲟⲡⲟⲛ ⲉⲧⲉⲛⲓⲣⲓ ⲙ̀ⲙⲱⲟⲩ ⲉⲧⲉ ⲛⲁⲓ ⲛⲉ ⲛⲓⲡⲟⲣⲛⲉⲓⲁ[2] ⲛⲓⲁⲕⲁⲑⲁⲣⲥⲓⲁ ⲛⲓⲥⲱϥ ⲛⲓⲙⲉⲧⲣⲉϥϯ ⲫⲁϧⲣⲓ ⲛ̀ϩⲓⲕ ⲛⲓⲙⲉⲧⲣⲉϥϣⲁⲙϣⲉ ⲉⲓⲇⲱⲗⲟⲛ[3] ⲛⲓⲙⲉⲧϫⲁϫⲓ ⲛⲓⲭⲟϩ ⲛⲓϯⲧⲱⲛ ⲛⲓϫⲱⲛⲧ ⲛⲓⲫⲱⲣϫ ⲛⲓϩⲁⲓⲣⲉⲥⲓⲥ[4] ⲛⲓϩⲓⲗⲁ[5] ⲛⲓⲑⲓϧⲓ ⲛⲓϫⲉⲣϫⲉⲣ ⲛⲓⲥⲁϫⲓ ⲛ̀ϣⲗⲟϥ ⲛⲉⲙ ⲡⲏⲉⲥⲱϫⲡ ⲉⲧⲟⲛⲓ ⲛ̀ⲛⲁⲓ (ⲕ̅ⲏ̅) ⲓⲥ ⲛⲁⲓ ⲛⲉ ⲛⲓϩⲃⲏⲟⲩⲓ ⲉⲧϭⲓ ⲙ̀ⲡⲣⲱⲙⲓ ⲉⲡⲉⲥⲏⲧ ⲉⲁⲙⲉⲛϯ. ⲉⲓⲟⲩⲱϣ ϫⲉ ϯⲛⲟⲩ ⲛ̀ⲧⲉⲧⲉⲛⲧⲁⲙⲟⲓ ϫⲉ ⲛⲓⲙ ⲡⲉ ⲡⲓⲣⲱⲙⲓ ⲉⲧⲟⲩⲛⲁϫⲉⲙϥ ⲉϥⲟⲓ ⲛ̀ⲣⲉⲙϩⲉ ⲉⲃⲟⲗϩⲁ ⲛⲁⲓ ⲧⲏⲣⲟⲩ. ⲗⲟⲓⲡⲟⲛ ⲥⲉⲙⲡ-

prophète Moïse n'a pas cité ces (défauts) pour rabaisser le corps que le Démiurge[6] a créé, mais pour manifester ses œuvres. En effet, s'il y a quelque œuvre perverse en ta vie, tu n'es pas raisonnable, tu es sans raison; car ces choses nous indiquent les œuvres coupables que nous commettons : ce sont les fornications, les impuretés, les abominations, les empoisonnements, les actes d'idolâtrie, les inimitiés, les envies, les querelles, les colères, les schismes, les hérésies, les calomnies, les ivresses, les gloutonneries, les discours honteux et toutes autres choses semblables. Voilà les œuvres qui font descendre l'homme en enfer. Je voudrais maintenant que vous m'indiquassiez l'homme qui est exempt de tout cela. Voilà du reste pourquoi je suis digne[7] de passer toute ma

1. Cod. ⲗⲟⲅⲓⲅⲟⲥ. — 2. Cod. ⲛⲓⲡⲟⲣⲛⲓⲁ. — 3. Cod. ⲓⲇⲱⲗⲟⲛ. — 4. Cod. ⲛⲓϩⲉⲣⲉⲥⲓⲥ. — 5. Cod. ⲛⲓϩⲓⲁⲗⲗⲁ. — 6. Il y a peut-être ici, comme dans un passage qui se trouve plus loin, un reste de gnosticisme. — 7. Mot-à-mot : du reste cela me rend digne.

ϣⲁ ⲛⲏⲓ ϯⲛⲟⲩ ⲉⲑⲣⲓⲉⲣ ⲡⲁⲁϩⲓ ⲧⲏⲣϥ ⲉⲓⲟⲣϥ ⲉϧⲟⲩⲛ ⲉⲧⲁⲣⲓ ⲉⲓϯϩⲟ ⲉⲫ̅ϯ̅ ⲉϫⲉⲛ ⲛⲁⲛⲟⲃⲓ ϣⲁ ϯϫⲓⲙⲓ ⲛⲟⲩⲛⲁⲓ ϧⲉⲛ ⲡⲓⲉϩⲟⲟⲩ ⲛⲧⲉ ⲡⲓϩⲁⲡ ⲙⲙⲏⲓ.

ⲡⲉϫⲉ ⲛⲏ ⲉⲧⲥⲁϫⲓ ⲛⲉⲙⲁϥ ϫⲉ ⲫⲏ ⲉⲧⲁ ⲡ̅ⲟ̅ⲥ̅ ⲑⲁϣϥ ⲛⲁⲕ ϥⲛⲁϣⲱⲡⲓ ⲙⲙⲟⲕ ϧⲉⲛ ⲟⲩⲭⲱⲗⲉⲙ. ⲛⲁⲓ ⲇⲉ ⲉⲧⲁⲩϫⲟⲧⲟⲩ ⲛⲁϥ ⲁⲩⲉⲣⲁⲛⲁⲭⲱⲣⲉⲓⲛ[1] ⲛⲱⲟⲩ ⲉⲃⲟⲗ ϩⲁⲣⲟϥ. ϧⲉⲛ ⲫⲟⲩⲁϩⲥⲁϩⲛⲓ ⲇⲉ ⲙⲫ̅ϯ̅ ⲙⲡⲁⲧⲉ ⲱⲥⲕ ϣⲱⲡⲓ ⲁⲩⲁⲙⲟⲛⲓ ⲙⲫⲏ ⲉⲧⲉⲙⲡϣⲁ ⲛϯⲙⲉⲧⲟⲩⲏⲃ ϧⲉⲛ ⲟⲩⲙⲉⲑⲙⲏⲓ ⲁⲩⲟⲗϥ ⲉⲣⲁⲕⲟϯ ⲉⲣⲁⲧϥ ⲙⲡⲓⲁⲣⲭⲓⲉⲡⲓⲥⲕⲟⲡⲟⲥ ⲁⲃⲃⲁ ⲇⲁⲙⲓⲁⲛⲟⲥ ⲁϥⲉⲣⲭⲉⲓⲣⲟⲧⲟⲛⲉⲓⲛ[2] ⲙⲙⲟϥ ⲛⲉⲡⲓⲥⲕⲟⲡⲟⲥ ⲉϩⲣⲏⲓ ⲉϫⲉⲛ ⲡⲓⲑⲣⲟⲛⲟⲥ ⲛϯⲡⲟⲗⲓⲥ ⲙⲙⲁⲓ ⲭ̅ⲥ̅ ⲕⲉϥⲧ ⲟⲩⲟϩ ⲁϥⲧⲏⲓϥ ⲛⲛⲉϥⲣⲱⲙⲓ ⲁⲩⲟⲗϥ ⲁⲩⲧϩⲉⲙⲥⲟϥ ⲉϩⲣⲏⲓ ⲉϫⲉⲛ ⲡⲑⲣⲟⲛⲟⲥ ⲛϯⲙⲉⲧⲉⲡⲓⲥⲕⲟⲡⲟⲥ ⲁ ⲫ̅ϯ̅ ⲭⲱ ⲛⲟⲩⲛⲓϣϯ ⲛϩⲙⲟⲧ ϧⲉⲛ ⲡⲉϥϩⲟ. ⲛⲓⲙ ⲅⲁⲣ ⲡⲉ ⲉⲑⲛⲁϥⲥⲁϫⲓ[3] ⲛⲛⲓⲙⲉⲧⲛⲁⲛϯ ⲉⲧⲁ ⲡⲓⲁⲅⲓⲟⲥ ⲛⲧⲉ ⲫ̅ϯ̅ ⲁⲓⲧⲟⲩ ⲛⲉⲙ ⲛⲓϩⲏⲕⲓ ⲟⲩ ⲙⲟ-

vie retiré dans ma cellule, priant Dieu pour mes péchés afin que je trouve miséricorde au jour du jugement de vérité.»

Ceux qui étaient avec lui lui dirent : «Ce à quoi le Seigneur t'a destiné t'arrivera bientôt.» Ayant ainsi parlé, ils le quittèrent. Par l'ordre de Dieu, avant qu'il n'y eut retard, on prit celui qui était vraiment digne du sacerdoce, on le conduisit à Rakoti devant le patriarche abba Damianos; celui-ci lui imposa les mains (et l'ordonna) comme évêque de la ville aimant le Christ, Keft, il le remit à ses hommes qui l'emmenèrent et le firent asseoir sur le trône épiscopal. Sur son visage Dieu mit une grande grâce. Qui dira les grandes miséricordes que le saint de Dieu exerça envers les pauvres, non-seulement envers ceux de son diocèse, mais envers quiconque lui demandait (l'aumône) et venait à lui. Ce qu'on lui

1. Cod. ⲁⲩⲉⲣⲁⲛⲁⲭⲱⲣⲓⲛ. — 2. Cod. ⲁϥⲉⲣⲭⲓⲣⲟⲇⲟⲛⲓⲛ. — 3. Cod. ⲛⲓⲙ ⲅⲁⲣ ⲡⲉ ⲑⲛⲁⲥⲁϫⲓ.

ⲛⲟⲛ ⲛⲁ ⲡⲉϥⲑⲟϣ ⲙⲙⲁⲩⲁⲧⲟⲩ ⲁⲛ ⲁⲗⲗⲁ ⲛⲉⲙ ⲟⲩⲟⲛ ⲛⲓⲃⲉⲛ ⲉⲑⲛⲁⲉⲣⲁⲓⲧⲉⲓⲛ[1] ⲙⲙⲟϥ ⲟⲩⲟϩ ⲉⲑⲛⲏⲟⲩ ϣⲁⲣⲟϥ (fol. 138 ⲕⲑ) ⲟⲩⲟϩ ⲛⲏ ⲉⲧⲟⲩⲛⲁⲟⲩⲟⲣⲡⲟⲩ ⲛⲁϥ ⲛⲧⲁⲓⲟ ⲛⲉϣⲁϥⲟⲩⲟⲣⲡⲟⲩ ⲛⲭⲱⲡ ϣⲁ ϩⲁⲛ ⲣⲱⲙⲓ ⲙⲙⲁⲓ ⲛⲟⲩϯ ⲕⲁⲧⲁ ⲡⲟⲗⲓⲥ ϩⲓⲛⲁ ⲛⲥⲉⲧⲏⲓⲧⲟⲩ ⲛⲁⲅⲁⲡⲏ ⲛⲛⲓϩⲏⲕⲓ. ⲁϥϫⲟⲩϣⲧ ⲛⲟⲩⲉϩⲟⲟⲩ ⲁϥⲛⲁⲩ ⲉⲟⲩⲡⲣⲉⲥⲃⲩⲧⲉⲣⲟⲥ ⲉϥⲉⲓϯ ⲙⲡⲉϥⲑⲁϥ ⲉⲃⲟⲗϧⲉⲛ ⲡⲉϥⲣⲱϥ ⲉϧⲟⲩⲛ ϧⲉⲛ ⲡⲓⲑⲩⲥⲓⲁⲥⲧⲏⲣⲓⲟⲛ ⲉⲣⲉ ⲛⲓⲙⲩⲥⲧⲏⲣⲓⲟⲛ ⲉⲑⲟⲩⲁⲃ ⲫⲟⲣϣ ⲉⲃⲟⲗ. ⲥⲁⲧⲟⲧϥ ⲁϥⲑⲣⲟⲩⲙⲟⲩϯ ⲛⲁϥ ⲉϧⲟⲩⲛ ϣⲁⲣⲟϥ ⲉⲡⲓⲙⲁ ⲉⲛⲁϥⲉⲣⲏⲥⲩⲭⲁⲍⲉⲓⲛ[2] ⲛϧⲏⲧϥ. ⲡⲉϫⲉ ⲫⲏ ⲉⲑⲟⲩⲁⲃ ⲁⲃⲃⲁ ⲡⲓⲥⲉⲛⲧⲓⲟⲥ ⲙⲡⲓⲡⲣⲉⲥⲃⲩⲧⲉⲣⲟⲥ ϫⲉ ⲡⲁϣⲏⲣⲓ ⲟⲩ ⲧⲉ ⲧⲁⲓ ⲧⲟⲗⲙⲏⲣⲓⲁ ⲉⲧⲁⲕⲁⲓⲥ ⲉⲕⲥⲁⲧ ⲑⲁϥ ⲉⲃⲟⲗ ϧⲉⲛ ⲡⲓⲙⲁ ⲉⲑⲟⲩⲁⲃ ⲟⲩⲟϩ ⲙⲁⲧⲁⲙⲟⲓ ϫⲉ ⲉⲕⲧⲁⲟⲩⲉ ⲟⲩ ϧⲉⲛ ⲧⲉⲕⲉⲩⲭⲏ ⲉⲛⲕⲥⲱⲟⲩⲛ ⲁⲛ ϫⲉ ⲛⲑⲟⲕ ⲡⲉ ⲉⲧⲉⲣⲉ ϩⲁⲛ ⲁⲛⲑⲃⲁ ⲛⲑⲃⲁ ⲛⲁⲅⲅⲉⲗⲟⲥ ϩⲏ[3] ⲁⲣⲭⲏⲁⲅⲅⲉⲗⲟⲥ ϩⲏ[4] ⲭⲉⲣⲟⲩⲃⲓⲙ ϩⲏ[5] ⲥⲉⲣⲁⲫⲓⲙ ⲟϩⲓ ⲉⲣⲁⲧⲟⲩ ⲉⲣⲟⲕ ϩⲓϫⲉⲛ ⲡⲓⲑⲩⲥⲓⲁⲥⲧⲏⲣⲓⲟⲛ ⲉⲩⲧⲁⲟⲩⲟ ⲛⲛⲓⲥⲙⲏ ⲉⲑⲛⲉⲥⲱⲟⲩ ⲉⲧⲉⲙⲙⲁⲩ ϧⲉⲛ ϩⲁⲛ ⲫⲱⲛⲏ

envoyait en présent, il le faisait parvenir en chaque ville en secret à des hommes aimant Dieu afin qu'ils en fissent l'aumône aux pauvres. Un jour il regarda, il vit un prêtre qui lançait de sa bouche un crachat dans le sanctuaire, pendant qu'on distribuait les saints mystères. Aussitôt il le fit appeler vers lui à l'endroit où il se reposait. Le saint abba Pisentios dit à ce prêtre : «Mon fils, quelle est cette action audacieuse que tu viens de faire? tu as craché dans le lieu saint! Apprends-moi ce que tu as dit dans ta prière![6] ne sais-tu pas qu'autour de toi sur l'autel se tiennent des myriades et des myriades d'Anges, d'Archanges, de Chérubins et de Séraphins faisant entendre d'une seule voix ces belles

1. Cod. ⲉⲑⲛⲁⲉⲣⲉⲧⲓⲛ. — 2. Cod. ⲉⲛⲁϥⲉⲣⲏⲥⲓⲭⲁⲍⲓⲛ. — 3. Cod. ϩⲓ. — 4. Cod. ϩⲓ. — 5. Cod. ϩⲓ. — 6. Il s'agit ici des passages de la liturgie, ou messe, où l'on fait mention des anges qui environnent l'autel et de la présence de Dieu.

ⲛⲟⲩⲱⲧ ϫⲉ ⲭⲟⲩⲁⲃ ⲭⲟⲩⲁⲃ ⲭⲟⲩⲁⲃ ⲡ̅ⲟ̅ⲥ̅ ⲥⲁⲃⲁⲱⲑ ⲧⲫⲉ ⲛⲉⲙ ⲡⲕⲁϩ ⲙⲉϩ ⲉⲃⲟⲗϧⲉⲛ ⲡⲉⲕⲱⲟⲩ. ⲙⲏ ⲕⲥⲱⲟⲩⲛ ϫⲉ ⲛⲓⲙ ⲛⲉ ⲛⲏ ⲉⲧⲟϩⲓ ⲉⲣⲁⲧⲟⲩ. ⲁⲣⲓⲡⲓⲥⲧⲉⲩⲉⲓⲛ[1] ⲛⲏⲓ ⲡⲁϣⲏⲣⲓ ϫⲉ ⲁ ⲕⲉⲡⲣⲉⲥⲃⲩⲧⲉⲣⲟⲥ ⲛⲉϫ ⲑⲁϥ ⲉⲃⲟⲗ ⲙⲡⲉⲕⲣⲏϯ ϧⲉⲛ ⲡⲓⲑⲩⲥⲓⲁⲥⲧⲏⲣⲓⲟⲛ (ⲗ̅) ⲁϥⲉⲓ ⲁϥⲙⲟⲩ. ⲁⲥϣⲱⲡⲓ ⲛⲟⲩⲥⲟⲡ ⲁ ⲟⲩⲙⲟⲛⲁⲭⲟⲥ ⲓ ϣⲁⲣⲟⲛ ⲉϫⲉⲙ ⲡⲉⲛϣⲓⲛⲓ ⲛϩⲁⲛⲁⲣⲟⲩϩⲓ ⲙⲡⲥⲁⲃⲃⲁⲧⲟⲛ ⲉϣⲱⲣⲡ ⲛϯⲕⲩⲣⲓⲁⲕⲏ ⲛⲉ ⲟⲩⲡⲣⲉⲥⲃⲩⲧⲉⲣⲟⲥ ⲇⲉ ⲡⲉ. ⲉⲧⲁⲛϥⲓ ⲣⲱⲟⲩϣ ⲙⲡⲓⲙⲁ ⲛⲉⲣ ϣⲱⲟⲩϣⲓ ⲁⲛϯ ⲑⲱϣ ⲉⲡⲓⲡⲣⲉⲥⲃⲩⲧⲉⲣⲟⲥ ⲉⲧⲉⲙⲙⲁⲩ ϫⲉ ⲛⲧⲉϥⲓⲣⲓ ⲛϯⲁⲛⲁⲫⲟⲣⲁ[2] ⲉⲧⲁϥϣⲗⲏⲗ ⲇⲉ ϣⲁⲧⲉϥⲓ ⲉϫⲉⲛ ⲡⲓⲙⲁ ⲉϣⲁϥⲉⲣⲉⲡⲓⲕⲁⲗⲉⲓⲥⲑⲁⲓ[3] ⲙⲡⲓⲡ̅ⲛ̅ⲁ̅ ⲉⲑⲟⲩⲁⲃ ⲉⲑⲣⲉϥⲓ ⲉⲡⲉⲥⲏⲧ ⲉϫⲉⲛ ⲡⲓⲱⲓⲕ ⲛⲉⲙ ⲡⲓⲁⲫⲟⲧ ⲁ ⲡⲉϥϩⲏⲧ ⲇⲉ ⲫⲱⲛϩ ϩⲱⲥ ⲣⲱⲙⲓ ⲁϥⲥⲓϯ ⲛⲟⲩⲑⲁϥ ⲉⲃⲟⲗ. ϧⲉⲛ ϯⲟⲩⲛⲟⲩ ⲇⲉ ⲁϥϣⲱⲡⲓ ⲛⲉⲃⲟ ⲙⲡⲉϥϣϫⲉⲙϫⲟⲙ ⲛⲥⲁϫⲓ ⲉⲡⲧⲏⲣϥ ⲟⲩⲟϩ ⲥⲁⲧⲟⲧϥ ⲁϥⲙⲟⲩ. ⲁⲓⲟⲩⲁϩⲥⲁϩⲛⲓ ⲇⲉ ⲛⲕⲉⲡⲣⲉⲥⲃⲩⲧⲉⲣⲟⲥ ⲉⲡⲉϥⲣⲁⲛ ⲡⲉ ⲉⲗⲓⲥⲥⲉⲟⲥ ⲁϥϫⲉⲛ ϯⲁⲛⲁ-

paroles : Saint, saint, saint tu es, ô Seigneur des armées : le ciel et la terre sont remplis de ta gloire. Ne sais-tu pas quels sont ceux qui se tiennent debout? Crois-moi, mon fils, un autre prêtre cracha comme toi dans le sanctuaire, il s'en alla, il mourut. Il arriva (en effet) une fois qu'un moine vint à nous pour nous faire visite le soir du sabbat jusqu'à l'aurore du dimanche : il était prêtre. Lorsque nous prîmes soin de l'autel, nous chargeâmes ce prêtre de faire l'anaphore.[4] Pendant qu'il priait, comme il était arrivé à l'endroit où il appelait l'Esprit saint à descendre sur le pain et la coupe, sa poitrine s'ébranla (?) comme (celle) d'un homme,[5] il lança un crachat. Aussitôt il devint muet, il ne put plus parler du tout et sur le champ il mourut.[6] Je donnai ordre

1. Cod. ⲁⲣⲓⲡⲓⲥⲧⲉⲩⲓⲛ. — 2. Cod. ϯⲁⲛⲁⲫⲱⲣⲁ. — 3. Cod. ⲉϣⲁϥⲉⲣⲉⲡⲓⲕⲁⲗⲓⲥⲑⲉ. — 4. C'est-à-dire la messe; mot-à-mot l'offrande. — 5. Cela signifie sans doute *tussa*. — 6. C'est-à-dire s'évanouit, puisqu'il est vivant un peu plus loin.

ⲫⲟⲣⲁ ⲉⲃⲟⲗ ⲁⲛϭⲓ ⲉⲃⲟⲗϧⲉⲛ ⲛⲓⲙⲩⲥⲧⲏⲣⲓⲟⲛ ⲉⲑⲟⲩⲁⲃ. ϧⲉⲛ ⲡϫⲓⲛⲑⲣⲉⲛϫⲱ ⲛϯⲥⲩⲛⲁⲝⲓⲥ ⲉⲃⲟⲗ ⲁ ⲛⲓⲥⲛⲏⲟⲩ ⲉⲣⲁⲓⲧⲉⲓⲛ[1] ⲙⲙⲟⲓ ⲉⲑⲣⲓϣⲗⲏⲗ ⲉϫⲱϥ ⲉⲑⲣⲉ ⲡⲉϥϩⲏⲧ ⲥⲉⲙⲛⲏⲓ ⲉⲣⲟϥ. ⲁⲛⲟⲕ ⲇⲉ ⲁⲓϣⲗⲏⲗ ⲉϫⲱϥ ⲉⲓϫⲱ ⲙⲙⲟⲥ ϫⲉ ⲡ̅ⲟ̅ⲥ̅ ⲫ̅ϯ̅ ⲡⲓⲡⲁⲛⲧⲟⲕⲣⲁⲧⲱⲣ ⲫⲓⲱⲧ ⲙⲡⲉⲛⲟ̅ⲥ̅ ⲓ̅ⲏ̅ⲥ̅ ⲡⲭ̅ⲥ̅ ⲛⲑⲟⲕ ⲉⲧⲥⲱⲟⲩⲛ ⲡⲁⲟ̅ⲥ̅ ϫⲉ ⲧⲫⲩⲥⲓⲥ ⲛϯⲙⲉⲧⲣⲱⲙⲓ ⲟⲩⲣⲉϥⲥⲗⲁϯ ⲧⲉ ⲉⲕⲉⲧⲁⲥⲑⲟ ⲙⲡϩⲏⲧ ⲙⲡⲁⲓⲥⲟⲛ ⲉⲣⲟϥ ⲛⲧⲉϥⲧⲁⲙⲟⲛ ⲉⲫⲏ ⲉⲧⲁϥϣⲱⲡⲓ ⲙⲙⲟϥ ϫⲉϫⲁⲥ ⲁⲛⲟⲛ (fol. 139 ⲗ̅ⲁ̅) ϩⲱⲛ ⲛⲧⲉⲛⲁⲣⲉϩ ⲉⲣⲟⲛ ⲙⲡⲥⲉⲡⲓ ⲛⲛⲉⲛϩⲟⲟⲩ. ⲉⲧⲓ ⲇⲉ ⲉⲓϯϩⲟ ⲉⲡⲟ̅ⲥ̅ ⲁ ⲟⲩⲥⲙⲏ ϣⲱⲡⲓ ϣⲁⲣⲟⲓ ⲉⲥϫⲱ ⲙⲙⲟⲥ ϫⲉ ϩⲓⲧⲉⲛ ⲛⲉⲕⲧⲱⲃϩ ⲓⲥ ϩⲏⲡⲡⲉ ϯⲛⲁⲟⲩⲱⲛ ⲛⲣⲱϥ ⲛⲧⲉϥⲧⲁⲙⲟⲛ ⲉⲫⲏ ⲉⲧⲁϥϣⲱⲡⲓ ⲙⲙⲟϥ ϣⲉⲛϥ ⲟⲩⲛ ϧⲉⲛ ⲟⲩϫⲱⲗⲉⲙ ϫⲉ ⲓⲥ ⲧⲉϥⲁⲡⲟⲫⲁⲥⲓⲥ ⲁⲥⲓ ⲉⲃⲟⲗϩⲓⲧⲉⲛ ⲡⲟ̅ⲥ̅ ⲟⲩⲟϩ ⲓⲥ ⲛⲁⲅⲅⲉⲗⲟⲥ ⲁⲩϧⲱⲛⲧ ⲉϧⲟⲩⲛ ⲉⲱⲗⲓ ⲛⲧⲉϥⲯⲩⲭⲏ. ϧⲉⲛ ⲟⲩⲙⲉⲑⲙⲏⲓ ϧⲉⲛ ⲡϫⲓⲛⲑⲣⲓⲥⲱⲧⲉⲙ

à un autre prêtre, nommé Élisée, qui acheva l'anaphore : nous reçûmes les saints mystères. Lorsque nous laissâmes la cynaxe, les frères me demandèrent de prier pour ce (prêtre) afin de faire que son cœur lui fût rendu. Alors je priai pour lui, je dis : «Seigneur, Dieu créateur de toutes choses, père de Notre Seigneur Jésus le Christ, tu sais, mon Seigneur, que la nature de l'homme est fragile;[2] fais retourner le cœur de ce frère en lui afin qu'il nous apprenne ce qui lui est arrivé, afin que nous aussi nous nous tenions sur nos gardes le reste de nos jours.» Je priais encore le Seigneur qu'une voix se fit entendre[3] à moi disant : «A cause de tes prières, voici que je lui ouvrirai la bouche afin qu'il t'apprenne ce qui lui est arrivé. Interroge-le donc vite, car sa sentence est venue d'auprès du Seigneur et voici que les anges s'approchent pour emmener son âme.» En vérité lorsque j'entendis ces paroles, la crainte

1. Cod. ⲉⲣⲉⲧⲓⲛ. — 2. Mot-à-mot : facile à faire une glissade. — 3. Mot-à-mot : fut à moi.

ⲉⲛⲁⲓ ⲁ ϯϩⲟϯ ϭⲓⲧⲧ ⲁ ⲟⲩⲛⲓϣϯ ⲛⲉⲙⲕⲁϩ ⲛϩⲏⲧ ϣⲱⲡⲓ ⲛⲏⲓ ⲁⲓⲉⲣ ⲙⲫⲣⲏϯ ⲛⲟⲩⲣⲱⲙⲓ ⲉϥϧⲉⲛ ⲑⲙⲏϯ ⲛⲑⲁⲗⲁⲥⲥⲁ ⲉⲣⲉ ⲛⲓϩⲱⲓⲙⲓ ϭⲓ ⲙⲙⲟⲓ ⲉⲡⲁⲓⲥⲁ ⲛⲉⲙ ⲫⲁⲓ. ⲗⲟⲓⲡⲟⲛ ⲁⲓⲉⲣ ϩⲏⲧⲥ ⲛⲥⲁϫⲓ ⲛⲉⲙⲁϥ ⲉⲓϫⲱ ⲙⲙⲟⲥ ϫⲉ ⲡⲁϣⲏⲣⲓ ⲡⲓⲡⲣⲉⲥⲃⲩⲧⲉⲣⲟⲥ ⲟⲩ ⲡⲉ ⲉⲧⲁⲕⲁⲓϥ[1] ⲙⲫⲟⲟⲩ ⲁ ⲡⲁⲓ ⲛⲓϣϯ ⲛϩⲱⲃ ϣⲱⲡⲓ ⲙⲙⲟⲕ ⲟⲩⲱⲛϩ ⲟⲩⲛ ⲙⲡⲉⲕⲛⲟⲃⲓ ⲉⲃⲟⲗ ⲟⲩⲛⲁⲏⲧ ⲡⲉ ⲡⲟ̅ⲥ̅. ⲁϥⲉⲣ ⲟⲩⲱ ⲛϫⲉ ⲡⲓⲡⲣⲉⲥⲃⲩⲧⲉⲣⲟⲥ ⲉⲣⲉ ⲡⲉϥⲥⲱⲙⲁ ⲥⲑⲉⲣⲧⲉⲣ ⲉⲃⲟⲗϧⲉⲛ ϯϩⲟϯ ϫⲉ ⲱ ⲡⲁⲟ̅ⲥ̅ ⲛⲓⲱⲧ ⲙⲁϯϩⲟ ⲉⲡⲟ̅ⲥ̅ ⲉϫⲱⲓ ϩⲓⲛⲁ ⲛⲧⲁϫⲓⲙⲓ ⲛⲟⲩⲛⲁⲓ ϣⲉ ϯϩⲟϯ ⲉⲧⲁⲥⲓ ⲉϧⲣⲏⲓ ⲉⲣⲟⲥ ϧⲉⲛ ⲡⲁⲓ ⲉϩⲟⲟⲩ ⲛⲧⲉ ⲫⲟⲟⲩ ϫⲉ ⲛϯⲥⲱⲟⲩⲛ ⲛϩⲗⲓ ⲁⲛ ⲉⲁⲓⲁⲓϥ ⲉⲃⲏⲗ ⲉⲫⲁⲓ ⲙⲙⲁⲩⲁⲧϥ ϫⲉ ⲁ ⲡⲁϩⲏⲧ ⲫⲱⲛϩ ϩⲱⲥ ⲣⲱⲙⲓ ⲁ ⲟⲩⲫⲗⲉⲅⲙⲁ ⲓ ⲉⲣⲟⲓ ⲁⲓⲥⲁⲧϥ ⲉⲃⲟⲗ ϯⲥⲱⲟⲩⲛ ⲁⲛ ϫⲉ ⲉⲧⲁϥⲉⲓ ⲉϫⲉⲛ ⲟⲩ. (ⲗ̅ⲃ̅) ⲁ ⲟⲩⲛⲟⲩϫⲓ ⲙⲙⲉϩⲓ ϭⲟϩ ⲉⲡⲁⲙⲁϣϫ ⲁⲓⲣⲉⲕ ⲡⲁϩⲟ ⲉⲫⲁϩⲟⲩ. ⲉⲧⲁⲕϣⲗⲏⲗ ⲇⲉ ⲉϫⲱⲓ ⲁⲩϯ ⲙⲡⲓⲣⲏϯ ⲛⲏⲓ ⲉⲑⲣⲓⲥⲁϫⲓ ⲉⲁ ⲧⲁϩⲉⲍⲓⲥ ⲥⲉⲙⲛⲓ ⲉⲣⲟⲓ. ⲡⲉϫⲏⲓ ⲇⲉ ⲛⲁϥ ϫⲉ ϧⲉⲛ ⲟⲩ-

me prit : je ressentis une grande affliction, je fus comme un homme qui est au milieu de la mer, les flots me tiraient de côté et d'autre. Enfin je commençai de lui parler, je lui dis : «O prêtre, mon fils, qu'as-tu fait aujourd'hui (que) cette grande chose t'est arrivée? confesse ton péché, le Seigneur est pitoyable.» Le prêtre répondit, le corps tremblant de frayeur : «O Seigneur, mon père,[2] prie le Seigneur pour moi afin que j'obtienne miséricorde. Par la crainte qui est venue sur moi en ce jour, (je te jure) que je ne sais rien avoir fait sinon cela, ma poitrine s'est ébranlée comme (celle d')un homme, un crachat m'est venu à la bouche, je l'ai lancé; je ne sais où il est tombé. Une petite aile a touché mon oreille, je suis tombé à la renverse.[3] Lorsque tu as prié pour moi, on m'a donné le moyen de parler en déposant en moi ma force.» Je lui dis : «En

1. Cod. ⲟⲩ ⲛⲉⲧⲁⲕⲁⲓϥ. — 2. Mot-à-mot : à mon père Seigneur. — 3. Mot-à-mot : j'ai incliné mon visage en arrière.

ⲙⲉⲑⲙⲏⲓ ⲡⲁϣⲏⲣⲓ ⲟⲩⲟⲛ ϩⲁⲛ ⲙⲏϣ ⲛⲣⲱⲙⲓ ⲙⲙⲁⲩ ⲉϩⲁⲛ ⲣⲱⲙⲓ ⲙⲉⲛ ⲛⲉ ϧⲉⲛ ⲧⲟⲩⲫⲩⲥⲓⲥ ⲉⲩⲟⲓ ⲇⲉ ⲙⲫⲣⲏϯ ⲛⲛⲓⲧⲉⲃⲛⲱⲟⲩⲓ ⲛⲥⲉⲥⲱⲟⲩⲛ ⲁⲛ ϫⲉ ⲉⲩⲟⲓ ⲛⲁϣ ⲛⲣⲏϯ ⲉϥⲙⲁ ⲛⲉⲣⲛⲟⲉⲓⲛ[1] ⲛⲏ ⲉⲑⲛⲏⲟⲩ ⲉⲃⲟⲗϧⲉⲛ ⲣⲱⲕ ⲛⲧⲉⲕⲉⲣⲇⲓⲟⲣⲑⲱⲛⲉⲓⲛ[2] ⲙⲡⲉⲕⲃⲓⲟⲥ ⲛⲕⲁⲗⲱⲥ ⲟⲩⲟϩ ⲛⲧⲉⲕⲉⲣ ⲫⲙⲉⲩⲓ ⲙⲡⲥⲁϫⲓ ⲙⲡⲓⲡⲣⲟⲫⲏⲧⲏⲥ ⲫⲏ ⲉⲧϫⲱ ⲙⲙⲟⲥ ϫⲉ ⲟⲩⲣⲱⲙⲓ ⲉϥϧⲉⲛ ⲟⲩⲧⲁⲓⲟ ⲛϥⲉⲙⲓ ⲉⲣⲟϥ ⲁⲛ ⲁϥⲧⲉⲛⲑⲱⲛⲧ ⲉⲛⲓⲧⲉⲃⲛⲱⲟⲩⲓ ⲛⲁⲧⲉⲙⲓ ⲟⲩⲟϩ ⲁϥⲟⲛⲓ ⲙⲙⲱⲟⲩ ⲛⲑⲟⲕ ϩⲱⲕ ⲁⲕⲟϩⲓ ⲉⲣⲁⲧⲕ[3] ϩⲓϫⲉⲛ ϯⲧⲣⲁⲡⲉⲍⲁ ⲁⲕⲥⲁⲧ ⲑⲁϥ ⲉⲃⲟⲗ ⲁϥⲧⲁϩⲉ ⲡⲧⲉⲛϩ ⲙⲡⲓⲭⲉⲣⲟⲩⲃⲓⲙ ⲁϥⲣⲁϧⲧⲕ ⲙⲡⲉϥⲧⲉⲛϩ ⲟⲩⲟϩ ϯⲙⲉⲩⲓ ϫⲉ ⲁ ⲧⲉⲕⲁⲡⲟⲫⲁⲥⲓⲥ ⲓ ⲉⲃⲟⲗ. ϩⲟⲧⲉ ⲟⲩⲛ ⲉⲧⲁϥⲉⲣⲁⲡⲟⲗⲟⲅⲉⲓⲥⲑⲁⲓ[4] ⲛⲏⲓ ⲛⲛⲁⲓ ⲁⲓⲥⲁϫⲓ ⲛⲉⲙⲁϥ ϩⲱ ⲕⲁⲧⲁ ⲛⲁⲓ ⲙⲡⲁⲓⲣⲏϯ. ⲥⲁⲧⲟⲧϥ ⲁϥⲟⲩⲱⲣⲡ ⲛⲥⲁ ⲛⲉϥⲣⲱⲙⲓ ⲁⲩⲧⲁⲗⲟϥ ⲉⲟⲩⲓⲱ ⲁⲩϭⲓⲧϥ ⲉⲡⲉϥⲏⲓ ϧⲉⲛ ⲡⲉϥⲙⲁϩ ⲅ̅ ⲇⲉ ⲛⲉϩⲟⲟⲩ ⲁϥⲙⲟⲩ. ⲟⲩⲟϩ ⲁ ⲡⲉⲛⲓⲱⲧ ⲉⲑⲟⲩⲁⲃ ⲁⲃⲃⲁ ϣⲉⲛⲟⲩϯ ⲧⲁⲟⲩⲉ ⲟⲩⲗⲟⲅⲟⲥ ⲉⲑⲃⲉ ⲡⲁⲓϩⲱⲃ ϫⲉ ⲛⲏⲉ

vérité, mon fils, il y a ici beaucoup de gens qui sont des hommes par nature, mais qui agissent comme des brutes sans savoir de quelle nature ils sont.[5] Au lieu de penser à ce qui sort de ta bouche, d'ordonner ta vie bellement et de te rappeler la parole du prophète disant : L'homme qui était honoré ne l'a pas compris, il est devenu semblable aux brutes sans intelligence et les a imitées; toi aussi tu t'es tenu sur la table (sainte), tu as lancé un crachat, il a atteint l'aile d'un chérubin qui t'a renversé de son aile, et je crois que ta sentence est prononcée.»[6] Lorsqu'il m'eut fait cette apologie, c'est ainsi que je lui parlai à ce sujet : aussitôt il envoya chercher ses hommes qui le placèrent sur un âne et l'emmenèrent à sa maison : le troisième jour il mourut. Et notre père

1. Cod. ⲛⲉⲣⲛⲟⲓⲛ. — 2. Cod. ⲇⲓⲟⲣⲑⲱⲛⲓⲛ. — 3. Cod. ⲛⲑⲟⲕ ϩⲱⲕ ⲟϩⲓ ⲉⲣⲁⲧⲕ. — 4. Cod. ⲉⲧⲁϥⲉⲣⲁⲛⲁⲗⲟⲅⲓⲥⲟⲥ. — 5. Mot-à-mot : ne sachant pas de quelle manière ils sont. — 6. Mot-à-mot : est sortie.

ϩⲗⲓ ⲛⲟⲩⲛⲃ ⲛⲉϫ ⲑⲁϥ (fol. 140 ⲗ̅ⲅ̅) ⲉⲃⲟⲗ ϧⲉⲛ ϯⲉⲕⲕⲗⲏⲥⲓⲁ ⲙⲁⲗⲓⲥⲧⲁ ⲙⲡⲉⲙⲑⲟ ⲙⲡⲓⲑⲩⲥⲓⲁⲥⲧⲏⲣⲓⲟⲛ[1] ⲟⲩⲇⲉ ⲛⲛⲟⲩⲛⲓϥⲓ ⲙⲡⲟⲩϣⲁⲓ ⲟⲩⲟϩ ⲟⲛ ϫⲉ ⲛⲛⲉ ϩⲗⲓ ⲛⲣⲱⲙⲓ ⲭⲁⲧⲟⲧⲟⲩ ⲉⲃⲟⲗ ⲛⲥⲉϩⲉⲙⲥⲓ ϧⲉⲛ ϯⲉⲕⲕⲗⲏⲥⲓⲁ ⲟⲩⲇⲉ ⲛⲛⲟⲩⲥⲁϫⲓ ϩⲟⲗⲱⲥ ϧⲉⲛ ϯⲉⲕⲕⲗⲏⲥⲓⲁ ⲉⲑⲃⲉ ⲛⲏ ⲉⲧⲟϩⲓ ⲉⲣⲁⲧⲟⲩ ⲛϧⲟⲩⲛ ϧⲉⲛ ⲡⲓⲙⲁ ⲉⲑⲟⲩⲁⲃ ⲛⲧⲉ ⲛⲏ ⲉⲑⲟⲩⲁⲃ.

ⲁⲥϣⲱⲡⲓ ⲛⲟⲩⲉϩⲟⲟⲩ ⲉⲓⲟϩⲓ ⲉⲣⲁⲧ[2] ϧⲁⲧⲉⲛ ⲡⲁⲓⲱⲧ ⲉⲑⲟⲩⲁⲃ ⲁⲃⲃⲁ ⲡⲓⲥⲉⲛⲧⲓⲟⲥ ⲁ ⲟⲩⲁⲓ ⲓ ⲉϧⲟⲩⲛ ⲉϥⲛⲁϭⲓ ⲥⲙⲟⲩ ⲉⲃⲟⲗϩⲓⲧⲟⲧϥ. ⲁⲓϭⲛⲟⲩϥ ⲉⲓϫⲱ ⲙⲙⲟⲥ ϫⲉ ⲡⲁⲓⲱⲧ ⲉⲑⲟⲩⲁⲃ ⲡⲁ ⲛⲓⲙ ⲛⲣⲱⲙⲓ ⲡⲉ ⲉϥϥⲁⲓ ⲛⲟⲩⲕⲟⲩϫⲓ ⲛⲁⲗⲟⲩ ⲉϥⲟⲩⲱϣ ⲉϭⲓ ⲥⲙⲟⲩ ⲉⲃⲟⲗϩⲓⲧⲟⲧⲕ ⲉϥϫⲱ ⲙⲙⲟⲥ ϫⲉ ⲓⲥ ⲓ̅ⲇ̅ ⲛⲉϩⲟⲟⲩ ⲛⲉⲙ ⲓ̅ⲇ̅ ⲛⲉϫⲱⲣϩ ⲉϥⲱϣ ⲉⲃⲟⲗ ⲟⲩⲇⲉ ϥϧⲏⲙ ⲁⲛ ⲟⲩⲇⲉ ⲙⲙⲟⲛ ⲡⲗⲏⲅⲏ[3] ⲟⲩⲟⲛϩ ⲉⲃⲟⲗ ϧⲉⲛ ⲡⲉϥⲥⲱⲙⲁ ⲁⲛ ⲛⲧⲉⲛⲉⲙⲓ ⲁⲛ ϫⲉ ⲁϥϣⲱⲡⲓ ⲉⲟⲩ. ⲡⲁⲓⲱⲧ ⲇⲉ ⲁⲃⲃⲁ ⲡⲓⲥⲉⲛⲧⲓⲟⲥ ⲁϥϥⲓ ⲁϩⲟⲙ ⲉϥϫⲱ ⲙⲙⲟⲥ ϫⲉ ⲟⲩⲟⲛ ϩⲁⲛ ⲙⲓⲛⲓ ⲛⲣⲱⲙⲓ ϧⲉⲛ ⲡⲕⲟⲥⲙⲟⲥ ⲙⲙⲟⲛ ϩⲗⲓ

saint, apa Schnoudi a prononcé un discours sur ce sujet : que le prêtre ne crache pas dans l'église surtout en présence de l'autel, qu'il ne se mouche pas et qu'aucun homme ne se permette de s'asseoir dans l'église ou d'y parler à cause de ceux qui se tiennent dans le saint des saints.

Il arriva un jour que je me tenais près de notre père saint, abba Pisentios, que quelqu'un entra pour recevoir sa bénédiction. Je l'interrogeai, disant : « Mon père saint, quel est cet homme qui porte un petit enfant et veut recevoir ta bénédiction? il dit : Voici quatorze jours et quatorze nuits que l'enfant crie, il n'a ni fièvre, ni plaie qui paraisse sur son corps, nous ne savons où il est malade. » — Mon père abba Pisentios soupira et dit : « Il y a dans le monde des gens tels qu'ils n'ont aucun jugement! Quel est le péché de ce

1. Cod. ⲙⲡⲓⲑⲏⲥⲓⲁⲥⲧⲏⲣⲓⲟⲛ. — 2. Cod. ⲉⲓⲟϩⲓ ⲉⲣⲁⲧⲧ. Un ⲧ a été ajouté, mais à tort. — 3. Cod. ⲡⲗⲩⲅⲏ.

ⲛⲇⲓⲁⲕⲣⲓⲥⲓⲥ[1] ⲙⲙⲱⲟⲩ ⲁϣ ⲡⲉ ⲡⲓⲛⲟⲃⲓ ⲉⲧⲁ ⲡⲁⲓⲧⲁⲗⲁⲓⲡⲱⲣⲟⲥ[2] ⲁⲓϥ ϫⲉ ⲁϥⲟϩⲓ ϧⲉⲛ ⲡⲁⲓⲃⲁⲥⲁⲛⲟⲥ ⲙⲡⲁⲛ̅ⲇ̅ ⲛⲉϩⲟⲟⲩ ⲛⲉⲙ ⲡⲁⲛ̅ⲇ̅ ⲛⲉϫⲱⲣϩ ⲁⲗⲗⲁ ⲉⲧⲁ ⲡⲉϥⲓⲱⲧ ⲓⲣⲓ ⲛⲟⲩⲛⲟⲃⲓ ⲁ ⲫ̅ϯ̅ ⲓⲛⲓ ⲙⲡⲉϥ- (ⲗ̅ⲇ̅) ⲛⲟⲃⲓ ⲉϫⲉⲛ ⲡⲉϥϣⲏⲣⲓ ϫⲉ ⲉϥⲛⲁⲣⲱⲕϩ ϩⲙ ⲡⲉϥⲥⲁϧⲟⲩⲛ ϩⲓⲧⲉⲛ ⲡϧⲓⲥⲓ ⲙⲡⲉϥϣⲏⲣⲓ. ⲁⲓⲉⲣ ⲟⲩⲱ ϫⲉ ⲡⲁⲓⲱⲧ ⲉⲑⲟⲩⲁⲃ ⲁⲓⲥⲱⲧⲉⲙ ϫⲉ ⲟⲩⲣⲱⲙⲓ ⲉⲛⲁⲛⲉϥ ⲡⲉ ⲡⲉϥⲓⲱⲧ. ⲡⲁⲗⲓⲛ ⲡⲉϫⲉ ⲡⲁⲓⲱⲧ ⲛⲏⲓ ϫⲉ ⲡⲁϣⲏⲣⲓ ⲧⲉⲛⲱϣ ⲙⲉⲛ ⲁⲗⲗⲁ ⲧⲉⲛⲉⲙⲓ ⲁⲛ ⲉⲛⲏ ⲉⲧⲉⲛⲱϣ ⲙⲙⲱⲟⲩ ⲥⲱⲧⲉⲙ ⲉⲡⲓⲉⲩⲁⲅⲅⲉⲗⲓⲥⲧⲏⲥ ⲗⲟⲩⲕⲁⲥ ϫⲉ ⲉϥϫⲱ ⲙⲙⲟⲥ ϫⲉ ⲟⲩ ⲥⲁⲃⲟⲗ ⲙⲉⲛ ⲡⲉϫⲁϥ ⲧⲉⲧⲉⲛⲟⲩⲟⲛϩ ⲉⲃⲟⲗ ϩⲱⲥ ⲣⲱⲙⲓ ⲛⲇⲓⲕⲁⲓⲟⲥ[3] ⲥⲁϧⲟⲩⲛ ⲇⲉ ⲙⲙⲱⲧⲉⲛ ϥⲙⲉϩ ⲛⲁⲕⲁⲑⲁⲣⲥⲓⲁ ϩⲏ[4] ϭⲱϧⲉⲙ. ⲡⲁⲓⲣⲏϯ ⲇⲉ ⲟⲩⲛ ⲡⲁϣⲏⲣⲓ ⲁⲩⲧⲁⲙⲟⲓ ϫⲉ ⲁϥⲉⲣⲇⲓⲁⲃⲁⲗⲗⲉⲓⲛ[5] ⲛⲟⲩϩⲏⲕⲓ ⲛⲣⲱⲙⲓ ϧⲁⲧⲟⲧϥ ⲛⲟⲩϫⲱⲣⲓ ⲉⲣⲟϥ ⲟⲩⲟϩ ⲡⲉϥⲓ̅ⲇ̅ ⲛⲉϩⲟⲟⲩ ⲙⲫⲟⲟⲩ ⲓⲥϫⲉⲛ ⲉⲧⲁϥⲉⲣⲇⲓⲁ-

malheureux enfant pour qu'il reste en ce tourment pendant quatorze jours et quatorze nuits? mais parce que son père a péché, Dieu fait expier son péché au fils[6] afin que les entrailles du père soient brûlées par la souffrance du fils.» — Je répondis : «Mon père saint, j'ai entendu dire que son père était un brave homme.» — Mon père me dit de nouveau : «Certes nous lisons, mais nous ne comprenons pas ce que nous lisons. Écoute l'évangéliste Luc, que dit-il? Au dehors, dit-il, nous semblons des hommes justes; mais notre intérieur est plein d'iniquités et de souillures. Ainsi, mon fils, on m'a appris qu'il avait calomnié un pauvre homme près de quelqu'un qui avait puissance sur lui, et c'est aujourd'hui le quatorzième jour qu'il l'a calomnié. Sache maintenant que le jour où il a péché, il a mangé, il a bu au soir et il a dormi pendant la

1. Cod. ⲛⲇⲓⲁⲕⲣⲏⲥⲓⲥ. — 2. Cod. ⲡⲁⲓⲧⲁⲗⲉⲡⲱⲣⲟⲥ. — 3. Cod. ⲛⲇⲓⲕⲉⲟⲥ. — 4. Cod. ϩⲓ. — 5. Cod. ⲁϥⲉⲣⲇⲓⲁⲃⲁⲗⲓⲛ. — 6. Mot-à-mot : Dieu a amené son péché sur son fils, afin qu'il fut brûlé dans son intérieur par la souffrance de son fils.

ⲃⲁⲗⲗⲉⲓⲛ[1] ⲙⲙⲟϥ ϩⲓⲛⲁ ⲛⲧⲉⲕⲉⲙⲓ ϯⲛⲟⲩ ϫⲉ ⲡⲓⲉϩⲟⲟⲩ ⲉⲧⲁϥⲉⲣ ⲛⲟⲃⲓ ⲛϧⲏⲧϥ ⲁϥⲟⲩⲱⲙ ⲁϥⲥⲱ ⲛϩⲁⲛⲁⲣⲟⲩϩⲓ ⲟⲩⲟϩ ⲁϥⲱⲃϣ ⲙⲡⲓⲉϫⲱⲣϩ. ϧⲉⲛ ⲧⲫⲁϣⲓ ⲇⲉ ⲛⲧⲉ ⲡⲓⲉϫⲱⲣϩ ⲁ ⲡⲓⲕⲟⲩϫⲓ ⲛⲁⲗⲟⲩ ⲛⲉϩⲥⲓ ⲉⲡϣⲱⲓ ⲡⲉϫⲁϥ ϫⲉ ⲉⲓⲟⲃⲓ. ⲛⲉ ⲟⲩⲟⲛ ⲟⲩⲕⲟⲩϫⲓ ⲙⲙⲱⲟⲩ ϧⲁϫⲱϥ ⲡⲉ ⲉⲁ ⲟⲩⲕⲟⲩϫⲓ ⲛⲁⲛⲑⲟⲩⲥ ϣⲉ ⲉⲡⲉⲥⲏⲧ ⲉⲣⲟϥ ⲁϥⲙⲁϩ ⲣⲱϥ ϧⲉⲛ ⲡⲉϥⲥⲓⲕⲟⲩⲧⲟⲛ. ⲁⲛⲟⲕ ⲡⲉϫⲏⲓ ⲛⲁϥ ϫⲉ ⲁⲣⲓ ϯⲁⲅⲁⲡⲏ ⲛⲧⲉⲕⲉⲛϥ ⲉϧⲟⲩⲛ ϯⲛⲁϩϯ ⲅⲁⲣ ⲉⲫ̅ϯ̅ ϫⲉ ⲁⲕϣⲁⲛⲉⲣⲥⲫⲣⲁⲅⲓⲍⲉⲓⲛ[2] (fol. 141 ⲗ̅ⲉ̅) ⲙⲙⲟϥ ⲫ̅ϯ̅ ⲛⲁⲉⲣⲭⲁⲣⲓⲍⲉⲥⲑⲁⲓ[3] ⲛⲁϥ ⲙⲡⲓⲧⲁⲗϭⲟ. ⲡⲁⲓⲣⲏϯ ⲇⲉ ⲁϥϫⲟⲥ ⲉⲑⲣⲉϥⲓ ⲉϧⲟⲩⲛ ⲁⲩⲙⲟⲩϯ ⲛⲁϥ ⲁϥⲓ ⲉϧⲟⲩⲛ ⲉⲣⲉ ⲡⲉϥϣⲏⲣⲓ ⲧⲁⲗⲏⲟⲩⲧ ⲉⲣⲟϥ ⲉϥⲱϣ ⲉⲃⲟⲗ ⲉⲙⲁϣⲱ. ⲉⲧⲁ ⲡⲓⲕⲟⲩϫⲓ ⲇⲉ ⲛϣⲏⲣⲓ ⲛⲁⲩ ⲉⲡⲁⲓⲱⲧ ⲁϥⲱϣ ⲉⲃⲟⲗ ⲛϩⲟⲩⲟ ϫⲉ ⲡⲁⲓⲱⲧ ⲁⲃⲃⲁ ⲡⲓⲥⲉⲛⲧⲓⲟⲥ ⲁⲣⲓⲃⲟⲏⲑⲉⲓⲛ[4] ⲉⲣⲟⲓ ϧⲉⲛ ⲧⲁⲓⲛⲓϣϯ ⲛⲁⲛⲁⲅⲕⲏ ⲛⲉⲙ ⲡⲁⲓϧⲓⲥⲓ ⲉϯϣⲟⲡ ⲛϧⲏⲧϥ ⲫ̅ϯ̅ ⲛⲉⲙ ⲛⲉⲕϣⲗⲏⲗ ⲉⲑⲟⲩⲁⲃ ⲁⲣⲓⲃⲟⲏⲑⲉⲓⲛ[5] ⲉⲣⲟⲓ. ⲁⲣⲓⲡⲓⲥⲧⲉⲩⲉⲓⲛ[6] ⲛⲏⲓ

la nuit; mais au milieu de la nuit le petit enfant s'est réveillé en sursaut, il a dit : J'ai soif. Il y avait au-dessus de lui un peu d'eau dans laquelle était tombé un petit lézard, il a rempli sa bouche de son . . . . .»[7] — Je lui dis, moi : «Mon père, fais-lui la charité de le faire entrer! je crois que si tu le signes, Dieu lui accordera la guérison.» Aussitôt il lui dit d'entrer : on l'appela, il entra avec son fils posé sur lui et jetant de grands cris. Lorsque le petit enfant vit mon père, il redoubla ses cris en disant : «Mon père Pisentios, viens à mon secours dans le grand besoin que me cause cette grande souffrance où je me trouve. Que Dieu et tes prières saintes me soient en aide.» Croyez-moi, j'ai vu mon père : ses larmes cou-

1. Cod. ⲉⲧⲁϥⲉⲣⲇⲓⲁⲃⲁⲗⲓⲛ. — 2. Cod. ⲁⲕϣⲁⲛⲉⲣⲥⲫⲣⲁⲅⲓⲍⲓⲛ. — 3. Cod. ⲛⲁϥⲉⲣⲭⲁⲣⲓⲍⲉⲥⲑⲉ. — 4. Cod. ⲁⲣⲓⲃⲟⲏⲑⲓⲛ. — 5. Cod. ⲁⲣⲓⲃⲟⲏⲑⲓⲛ. — 6. Cod. ⲁⲣⲓⲡⲓⲥⲧⲉⲩⲓⲛ. — 7. Je ne sais pas ce que signifie le mot ⲥⲓⲕⲟⲩⲧⲟⲛ; je ne peux donc le traduire.

ϫⲉ ⲁⲓⲛⲁⲩ ⲉⲡⲁⲓⲱⲧ ⲉⲧⲁ ⲛⲉϥⲉⲣⲙⲱⲟⲩⲓ ϣⲟⲩⲟ ⲉϫⲉⲛ ⲛⲉϥⲟⲩⲟϫⲓ ϩⲓⲧⲉⲛ ϯⲁⲛⲁⲅⲕⲏ ⲉⲧⲁϥⲛⲁⲩ ⲉⲣⲟⲥ ϧⲉⲛ ⲡⲓⲕⲟⲩϫⲓ ⲛ̀ⲁⲗⲟⲩ ⲉⲣⲉ ⲡⲓⲑⲏⲣⲓⲟⲛ ⲟⲩⲱⲙ ⲛ̀ⲥⲁϧⲟⲩⲛ ⲙ̀ⲙⲟϥ. ⲡⲉϥⲓⲱⲧ ⲇⲉ ⲛⲁϥϧⲟⲥⲓ ⲡⲉ ϧⲁ ⲡⲉⲙⲕⲁϩ ⲛ̀ϩⲏⲧ ⲙ̀ⲡⲉϥϣⲏⲣⲓ ⲡⲉϫⲁϥ ⲙ̀ⲡⲁⲓⲱⲧ ϫⲉ ⲡⲁⲟ̅ⲥ̅ ⲛ̀ⲓⲱⲧ ⲁⲓⲉⲣ ⲛⲟⲃⲓ ϯϯϩⲟ ⲟⲩⲛ ⲉⲣⲟⲕ ⲙⲁϯϩⲟ ⲉⲡⲟ̅ⲥ̅ ⲉϩⲣⲏⲓ ⲉϫⲉⲛ ⲡⲁⲓⲁⲗⲟⲩ ϫⲉ ⲁϥϧⲱⲛⲧ ⲉϧⲟⲩⲛ ⲉⲫⲙⲟⲩ ⲕⲥⲱⲟⲩⲛ ⲅⲁⲣ ⲡⲁⲟ̅ⲥ̅ ⲛ̀ⲓⲱⲧ ϫⲉ ⲟⲩϣⲏⲣⲓ ⲛ̀ⲟⲩⲱⲧ ⲛⲏⲓ ⲡⲉ. ⲡⲓⲕⲟⲩϫⲓ ⲇⲉ ⲛ̀ⲁⲗⲟⲩ ⲛⲉ ⲟⲩⲥⲁⲓⲉ ⲡⲉ ⲉⲙⲁϣⲱ. ⲡⲁⲗⲓⲛ ⲡⲉϫⲉ ⲡⲁⲓⲱⲧ ⲡⲉⲡⲓⲥⲕⲟⲡⲟⲥ ⲙ̀ⲡⲓⲣⲱⲙⲓ ϫⲉ ⲭⲛⲁⲣⲱⲓⲥ ⲉⲣⲟⲕ ϫⲉ ⲓⲥϫⲉⲛ ⲫⲟⲟⲩ ⲉϣⲧⲉⲙⲉⲣⲇⲓⲁⲃⲁⲗⲗⲉⲓⲛ[1] ⲛ̀ϩⲗⲓ ⲛ̀ⲣⲱⲙⲓ. ⲡⲉϫⲉ ⲫⲓⲱⲧ ⲙ̀ⲡⲓⲁⲗⲟⲩ ϫⲉ ⲥⲉ ⲡⲁⲟ̅ⲥ̅ ⲛ̀ⲓⲱⲧ. ⲡⲁⲓⲱⲧ ⲇⲉ ⲉⲧⲁϥϣⲉ ⲛⲁϥ ⲉϧⲟⲩⲛ ⲉⲡⲓⲙⲁ ⲛ̀ⲉⲣ ϣⲱⲟⲩϣⲓ (ⲗ̅ⲉ̅) ⲁϥⲭⲱ ⲙ̀ⲡⲓⲁⲗⲟⲩ ⲥⲁⲃⲟⲗ ⲙ̀ⲡⲓⲕⲁⲅⲕⲉⲗⲓⲟⲛ[2] ⲁϥⲟϩⲓ ⲉⲣⲁⲧϥ ⲁϥⲓⲣⲓ ⲛ̀ⲟⲩⲛⲓϣϯ ⲛ̀ⲛⲁⲩ ⲉϥϣⲗⲏⲗ ⲉⲑⲃⲉ ⲡⲓⲁⲗⲟⲩ ⲙⲉⲛⲉⲛⲥⲱⲥ ⲁϥϭⲓ ⲛ̀ⲟⲩⲕⲟⲩϫⲓ ⲙ̀ⲙⲱⲟⲩ ⲉⲃⲟⲗϧⲉⲛ ⲡⲓⲗⲟⲩⲧⲏⲣ

laient sur ses joues à cause de la peine où il voyait le petit garçon[3] dont la bête dévorait l'intérieur. Son père qui souffrait des souffrances de son enfant dit à mon père : «Seigneur, mon père,[4] j'ai péché, je t'en supplie, prie le Seigneur pour cet enfant, car il est sur le point de mourir et tu sais, mon père, que c'est mon fils unique.» Or, le petit enfant était très beau. De nouveau l'évêque, mon père, dit à l'homme : «Veilleras-tu sur toi afin de ne calomnier désormais aucun homme?» — Le père de l'enfant dit : «Oui, Seigneur, mon père.» Mais mon père lorsqu'il fût entré dans le sanctuaire, après avoir placé l'enfant en dehors du grillage,[5] se tint debout et passa une grande heure à prier pour l'enfant; ensuite il prit un peu d'eau du bassin à purification qui était placé

1. Cod. ⲉϣⲧⲉⲙⲉⲣⲇⲓⲁⲃⲁⲗⲓⲛ. — 2. Cod. ⲉⲡⲓⲕⲁⲛⲅⲉⲗⲓⲟⲛ. — 3. Mot-à-mot : qu'il voyait dans le petit garçon. — 4. Mot-à-mot : Mon Seigneur père. — 5. Il s'agit ici de la seconde grille qui se trouve immédiatement avant le sanctuaire.

ⲉⲧϩⲓ ⲧϩⲏ ⲙⲡⲓⲉⲣⲁⲧⲉⲓⲟⲛ[1] ⲁϥⲧⲥⲟ ⲙⲡⲓⲕⲟⲩϫⲓ ⲛⲁⲗⲟⲩ ϧⲉⲛ ⲛⲉϥϫⲓϫ ⲙⲙⲓⲛ ⲙⲙⲟϥ. ⲡⲁⲙⲉⲑⲣⲉ ⲡⲉ ⲫϯ ϫⲉ ϧⲉⲛ ϯⲟⲩⲛⲟⲩ ⲉⲧⲁ ⲡⲓⲙⲱⲟⲩ ⲭⲁⲗⲁ ⲉⲡⲉⲥⲏⲧ ϧⲉⲛ ⲧⲉϥϣⲃⲱⲃⲓ ⲁϥⲟⲩⲱⲛ ⲛⲣⲱϥ ⲁϥⲥⲓϯ ⲙⲡⲓⲁⲛⲑⲟⲩⲥ ⲉϩⲣⲏⲓ ⲉϥⲟⲛϧ. ⲉⲧⲁ ⲡⲉϥⲓⲱⲧ ⲇⲉ ⲛⲁⲩ ⲉⲣⲟϥ ⲁϥⲉⲣ ϣⲫⲏⲣⲓ ⲉⲙⲁϣⲱ ⲟⲩⲟϩ ⲡⲉϫⲁϥ ϫⲉ ϩⲁⲛ ⲛⲓϣϯ ⲛⲉ ⲛⲉⲛϩⲃⲏⲟⲩⲓ ⲡⲭⲥ ⲫϯ ϫⲉ ⲕⲓⲣⲓ ⲛⲛⲉⲛϣⲫⲏⲣⲓ ϧⲉⲛ ⲛⲏ ⲉⲑⲟⲩⲁⲃ ⲛⲧⲁⲕ ⲟⲩⲟϩ ⲁϥϭⲓ ⲙⲡⲉϥϣⲏⲣⲓ ⲁϥϣⲉ ⲛⲁϥ ⲉⲡⲉϥⲏⲓ ⲉϥϯ ⲱⲟⲩ ⲙⲫϯ.

ⲁⲥϣⲱⲡⲓ ⲇⲉ ⲙⲡⲓⲥⲏⲟⲩ ⲉⲧⲉⲙⲙⲁⲩ ⲁϥⲥϧⲁⲓ ⲛⲟⲩⲉⲡⲓⲥⲧⲟⲗⲏ ϣⲁ ⲛⲓⲗⲁⲟⲥ ⲉⲧⲭⲏ ϧⲁ ⲡⲉϥⲉⲣϣⲓϣⲓ ⲉϥϫⲫⲓⲟ ⲙⲙⲱⲟⲩ ⲉⲑⲃⲉ ⲛⲟⲩⲛⲟⲃⲓ ⲛⲉⲙ ⲛⲟⲩϣⲱϥⲧ ⲉϥϯ ⲥⲃⲱ ⲛⲱⲟⲩ ⲉⲑⲣⲟⲩϩⲉⲛⲟⲩ ⲥⲁⲃⲟⲗ ⲛⲛⲏ ⲉⲧⲟⲩⲓⲣⲓ ⲙⲙⲱⲟⲩ ⲉϥϫⲱ ⲙⲙⲟⲥ ϫⲉ ⲁⲩⲧⲁⲙⲟⲓ ϫⲉ ⲧⲉⲧⲉⲛⲓⲣⲓ ⲛϩⲁⲛ ⲛⲓϣϯ ⲛⲛⲟⲃⲓ ⲗⲟⲓⲡⲟⲛ ϩⲉⲛ ⲑⲏⲛⲟⲩ ⲉⲃⲟⲗ ϩⲁⲣⲱⲟⲩ ⲓⲥϫⲉⲛ ϯⲛⲟⲩ ⲙⲏⲡⲱⲥ ⲛⲧⲉ ⲫϯ ϫⲱⲛⲧ ⲟⲩⲟϩ ⲛⲧⲉϥϭⲓ ⲙⲡϣⲓϣ ⲙⲙⲟⲓ ⲟⲩⲟϩ ⲛⲧⲉϥⲧϩⲉⲙⲕⲟⲛ

devant le vestiaire des prêtres, il en fit boire lui-même de ses (propres) mains au petit enfant. Dieu m'est témoin qu'au moment où l'eau descendit dans la gorge de l'enfant, il ouvrit la bouche, il rejeta le lézard vivant. Lorsque son père le vit (faire cela) il fut étonné grandement et il dit : «Tes œuvres sont grandes, ô Christ Dieu, car tu opères des merveilles par tes saints!» Et il prit l'enfant, l'emmena dans sa maison en glorifiant Dieu.

Il arriva en ce temps qu'il écrivit une lettre aux peuples placés sous sa puissance, les réprimandant à cause de leurs péchés et de leurs abominations, leur enseignant à ne plus commettre[2] les actions qu'ils faisaient, disant : «On m'a appris que vous commettiez de grands péchés : désormais sortez-en de peur que le Seigneur ne s'irrite, ne se venge sur moi et ne nous fasse souffrir

1. Cod. ⲙⲡⲓⲉⲣⲁⲧⲓⲟⲛ. — 2. Mot-à-mot : les enseignant à sortir des choses qu'ils faisaient.

ⲉⲟⲩⲥⲟⲛ[1] (fol. 142 ⲗ̅ⲍ̅) ⲫⲁⲓ ⲉⲧⲉ ⲛϥⲛⲁϣⲓⲡⲓ ⲁⲛ ϧⲁ ⲧϩⲏ ⲛⲟⲩϧⲉⲗⲗⲟ ⲟⲩⲟϩ ϥⲛⲁⲓⲛⲓ ⲉϫⲉⲛ ⲑⲏⲛⲟⲩ ⲛⲟⲩⲛⲓϣϯ ⲛⲧϩⲉⲙⲕⲟ ⲛⲉⲙ ϩⲁⲛ ⲛⲓϣϯ ⲛϧⲓⲥⲓ ⲛⲉⲙ ⲟⲩϩⲃⲱⲛ ⲉϥϫⲟⲣ ⲙⲫⲣⲏϯ ⲉⲧⲁϥⲁⲓⲥ ⲙⲫⲁⲣⲁⲱ ⲙⲡⲓⲥⲛⲟⲩ. ⲙⲉⲛⲉⲛⲥⲁ ⲛⲁⲓ ⲇⲉ ϯⲧⲁⲙⲟ ⲙⲙⲱⲧⲉⲛ ϫⲉ ⲁ ⲡ̅ⲟ̅ⲥ̅ ϫⲟⲥ ϧⲉⲛ ⲛⲉϥⲙⲉⲧϣⲉⲛϩⲏⲧ ϫⲉ ⲛⲛⲁⲟⲩⲁϩⲧⲟⲧ ⲉⲉⲛ ⲕⲁⲧⲁⲕⲗⲩⲥⲙⲟⲥ ⲙⲙⲱⲟⲩ ϩⲓϫⲉⲛ ⲡⲓⲕⲁϩⲓ ⲉⲛⲉ ⲙⲡⲉϥⲱⲣⲕ ⲙⲙⲟϥ ⲙⲙⲓⲛ ⲙⲙⲟϥ ⲡⲉ ⲉϣⲧⲉⲙⲉⲛ ⲕⲁⲧⲁⲕⲗⲩⲥⲙⲟⲥ ⲉϩⲣⲏⲓ ⲉϫⲱⲛ ⲡⲉ ⲛⲧⲉϥϥⲟⲧⲧⲉⲛ ⲉⲃⲟⲗ ⲙⲫⲣⲏϯ ⲛⲛⲓϣⲏⲣⲓ ⲛⲧⲉ ⲛⲓⲁⲫⲱⲫ ⲙⲡⲓⲥⲛⲟⲩ ⲉⲧⲁ ⲛⲓⲁⲅⲅⲉⲗⲟⲥ ⲉⲣⲡⲁⲣⲁⲃⲁⲓⲛⲉⲓⲛ[2] ⲉⲑⲃⲉ ⲧⲉⲡⲓⲟⲩⲙⲓⲁ ⲛⲛⲓϩⲓⲟⲙⲓ ⲉⲁⲩⲭⲱ ⲛⲥⲱⲟⲩ ⲙⲡⲥⲑⲓⲛⲟⲩϥⲓ ⲛϯⲡⲁⲣⲑⲉⲛⲓⲁ ⲁⲩⲓ ⲉⲛⲉⲥⲏⲧ ⲉⲃⲟⲗϧⲉⲛ ⲡⲓⲙⲉⲩⲓ ⲉⲧϭⲟⲥⲓ ⲛⲧⲉ ⲫ̅ϯ̅ ⲁⲩⲙⲟⲩϫⲧ ⲛⲉⲙ ⲡⲑⲱⲗⲉⲃ ⲛⲛⲓϩⲓⲟⲙⲓ ⲁⲩⲙⲉⲛⲣⲉ ⲡⲓⲥⲑⲟⲩⲃⲱⲛ[3] ⲉϩⲟⲧⲉ ⲡⲓⲥⲑⲟⲩⲛⲟⲩϥⲓ ⲛⲑⲱⲧⲉⲛ ⲇⲉ ⲁ ⲛⲉⲧⲉⲛⲁⲛⲟⲙⲓⲁ ϣⲁⲓ ⲉϩⲟⲧⲉ ⲛⲏ ⲉⲧⲉⲙⲙⲁⲩ ⲧⲉⲧⲉⲛⲉⲣⲉⲡⲓ-

ensemble, car il ne rougira pas devant un vieillard[4] et il amènera sur vous de grandes souffrances, de grandes douleurs, une disette pressante,[5] comme il a fait autrefois à Pharaon. Je vous apprends en outre que le Seigneur a dit dans sa miséricorde : «Je n'entreprendrai plus d'amener un déluge d'eau sur terre.» S'il n'avait pas juré lui-même de ne pas amener le déluge sur nous, il nous exterminerait comme (il extermina) les fils des géants au temps où les anges transgressèrent (ses commandements) par désir des femmes. Abandonnant le parfum de la virginité, ils tombèrent des pensées élevées de Dieu, ils se mêlèrent aux pollutions des femmes, ils chérirent la mauvaise plus que la bonne odeur. Mais vous, vos iniquités se sont multipliées plus que les leurs : vous désirez,[6] vous

1. Cod. ⲉⲩⲥⲟⲛ. — 2. Cod. ⲉⲣⲡⲁⲣⲁⲃⲉⲛⲓⲛ. — 3. Ce mot devrait s'écrire ⲥⲑⲟⲓⲃⲱⲛ : c'est un exemple frappant de l'iotacisme même dans les mots égyptiens. — 4. C'est-à-dire devant moi, votre évêque, qui suis un vieillard. — 5. Mot-à-mot : puissante, c'est-à-dire grande. — 6. C'est-à-dire : vous avez des désirs charnels.

ⲑⲩⲙⲉⲓⲛ[1] ⲧⲉⲧⲉⲛⲉⲣⲡⲟⲣⲛⲉⲩⲉⲓⲛ[2] ⲧⲉⲧⲉⲛⲟⲓ ⲛⲛⲱⲓⲕ ⲛⲛⲓⲟϯ ⲥⲉⲉⲙⲓ ⲉⲛⲟⲩϣⲏⲣⲓ (ⲗⲏ) ϫⲉ ⲥⲉⲉⲣ ⲛⲟⲃⲓ ⲟⲩⲟϩ ⲥⲉϯ ⲥⲃⲱ ⲛⲱⲟⲩ ⲁⲛ. ⲉⲑⲃⲉ ⲛⲉⲛⲛⲟⲃⲓ ⲅⲁⲣ ⲁ ⲫϯ ⲟⲃϣϥ ⲉⲣⲟⲛ ⲁϥⲧⲏⲓⲧⲉⲛ ⲉⲧⲟⲧⲟⲩ ⲛⲛⲁⲓⲉⲑⲛⲟⲥ ⲛⲁⲑⲛⲁⲓ ϯⲛⲟⲩ ϫⲉ ⲙⲁⲣⲉ ϯⲙⲉⲑⲛⲁⲏⲧ ⲛⲉⲙ ϯⲙⲉⲧⲁⲛⲟⲓⲁ ϣⲱⲡⲓ ϧⲉⲛ ⲑⲏⲛⲟⲩ ⲛⲉⲙ ϯⲁⲅⲁⲡⲏ[3] ⲉϧⲟⲩⲛ ⲉⲛⲉⲧⲉⲛⲉⲣⲛⲟⲩ ⲛⲥⲛⲟⲩ ⲛⲓⲃⲉⲛ ⲛϩⲟⲩⲟ ⲇⲉ ⲡⲓⲧⲟⲩⲃⲟ ⲛⲉⲙ ϯϩⲉⲓⲣⲏⲛⲏ[4] ⲙⲁⲣⲉ ϯⲛⲏⲥⲧⲉⲓⲁ[5] ϣⲱⲡⲓ[6] ϧⲉⲛ ⲑⲏⲛⲟⲩ ⲉⲥϯ ⲟⲩⲛⲟϥ ⲙⲡⲉⲧⲉⲛϩⲏⲧ ⲛⲉⲙ ⲡⲉⲧⲉⲛⲗⲁⲥ ϫⲉ ⲟⲩⲏⲓ ⲡⲓⲛⲁⲓ ϣⲁϥϣⲟⲩϣⲟⲩ ⲙⲙⲟϥ ⲉϫⲉⲛ ⲡⲓϩⲁⲡ ⲕⲁⲧⲁ ⲫⲣⲏϯ ⲉⲧⲁϥϫⲟⲥ ⲛϫⲉ ⲓⲁⲕⲱⲃⲟⲥ ⲡⲓⲁⲡⲟⲥⲧⲟⲗⲟⲥ ⲕⲁⲓ[7] ⲅⲁⲣ ϯⲙⲉⲑⲛⲁⲏⲧ ϣⲁⲥⲛⲁϩⲉⲙ ⲡⲓⲣⲱⲙⲓ ⲛⲧⲉⲥⲟⲩⲟⲑⲃⲉϥ ⲉⲃⲟⲗϧⲉⲛ ⲫⲙⲟⲩ ⲉϧⲟⲩⲛ ⲉⲡⲱⲛϧ ⲕⲁⲧⲁ ⲡⲥⲁϫⲓ ⲙⲡⲓⲑⲉⲥⲡⲉⲥⲓⲟⲥ ⲛⲁⲡⲟⲥⲧⲟⲗⲟⲥ ⲡⲁⲩⲗⲟⲥ ⲉϥϫⲱ ⲙⲙⲟⲥ ϫⲉ ⲙⲉⲧⲙⲁⲕⲁⲣⲓⲁ[8] ⲧⲉ ⲉϯ ⲙⲁⲗⲗⲟⲛ ⲉϩⲟⲧⲉ ⲉϭⲓ. ⲙⲉⲛⲉⲛⲥⲁ ⲛⲁⲓ ⲇⲉ ⲱ ⲛⲁⲙⲉⲛⲣⲁϯ

forniquez, vous êtes adultères; les parents savent que leurs enfants pèchent et ne les instruisent pas. A cause de nos péchés Dieu nous a oubliés,[9] il nous a livrés aux mains de ces nations sans pitié. Que maintenant donc la miséricorde et le repentir règnent parmi vous, avec la charité les uns pour les autres en tout temps, et surtout la pureté et la paix; que le jeûne parmi vous donne joie à votre cœur et à votre langue, car certes la miséricorde se glorifie contre le jugement, comme l'a dit l'apôtre Jacques : car la miséricorde sauve l'homme et le transporte de la mort à la vie, selon la parole du divin apôtre Paul disant : «Il est plus heureux de donner que de recevoir.»[10] En outre, ô mes bien-aimés frères, vous

1. Cod. ⲧⲉⲧⲉⲛⲉⲣⲉⲡⲓⲑⲩⲙⲓⲛ. — 2. Cod. ⲧⲉⲧⲉⲛⲉⲣⲡⲟⲣⲛⲉⲩⲓⲛ. — 3. L'article ϯ a été ajouté récemment. — 4. Cod. ϯϩⲓⲣⲏⲛⲏ. — 5. Cod. ⲛⲏⲥⲧⲓⲁ. — 6. La lettre ⲓ a été ajoutée récemment. — 7. Cod. ⲕⲉ ⲅⲁⲣ. — 8. Cod. ⲙⲉⲧⲙⲁⲕⲁⲣⲓ. — 9. Mot-à-mot : soient parmi vous. — 10. Cette parole au témoignage même de St Paul est de Jésus Christ.

ⲛⲥⲛⲏⲟⲩ ⲧⲉⲧⲉⲛⲉⲙⲓ ϫⲉ ⲥⲩⲛⲏⲑⲉⲓⲁ[1] ⲧⲉ ⲙⲡⲓⲁⲣⲭⲓⲉⲡⲓⲥⲕⲟⲡⲟⲥ[2] ⲁϥϣⲁⲛϧⲱⲛⲧ ⲉⲡⲓⲙ̅ ⲛⲉϩⲟⲟⲩ ⲉⲑⲟⲩⲁⲃ ϣⲁⲣⲉ ⲡⲓⲁⲣⲭⲓⲉⲡⲓⲥⲕⲟⲡⲟⲥ[3] ⲥϧⲁⲓ ⲛⲟⲩⲉⲩⲕⲩⲕⲗⲓⲟⲛ[4] ⲉⲃⲟⲗ ϧⲉⲛ ⲭⲏⲙⲓ ⲧⲏⲣϥ ⲉϥⲉⲣⲥⲏⲙⲁⲓⲛⲉⲓⲛ[5] ⲛⲱⲟⲩ ⲟⲩⲟϩ ⲉϥⲧⲁⲙⲟ ⲙⲙⲱⲟⲩ ⲉⲑⲃⲉ ⲡⲓϫⲓⲛⲉⲣⲁⲥⲡⲁⲍⲉⲥⲑⲁⲓ[6] ϧⲉⲛ ⲡϣⲁⲓ ⲛⲧⲉ ⲛⲓϣⲁⲓ (*fol.* 143 ⲗ̅ⲑ̅) ⲟⲩⲟϩ ϫⲉ ⲟⲩ ⲡⲉⲧⲉⲧⲥϣⲉ[7] ⲛⲁϥ. ⲗⲟⲓⲡⲟⲛ ⲁ ⲛⲓⲡⲁⲧⲣⲓⲁⲣⲭⲏⲥ ⲉⲑⲟⲩⲁⲃ ⲁⲃⲃⲁ ⲇⲁⲙⲓⲁⲛⲟⲥ ⲡⲓⲁⲣⲭⲓⲉⲡⲓⲥⲕⲟⲡⲟⲥ[8] ⲛⲧⲉ ⲣⲁⲕⲟϯ ⲁϥⲟⲩⲱⲣⲡ ⲛϩⲁⲛ ⲕⲗⲏⲣⲓⲕⲟⲥ ⲉⲃⲟⲗ ϧⲉⲛ ⲡⲓⲥⲁ ⲛⲉⲣⲏⲥ ⲛⲧⲉ ⲭⲏⲙⲓ ⲉϥⲉⲣⲥⲏⲙⲁⲓⲛⲉⲓⲛ[9] ⲕⲁⲧⲁ ⲡⲟⲗⲓⲥ ⲙⲡⲉϥⲉⲩⲕⲩⲕⲗⲓⲟⲛ[10] ⲉⲑⲟⲩⲁⲃ. ⲉⲧⲁⲩⲉⲣⲁⲡⲁⲛⲧⲁⲛ ⲇⲉ ⲉⲡⲉⲛⲓⲱⲧ ⲉⲑⲟⲩⲁⲃ ⲁⲃⲃⲁ ⲡⲓⲥⲉⲛⲧⲓⲟⲥ ⲛϫⲉ ⲛⲓⲕⲗⲏⲣⲓⲕⲟⲥ ⲛⲧⲉ ⲡⲓⲁⲣⲭⲓⲉⲡⲓⲥⲕⲟⲡⲟⲥ[11] ⲁⲩϭⲓ ⲥⲙⲟⲩ ⲉⲃⲟⲗϧⲉⲛ ⲛⲉϥϫⲓϫ ⲉⲑⲟⲩⲁⲃ.[12]

ⲁⲥϣⲱⲡⲓ ⲇⲉ ϧⲉⲛ ⲡⲓⲉϩⲟⲟⲩ ⲉⲧⲉⲙⲙⲁⲩ ⲕⲁⲧⲁ ⲟⲩⲑⲱϣ ⲛⲧⲉ ⲫ̅ϯ̅

savez que c'est la coutume de l'archevêque, qu'à l'approche de la sainte quarantaine il écrit une lettre encyclique à toute l'Égypte pour instruire tous les peuples[13] et leur apprendre ce qui est nécessaire à la célébration (?) de la fête des fêtes.»[14] Or le patriarche saint abba Damianos, l'archevêque de Rakoti, envoya des clercs dans la partie sud de l'Égypte pour faire connaître en chaque ville l'encyclique sainte. Lorsque les clercs de l'archevêque eurent abordé notre père saint, abba Pisentios, ils se firent bénir de ses saintes mains.

Il arriva en ce temps par une disposition de Dieu qu'un berger

1. Cod. ⲥⲩⲛⲏⲑⲓⲁ. — 2. Cod. ⲙⲡⲓⲁⲣⲭⲏⲉⲡⲓⲥⲕⲟⲡⲟⲥ. — 3. Cod. ⲡⲓⲁⲣⲭⲏⲉⲡⲓⲥⲕⲟⲡⲟⲥ. — 4. Cod. ⲛⲟⲩⲉⲩⲕⲩⲗⲓⲟⲛ. On a récemment ajouté un second ⲕ en interligne. — 5. Cod. ⲉⲣϥⲉⲣⲉⲩⲙⲉⲛⲓⲛ. — 6. Cod. ⲡⲓϫⲓⲛⲉⲣⲁⲥⲡⲁⲍⲉⲥⲑⲉ. — 7. Cod. ⲟⲩ ⲡⲉⲧⲉⲥϣⲉ ⲛⲁϥ. — 8. Cod. ⲡⲓⲁⲣⲭⲏⲉⲡⲓⲥⲕⲟⲡⲟⲥ. — 9. Cod. ⲉϥⲉⲣⲉⲩⲙⲉⲛⲓⲛ. — 10. Cod. ⲙⲡⲉϥⲉⲩⲕⲓⲕⲗⲓⲟⲛ. — 11. Cod. ⲡⲓⲁⲣⲭⲏⲉⲡⲓⲥⲕⲟⲡⲟⲥ. — 12. En marge on lit ϣⲁ. — 13. C'est-à-dire ses diocésains. — 14. C'est-à-dire Pâques.

ⲛⲉ ⲟⲩⲟⲛ ⲟⲩⲙⲁⲛⲉⲥⲱⲟⲩ ϧⲉⲛⲧ ⲉⲣⲟⲛ ⲡⲉ ⲁϥϩⲓ ϩⲱϥ ⲉϥⲛⲁϭⲓ ⲥⲙⲟⲩ ⲛⲧⲟⲧϥ ⲙⲡⲁⲓⲱⲧ ⲟⲩⲟϩ ⲉⲧⲁϥⲫⲁϧⲧϥ ϧⲁ ⲛⲉⲛϭⲁⲗⲁⲩϫ ⲙⲡⲉⲛⲓⲱⲧ ⲉⲑⲟⲩⲁⲃ ⲛⲉⲡⲓⲥⲕⲟⲡⲟⲥ ⲉⲧⲁϥⲧⲱⲛϥ ⲇⲉ ⲉϥⲟⲩⲱϣ ⲉⲁⲙⲟⲛⲓ ⲛⲛⲉϥϫⲓϫ ⲛⲧⲉϥⲟⲩⲱϣⲧ ⲙⲙⲱⲟⲩ ⲉⲧⲁϥϫⲟⲩϣⲧ ⲉϧⲟⲩⲛ ϧⲉⲛ ⲡⲉϥϩⲟ ⲛϫⲉ ⲡⲓϧⲉⲗⲗⲟ ⲙⲡⲉϥⲭⲁϥ ⲉϭⲓ ⲛⲉⲙ ⲛⲉϥϫⲓϫ ⲉϥϫⲱ ⲙⲙⲟⲥ ϫⲉ ⲓⲱⲁⲛⲛⲏⲥ ⲛⲓⲙ ⲡⲉ ⲉⲧⲁϥⲑⲣⲉ ⲡⲁⲓⲁⲛⲟⲙⲟⲥ ⲓ ⲉϧⲟⲩⲛ ⲉⲡⲁⲓⲙⲁ. ⲉⲓⲧⲁ[1] ⲡⲉϫⲉ ⲡⲓϧⲉⲗⲗⲟ ⲙⲡⲓⲙⲁⲛⲉⲥⲱⲟⲩ ϫⲉ ϩⲱⲗ ⲉⲃⲟⲗ ⲧⲁⲓ ⲡⲓⲁⲕⲁⲑⲁⲣⲧⲟⲥ. ⲁⲛⲟⲕ ⲇⲉ ⲁⲓⲁⲙⲟⲛⲓ ⲙⲙⲟϥ ⲁⲓϩⲓⲧϥ ⲉⲃⲟⲗ ⲕⲁⲧⲁ ϯϧⲉ ⲉⲧⲁϥⲟⲩⲁϩⲥⲁϩⲛⲓ ⲛⲏⲓ. ⲡⲉϫⲏⲓ ⲛⲁϥ ⲁⲛⲟⲕ ⲓⲱⲁⲛⲛⲏⲥ ϫⲉ ⲟⲩ ⲡⲉ ⲉⲧⲁϥϣⲱⲡⲓ ⲙⲙⲟⲕ (ⲙ̅) ⲉⲧⲁ ⲡⲓϧⲉⲗⲗⲟ ⲥⲁϩⲟⲩⲓ ⲉⲣⲟⲕ ϧⲉⲛ ⲑⲙⲏϯ ⲙⲡⲁⲓⲙⲏϣ ⲙⲁⲗⲗⲟⲛ ⲇⲉ ⲛⲓⲕⲗⲏⲣⲓⲕⲟⲥ ⲛⲧⲉ ⲡⲓⲁⲣⲭⲓⲉⲡⲓⲥⲕⲟⲡⲟⲥ[2] ⲥⲥϧⲏⲟⲩⲧ ⲅⲁⲣ ϫⲉ ⲟⲩⲱⲛϩ ⲛⲛⲉⲧⲉⲛⲛⲟⲃⲓ ⲉⲃⲟⲗ ⲛⲛⲉⲧⲉⲛⲉⲣⲛⲏⲟⲩ ⲟⲩⲟϩ ⲧⲱⲃϩ ⲉϫⲉⲛ ⲛⲉⲧⲉⲛⲉⲣⲛⲏⲟⲩ ϩⲟⲡⲱⲥ ⲛⲧⲉⲧⲉⲛⲛⲟⲩϫⲁⲓ. ⲁϥⲉⲣ ⲟⲩⲱ ⲛϫⲉ ⲡⲓⲙⲁⲛⲉⲥⲱⲟⲩ ϫⲉ ⲁⲙⲟⲓ ⲁⲓ-

s'avança vers nous; il venait aussi pour recevoir la bénédiction de mon père, et il se prosterna aux pieds de l'évêque, notre père saint. Mais lorsque ce berger se releva pour lui prendre les mains et les baiser et que le vieillard eut regardé son visage, il ne le laissa point prendre ses mains et dit : «Jean, qui a fait entrer ici cet impie?» Le vieillard dit ensuite au berger : «Sors d'ici, impur!» Alors moi, je le saisis, je le poussai dehors, comme il m'avait ordonné. Je lui dis, moi Jean : «Que t'est-il donc arrivé que le vieillard t'a maudit au milieu de cette foule, et surtout (en présence) des clercs de l'archevêque? (Dis-le-moi), car il est écrit :. Confessez vos péchés les uns aux autres et priez les uns pour les autres afin que vous soyez sauvés.» — Le berger répondit : «Plût à Dieu que je fusse mort aujourd'hui avant de me lever de ma couche.[3]

1. Cod. ⲓⲧⲁ. — 2. Cod. ⲡⲓⲁⲣⲭⲏⲉⲡⲓⲥⲕⲟⲡⲟⲥ. — 3. Mot-à-mot : que je fusse mort aujourd'hui avant que je ne me sois levé étant couché.

ⲙⲟⲩ ⲙⲫⲟⲟⲩ ⲛⲉ ⲙⲡⲁϯⲧⲱⲛⲧ ⲉⲓⲛⲏⲟⲧ. ⲁⲥϣⲱⲡⲓ ⲙⲙⲟⲓ ⲙⲫⲟⲟⲩ ⲉⲓⲙⲟⲛⲓ ⲛⲛⲓⲉⲥⲱⲟⲩ ϧⲉⲛ ⲡⲓϣⲟⲛϯ ϧⲉⲛ ⲧⲕⲟⲓ ⲁ ⲟⲩⲥϩⲓⲙⲓ ⲥⲓⲛⲓ ⲉⲃⲟⲗ ϧⲉⲛ ⲑⲙⲏϯ ⲙⲡⲓϣⲟⲛϯ ⲉⲥⲙⲟϣⲓ ⲉⲓⲥⲱⲟⲩⲛ ⲙⲙⲟⲥ ⲁⲓⲁⲙⲟⲛⲓ ⲙⲙⲟⲥ ⲁⲓϣⲱⲡⲓ ⲛⲉⲙⲁⲥ ϧⲉⲛ ⲧⲁⲙⲉⲧⲁⲧϩⲏⲧ ⲛⲁⲓⲙⲉⲩⲓ ⲁⲛ ⲡⲉ ϫⲉ ⲡⲓϧⲉⲗⲗⲟ ⲛⲁⲉⲙⲓ ⲉⲡⲁⲓϩⲱⲃ ⲡ̅ⲟ̅ⲥ̅ ⲥⲱⲟⲩⲛ ϫⲉ ⲙⲡⲓⲛⲁⲩ ⲉⲧⲁϥⲥⲟⲙⲥ ⲉⲣⲟⲓ ⲁ ⲧⲁⲥⲩⲛⲉⲓⲇⲏⲥⲓⲥ[1] ⲧⲁⲙⲟⲓ ϧⲉⲛ ϯⲟⲩⲛⲟⲩ ⲁ ⲟⲩⲛⲓϣϯ ⲛⲥⲑⲉⲣⲧⲉⲣ ϣⲱⲡⲓ ϧⲉⲛ ⲛⲁⲕⲁⲥ ϫⲉ ⲁ ⲫ̅ϯ̅ ϭⲱⲣⲡ ⲙⲡⲁϣⲓⲛⲓ ⲉⲃⲟⲗ ⲙⲡⲓϧⲉⲗⲗⲟ ⲛⲁⲅⲓⲟⲥ ⲫ̅ϯ̅ ⲛⲉⲧⲥⲱⲟⲩⲛ ϫⲉ ⲛⲉ ⲙⲡⲉⲕⲁⲙⲟⲛⲓ ⲙⲙⲟⲓ ⲛⲧⲉⲕⲉⲛⲧ ⲉⲃⲟⲗ ⲛⲁⲓⲛⲁϩⲉⲓ ⲉϫⲉⲛ ⲛⲁϩⲟ ⲛⲉ. ⲛⲓⲙⲁⲛⲉⲥⲱⲟⲩ ⲇⲉ ⲉⲧⲉⲙⲙⲁⲩ ⲁϥⲉⲛ ϩⲁⲛ ⲕⲟⲩϫⲓ ⲛⲁⲗⲱⲙ ⲁϥⲧⲏⲓⲧⲟⲩ ⲛⲏⲓ ⲉϥϫⲱ ⲙⲙⲟⲥ ϫⲉ ⲁⲣⲓ ϯⲁⲅⲁⲡⲏ ϭⲓ ⲛⲛⲁⲓ ⲛⲧⲟⲧ ⲙⲛⲧⲟⲩ ⲛⲁⲅⲁⲡⲏ ⲛⲛⲓϫⲱⲃ. ⲡⲉϫⲏⲓ ⲛⲁϥ ϫⲉ ϯⲛⲁϣϭⲓⲧⲟⲩ (fol. 144 ⲙ̅ⲁ̅) ⲁⲛ ⲁϭⲛⲉ ⲥⲟϭⲛⲓ ⲛⲧⲉ ⲡⲁⲓⲱⲧ ⲙⲏⲡⲱⲥ ⲛⲧⲉϥϫⲉⲙ ⲁⲣⲓⲕⲓ ⲉⲣⲟⲓ. ⲁ ⲛⲓⲙⲁⲛⲉⲥⲱⲟⲩ ϯϩⲟ ⲉⲣⲟⲓ ⲉϥⲧⲁⲣⲕⲟ ⲙⲙⲟⲓ ⲙⲫ̅ϯ̅ ϫⲉ

Il m'est arrivé aujourd'hui qu'en paissant mes brebis dans la ronceraie dans la campagne, une femme est passée au milieu de la ronceraie : je la connaissais, je l'ai prise, j'ai été avec elle dans mon impiété. Je ne pensais pas que le vieillard saurait cette action. Le Seigneur sait qu'à l'heure où il m'a regardé, j'ai eu conscience (qu'il la savait),[2] mes os ont été secoués[3] parce que Dieu avait révélé ma honte à ce saint vieillard. Dieu sait que si tu ne m'avais pas saisi et poussé dehors, je serais tombé sur mon visage.» Ce berger apporta quelques fromages, il me les donna disant : «Fais-moi la charité de les prendre de ma main, donne les en aumône aux infirmes.» — Je lui dis : «Je ne les prendrai pas sans le conseil de mon père, de peur qu'il ne me réprimande.» Le berger me supplia, me conjurant au nom de Dieu. Lorsqu'il m'eut

1. Cod. ⲧⲁⲥⲩⲛⲛⲏⲇⲏⲥⲓⲥ. — 2. Mot-à-mot : ma conscience m'a annoncé. — 3. Mot-à-mot : un grand tremblement s'est fait dans mes os.

ϭⲓⲧⲟⲩ ⲛⲧⲟⲧ. ⲉⲧⲁϥⲁⲣⲕⲟⲓ ⲇⲉ ⲁⲓⲟⲗⲟⲩ ⲛⲧⲟⲧϥ ⲁⲓϭⲓⲧⲟⲩ ⲁⲓⲧⲁⲗⲱⲟⲩ ⲉϫⲉⲛ ϩⲁⲛ ⲕⲉⲟⲩⲟⲛ ⲛⲁⲗⲱⲙ ⲛⲧⲁⲛ ⲉⲓϫⲱ ⲙⲙⲟⲥ ϧⲉⲛ ⲡⲁⲙⲉⲩⲓ ϫⲉ ⲡⲁⲓⲱⲧ ⲛⲁⲉⲙⲓ ⲉⲣⲱⲟⲩ ⲁⲛ. ⲁⲥϣⲱⲡⲓ ⲇⲉ ⲉⲣⲉ ⲛⲓⲕⲗⲏⲣⲓⲕⲟⲥ ⲛⲧⲉ ⲡⲓⲡⲁⲧⲣⲓⲁⲣⲭⲏⲥ ϣⲉ ⲛⲱⲟⲩ ⲡⲉϫⲉ ⲡⲁⲓⲱⲧ ⲛⲏⲓ ϫⲉ ⲉϣⲱⲡ ⲟⲩⲟⲛ ⲁⲗⲱⲙ ⲙⲙⲁⲩ ⲓⲉ ⲁⲛⲓⲟⲩⲓ ⲛϩⲁⲛ ⲕⲟⲩϫⲓ ⲙⲏⲓⲧⲟⲩ ⲛⲛⲓⲕⲗⲏⲣⲓⲕⲟⲥ ⲛⲥⲉⲟⲗⲟⲩ ⲛⲉⲙⲱⲟⲩ ϩⲓ ⲫⲙⲱⲓⲧ ⲛⲥⲉⲟⲩⲱⲙ ⲛϧⲏⲧⲟⲩ. ϩⲱⲥ ⲇⲉ ⲉⲧⲁⲓⲉⲛⲟⲩ ⲙⲡⲁⲓⲱⲧ ⲉⲧⲁϥϫⲟⲩϣⲧ ⲉϧⲣⲏⲓ ⲉϫⲱⲟⲩ ⲡⲉϫⲁϥ ⲛⲏⲓ ϫⲉ ⲁⲛⲓⲧⲟⲩ ⲛⲏⲓ ⲙⲛⲁⲓ. ⲉⲧⲁⲓⲉⲛⲟⲩ ⲇⲉ ⲡⲉϫⲁϥ ⲛⲏⲓ ϫⲉ ⲟⲩⲣⲱⲙⲓ ⲉⲣⲉ ⲛⲉϥⲃⲁⲗ ⲟⲩⲏⲛ ⲟⲩⲟϩ ⲉϥⲛⲁⲩ ⲙⲃⲟⲗ ⲙⲙⲟⲛ ϩⲗⲓ ⲛⲭⲁⲕⲓ ϧⲉⲛ ⲛⲉϥⲃⲁⲗ ⲟⲩⲟϩ ⲛⲧⲉϥϣⲑⲁⲙ ⲛⲛⲉϥⲃⲁⲗ ϩⲱⲥ ⲟⲩⲃⲉⲗⲗⲉ ⲡⲉ ⲙⲏ ⲣⲱⲙⲓ ⲛⲓⲃⲉⲛ ⲉⲑⲛⲁⲩ ⲉⲣⲟϥ ⲥⲉⲛⲁⲥⲱⲃⲓ ⲙⲙⲟϥ ⲁⲛ ⲟⲩⲟϩ ⲛⲥⲉϫⲟⲥ ⲛⲁϥ ϫⲉ ⲁ ⲫϯ ϯⲛⲁⲕ ⲙⲫⲟⲩⲱⲓⲛⲓ ⲛⲛⲉⲕⲃⲁⲗ ⲉⲑⲃⲉ ⲟⲩ ⲁⲕⲙⲉⲛⲣⲉ ⲡⲓⲥⲭⲏⲙⲁ ⲛⲧⲉ ϯⲙⲉⲧⲃⲉⲗⲗⲉ. ϯⲉⲣϩⲟⲙⲟⲗⲟⲅⲉⲓⲛ[1] ⲛⲱⲧⲉⲛ ϫⲉ ⲉⲧⲁϥⲕⲏⲛ ⲉϥϫⲱ ⲛⲛⲁⲓⲥⲁϫⲓ ⲛϫⲉ

conjuré, je les emportai de sa main, je les pris, je les plaçai sur quelques autres fromages que nous avions, disant en ma pensée : «Mon père ne les distinguera pas des autres.»[2] Mais il arriva, lorsque les clercs du patriarche partirent, que mon père me dit : «S'il y a ici des fromages, apportes en quelques-uns, donne-les aux clercs afin qu'ils les emportent avec eux dans la route et qu'ils les mangent.» Ainsi lorsque je les eus apportés à mon père, et qu'il les eut considérés, il me dit : «Apporte-les ici.» Mais lorsque je les eus apportés, il me dit : «Si un homme avait les yeux ouverts, n'ayant rien de ténébreux en eux quand il regarde à l'extérieur,[3] et s'il les fermait comme un aveugle, est-ce que tout homme qui le verrait ne rirait pas de lui et ne lui dirait pas : Dieu a donné la lumière à tes yeux, pourquoi aimes-tu l'apparence de la cécité?» Je vous avoue

1. Cod. ϯⲉⲣⲟⲙⲟⲗⲟⲅⲓⲛ. — 2. Mot-à-mot : Mon père ne les connaîtra pas. — 3. C'est-à-dire : si son œil est en parfait état.

ⲡⲁⲓⲱⲧ ⲁϥϭⲓ ⲛⲛⲓⲁⲗⲱⲙ ⲛⲧⲉ ⲡⲓⲙⲁⲛⲉⲥⲱⲟⲩ ⲁϥⲫⲟⲣϫⲟⲩ ⲉⲃⲟⲗ ⲛⲛⲟⲩⲉⲣⲏⲟⲩ (ⲙ̅ⲃ̅) ⲉⲁϥϩⲓⲧⲟⲩ ⲥⲁ ⲡⲥⲁ ⲙⲙⲁⲩⲁⲧⲟⲩ. ⲡⲁⲗⲓⲛ ⲡⲉϫⲉ ⲡⲁⲓⲱⲧ ⲛⲏⲓ ϫⲉ ⲛⲁⲓⲁⲗⲱⲙ ⲛⲁ ⲡⲓⲙⲁⲛⲉⲥⲱⲟⲩ ⲛⲉ ⲉⲑⲃⲉ ⲟⲩ ⲁⲕϭⲓⲧⲟⲩ ⲛⲧⲟⲧϥ ⲁⲛⲁⲩ ⲟⲩⲛ ϫⲉ ⲉⲧⲁⲕⲑⲉⲛⲑⲱⲛⲕ[1] ⲉⲛⲓⲙ ⲉⲁⲕϣⲱⲡⲓ ⲉⲕⲧⲉⲛⲑⲱⲛⲧ ⲉⲅⲓⲉϫⲓ ⲡⲓⲙⲁⲑⲏⲧⲏⲥ ⲛⲧⲉ ⲉⲗⲓⲥⲥⲉⲟⲥ ⲫⲁⲓ ⲉⲧⲁϥⲧⲁⲥⲑⲟ ⲙⲡⲓⲣⲱⲙⲓ ⲉⲫⲁϩⲟⲩ ⲉϥⲕⲏⲕ ⲛⲥⲉϩⲧ ⲉⲧⲁϥϭⲓ ⲛⲧⲟⲧϥ ⲙⲡⲓϫⲓⲛϭⲱⲣ ⲃ̅ ⲛⲉⲙ ⲥⲧⲟⲗⲏ ⲥⲛⲟⲩϯ ⲁⲛⲁⲩ ϫⲉ ⲉⲧⲁ ⲉⲗⲓⲥⲥⲉⲟⲥ ⲥϩⲟⲩⲱⲣϥ ⲛⲁϣ ⲛⲣⲏϯ ⲉⲁϥⲑⲣⲉ ⲡⲓⲥⲉϩⲧ ⲛⲧⲉ ⲫⲏ ⲉⲧⲉⲙⲙⲁⲩ ⲧⲁⲥⲑⲟ ⲉⲡⲥⲱⲙⲁ ⲙⲡⲓⲙⲁⲑⲏⲧⲏⲥ ⲛⲕⲉⲥⲟⲡ ϫⲉ ⲁϥϣⲱⲡⲓ ϧⲉⲛ ⲟⲩⲙⲉⲧⲁⲧⲥⲱⲧⲉⲙ ⲁϥⲉⲣⲡⲁⲣⲁⲃⲁⲓⲛⲉⲓⲛ[2] ⲛⲧⲉϥⲉⲛⲧⲟⲗⲏ. ϯⲛⲟⲩ ϫⲉ ⲟⲩⲛ ⲧⲱⲛⲕ ⲛⲧⲉⲕⲟⲗⲟⲩ ⲛⲧⲉⲕⲧⲏⲓⲧⲟⲩ ⲛⲁϥ ⲟⲩⲟϩ ⲛⲛⲉⲕⲧⲁⲥⲑⲟⲕ ⲉⲣⲟⲓ ⲁⲕϣⲁⲛⲉⲣ ⲧⲫⲁϣⲓ ⲙⲡⲓⲉϫⲱⲣϩ ⲉⲕⲕⲱϯ ⲛⲥⲱϥ ⲛⲛⲉⲕⲧⲁⲥⲑⲟⲕ ⲁⲕϣⲧⲉⲙⲧⲏⲓⲧⲟⲩ ⲛⲁϥ. ⲁⲛⲟⲕ ⲇⲉ ⲉⲧⲁⲓⲉⲣ ⲟⲩⲱ ⲡⲉϫⲏⲓ ⲛⲁϥ ϫⲉ ⲡⲁⲟ̅ⲥ̅ ⲛⲓⲱⲧ ⲭⲱ ⲛⲏⲓ ⲉⲃⲟⲗ. ϧⲉⲛ ⲡϫⲓⲛⲑⲣⲉϥⲧⲁⲣⲕⲟⲓ ϧⲉⲛ ϩⲁⲛ ⲛⲓϣϯ ⲛⲁ-

que, lorsque mon père eut fini ces paroles, il prit les fromages du berger, les sépara des autres et les plaça seuls à l'écart. Il me dit de nouveau : «Ces fromages sont au berger, pourquoi les as-tu reçus de lui? Prends garde à qui tu ressembles! Te voilà devenu semblable à Giézi, le disciple d'Élisée, lorsqu'il rappela le lépreux et en reçut deux talents et deux stoles. Vois comme Élisée le maudit et fit que la lèpre du lépreux réapparut sur le corps du disciple,[3] parce qu'il avait désobéi et transgressé les ordres reçus. Maintenant donc lève-toi, emporte-les, donne-les lui et ne retourne pas, quand même tu passerais la moitié de la nuit à le chercher, ne retourne pas sans les lui avoir rendus.» — Mais moi, je lui répondis : «Seigneur mon père, pardonne-moi. Lorsqu'il m'a eu con-

1. Cette orthographe est peu ordinaire, et le même mot est écrit différemment trois mots plus loin; mais elle se rencontre. — 2. Cod. ⲁϥⲉⲣⲡⲁⲣⲁⲃⲉⲛⲓⲛ. — 3. Mot-à-mot : retourna une autre fois sur le corps du disciple.

ⲛⲁϣ ⲉⲩⲟⲓ ⲛϩⲟϯ ⲁⲓϭⲓⲧⲟⲩ ⲛⲧⲟⲧϥ. ⲡⲉϫⲁϥ ⲛⲏⲓ ⲛϫⲉ[1] ⲡⲁⲓⲱⲧ ϫⲉ ⲙⲡⲉⲕⲥⲱⲧⲉⲙ ⲉⲫⲏ ⲉⲧⲥϧⲏⲟⲩⲧ ϧⲉⲛ ⲡⲓⲡⲣⲟⲫⲏⲧⲏⲥ ϫⲉ ⲙⲡⲉⲛⲑⲣⲉ ⲫⲛⲉϩ ⲛⲧⲉ ⲛⲓⲣⲉϥⲉⲣ ⲛⲟⲃⲓ ϯ ⲛⲉⲛⲓ ⲉϫⲉⲛ ⲧⲁⲁⲫⲉ ⲟⲩⲟϩ ⲟⲛ ⲡⲁⲩⲗⲟⲥ ϫⲱ ⲙⲙⲟⲥ ϫⲉ ⲉϣⲱⲡⲉ ⲟⲩⲟⲛ ⲟⲩⲥⲟⲛ ⲙⲙⲁⲩ ⲉⲩϯ ⲣⲁⲛ ⲉⲣⲟϥ ϫⲉ ⲡⲟⲣⲛⲟⲥ ⲙⲡⲉⲣⲟⲩ- (fol. 145 ⲙⲅ̅) ⲱⲙ ⲛⲉⲙⲁϥ ϫⲉ ⲛⲓⲡⲟⲣⲛⲟⲥ ⲛⲉⲙ ⲛⲓⲛⲱⲓⲕ ⲫ̅ϯ̅ ⲛⲁϯ ϩⲁⲡ ⲉⲣⲱⲟⲩ. ⲙⲁϣⲉ ⲛⲁⲕ ⲟⲩⲛ ⲙⲏⲧⲟⲩ ⲛⲁϥ ⲁⲣⲏⲟⲩ ⲡⲁⲛⲧⲱⲥ ⲧⲉⲛⲛⲁϣⲛⲟϩⲉⲙ ⲛⲧⲉϥⲯⲩⲭⲏ ⲛⲧⲟⲧϥ ⲙⲡⲓϫⲁϫⲓ ϫⲉ ⲟⲩⲧⲁⲗⲁⲓⲡⲱⲣⲟⲥ[2] ϩⲱϥ ⲡⲉ. ⲉⲧⲁⲓⲥⲱⲧⲉⲙ ⲉⲛⲁⲓ ⲁⲓϣⲉ ⲛⲏⲓ ⲛϫⲱⲗⲉⲙ ⲁⲓϭⲓ ⲛⲛⲓⲁⲗⲱⲙ ⲁⲓⲧⲏⲓⲧⲟⲩ ⲙⲡⲓⲣⲱⲙⲓ ⲙⲙⲁⲛⲉⲥⲱⲟⲩ ⲕⲁⲧⲁ ⲡⲥⲁϫⲓ ⲙⲡⲁⲓⲱⲧ ⲉⲑⲟⲩⲁⲃ.

ⲁⲥϣⲱⲡⲓ ϫⲉ ⲛⲟⲩⲉϩⲟⲟⲩ ⲁϥⲓ ϣⲁⲣⲟϥ ⲛϫⲉ ⲟⲩⲣⲱⲙⲓ ϧⲉⲛ ⲡⲑⲟϣ ⲕⲉϥⲧ[3] ⲉⲣⲉ ⲡⲉϥϣⲏⲣⲓ ⲙⲟϣⲓ ⲛⲉⲙⲁϥ ⲉⲁϥⲓ ⲛϫⲉ ⲡⲉϥϣⲏⲣⲓ ⲉϯϩⲏⲗⲓⲕⲓⲁ[4] ⲉⲑⲣⲟⲩϯ ⲛⲁϥ ⲛⲧⲉϥⲥϩⲓⲙⲓ. ⲁⲩϣⲉ ⲉϧⲟⲩⲛ ⲙⲡⲃ̅ ⲁⲩⲫⲁϧⲧⲟⲩ ϧⲁ

juré par de grands et terribles serments, je les ai pris de lui.» —. Mon père me dit : «N'as-tu pas entendu ce qui est écrit dans le prophète : Ne permets pas que l'huile des pécheurs oigne ma tête! et Paul dit : S'il y a un frère qu'on appelle fornicateur, ne mange pas avec lui, car Dieu jugera les fornicateurs et les adultères. Va donc, rends-les lui, peut-être sauverons-nous son âme de la main de l'ennemi, car c'est un malheureux.» Lorsque j'eus entendu ces paroles, j'allai à la hâte, je pris les fromages, je les rendis à l'homme qui gardait les brebis, selon la parole de mon père saint.

Il arriva un jour que vint à lui un homme du nome de Keft; son fils l'accompagnait (et) son fils était arrivé à l'âge de lui donner sa femme.[5] On les introduisit tous les deux, ils se prosternèrent

1. Cod. ϫⲉ. On a ajouté la lettre ⲛ en dessus. — 2. Cod. ⲟⲩⲧⲁⲗⲉⲛⲱⲣⲟⲥ. — 3. Cod. ⲕⲉⲧ. On a mis ensuite le ϥ entre l'ⲉ et le ⲧ. — 4. Cod. ϩⲩⲗⲓⲕⲓⲁ. — 5. Cette expression est très grossière : l'idée qu'elle emporte est que chaque homme doit avoir *sa* femelle.

ⲛⲉⲛϭⲁⲗⲁⲩϫ ⲙⲡⲁⲓⲱⲧ ⲉⲑⲟⲩⲁⲃ. ⲁϥⲉⲣ ⲟⲩⲱ ⲛϫⲉ ⲫⲏ ⲉⲑⲟⲩⲁⲃ ⲁⲃⲃⲁ ⲡⲓⲥⲉⲛⲧⲓⲟⲥ ⲡⲉϫⲁϥ ⲙⲡⲓⲣⲱⲙⲓ ϫⲉ ⲉⲑⲃⲉ ⲟⲩ ⲙⲡⲉⲕϭⲓ ⲥϩⲓⲙⲓ ⲙⲡⲉⲕϣⲏⲣⲓ. ⲁϥⲉⲣ ⲟⲩⲱ ⲛϫⲉ ⲡⲓⲣⲱⲙⲓ ⲡⲉϫⲁϥ ⲙⲡⲁⲓⲱⲧ ϫⲉ ⲟⲩⲕⲟⲩϫⲓ ⲛⲁⲗⲟⲩ ⲡⲉ ⲡⲁⲓⲱⲧ ⲟⲩⲟϩ ⲟⲩⲥⲁⲃⲉ ⲡⲉ. ⲡⲉϫⲁϥ ⲛϫⲉ ⲫⲏ ⲉⲑⲟⲩⲁⲃ ϫⲉ ϧⲉⲛ ⲟⲩⲙⲉⲑⲙⲏⲓ ⲁ ⲡⲉⲕϣⲏⲣⲓ ⲉⲣⲡⲟⲣⲛⲉⲩⲉⲓⲛ.[1] ⲡⲉϫⲉ ⲡⲓⲣⲱⲙⲓ ⲙⲡⲉⲛⲓⲱⲧ ϫⲉ ⲉϣⲱⲡ ⲁϥⲉⲣⲡⲟⲣⲛⲉⲩⲉⲓⲛ[2] ϯϯ ⲙⲙⲟϥ ⲉϧⲣⲏⲓ ⲉⲛⲉⲕϫⲓϫ ⲉⲑⲣⲉⲕⲓⲣⲓ ⲛⲁϥ ⲕⲁⲧⲁ ⲡⲉⲕⲟⲩⲱϣ. ⲁϥⲉⲣ ⲟⲩⲱ ⲛϫⲉ ⲫⲏ ⲉⲑⲟⲩⲁⲃ ⲡⲉϫⲁϥ ⲙⲡⲓⲣⲱⲙⲓ ϫⲉ ⲉϣⲱⲡ ⲁⲕϣⲁⲛ- (ⲙⲁ̅) ϩⲱⲗ ⲉⲡⲉⲕϯⲙⲓ ϯϣⲟⲣⲡⲓ ⲛⲥϩⲓⲙⲓ ⲉⲧⲁⲕⲛⲁⲉⲣⲁⲡⲁⲛⲧⲁⲛ ⲉⲣⲟⲥ ⲫⲏ ⲉⲧⲭⲏ ϧⲉⲛ ⲧⲉⲥⲛⲉϫⲓ ⲛⲑⲟϥ ⲡⲉ ⲉⲧⲉⲣ ⲙⲉⲑⲣⲉ ⲉⲡⲉⲕϣⲏⲣⲓ ϫⲉ ⲛⲑⲟϥ ⲡⲉ ⲉⲧⲁϥⲛⲕⲟⲧ ⲛⲉⲙⲁⲥ ϣⲁⲧⲉⲥⲉⲣ ⲃⲟⲕⲓ ⲁⲗⲗⲁ ⲙⲡⲉⲣⲙⲉⲩⲓ ⲉⲣⲟⲓ ϩⲱⲥ ϫⲉ ⲉⲧⲁⲓⲉⲙⲓ ⲉⲡⲓϩⲱⲃ ⲉⲃⲟⲗϩⲓⲧⲟⲧ ⲙⲙⲁⲩⲁⲧ ⲙⲙⲟⲛ ⲁⲗⲗⲁ ϩⲁⲛ ⲣⲱⲙⲓ ⲙⲡⲓⲥⲧⲟⲥ ⲁⲩϫⲉ ⲛⲁⲓⲥⲁϫⲓ ⲛⲏⲓ ⲟⲩⲟϩ ⲉϣⲱⲡ ⲁⲕϣⲁⲛⲥⲱⲧⲉⲙ ⲛⲥⲱⲓ ⲭⲛⲁⲟⲗⲥ ⲛⲁϥ ⲛⲥϩⲓⲙⲓ ⲛⲧⲉϥ-

aux pieds de mon père saint. Le saint abba Pisentios prit la parole, il dit à l'homme: «Pourquoi n'as-tu pas pris femme pour ton fils?» — Le père répondit : «Parce qu'il est (encore) un jeune garçon et qu'il est sage.» — Le saint lui dit : «En vérité, ton fils a forniqué.» — L'homme dit à notre père : «S'il a forniqué, je le livre entre tes mains, afin que tu lui fasses selon ton désir.» — Le saint répondit, il dit à l'homme : «Lorsque tu entreras dans ton village, la première femme que tu rencontreras porte en son sein quelque chose qui te témoignera que c'est ton fils qui a couché avec elle jusqu'à ce qu'elle soit devenue grosse. Ne pense pas que je sais cette chose de moi seul, non; mais des hommes dignes de foi m'ont raconté cela; et si tu m'écoutes, tu la lui emmèneras pour femme afin qu'il reste avec elle bon gré mal gré, afin qu'il

1. Cod. ⲉⲣⲡⲟⲣⲛⲉⲩⲓⲛ. — 2. Cod. ⲁϥⲉⲣⲡⲟⲣⲛⲉⲩⲓⲛ.

ϩⲉⲙⲥⲓ ⲛⲉⲙⲁⲥ ⲉϥⲟⲩⲱϣ ⲙⲡⲉϥⲟⲩⲱϣ ⲛⲧⲉϥϯ ⲛⲧⲉⲥϭⲣⲏϫⲓ ⲛⲁⲥ ⲙⲫⲣⲏϯ ⲛⲛⲓⲡⲁⲣⲑⲉⲛⲟⲥ ⲧⲏⲣⲟⲩ ⲟⲩⲟϩ ⲉϥⲉϣⲱⲡⲓ ⲛⲉⲙ ⲑⲏ ⲉⲧⲁϥⲑⲉⲃⲓⲟⲥ ⲕⲁⲛ ⲟⲩϩⲏⲕⲓ ⲧⲉ. ϯⲛⲟⲩ ϫⲉ ϩⲟⲥⲟⲛ ⲁ ⲡⲇⲓⲁⲃⲟⲗⲟⲥ ⲑⲣⲉ ⲡⲉⲕϣⲏⲣⲓ ϩⲉⲓ ⲛⲉⲙ ⲧⲁⲓⲥϩⲓⲙⲓ ⲙⲏⲓⲥ ⲛⲁϥ ⲉⲟⲩⲥϩⲓⲙⲓ[1] ⲙⲏⲡⲟⲧⲉ ⲛⲧⲉϥⲉⲣ ⲛⲟⲃⲓ ⲛⲧⲉ ⲫ̅ϯ̅ ⲧⲁⲕⲟⲕ ⲉⲑⲃⲉ ⲧⲉϥⲯⲩⲭⲏ ⲕⲁⲛ ⲁⲕϣⲁⲛⲱⲗⲓ ⲛⲁϥ ⲟⲛ ⲛϯⲥϩⲓⲙⲓ ⲉϣⲱⲡ ⲇⲉ ⲛⲧⲉϥⲉⲣ[2] ⲛⲟⲃⲓ ⲡⲉⲥⲛⲟϥ ⲉϫⲱϥ ⲙⲙⲓⲛ ⲙⲙⲟϥ ⲡⲗⲏⲛ ⲙⲡⲉⲣⲭⲁϥ ⲉϫⲉⲙ ⲗⲱⲓϫⲓ ⲉⲣⲟⲕ ϧⲉⲛ ⲡⲓⲃⲏⲙⲁ ⲛⲧⲉ ⲡ̅ⲭ̅ⲥ̅ ϫⲉ ⲙⲡⲉ ⲡⲁⲓⲱⲧ ϭⲓ ⲛⲏⲓ ⲛⲧⲁⲥϩⲓⲙⲓ ϣⲁ ϯϩⲉⲓ ϧⲉⲛ ⲡⲁⲓⲛⲟⲃⲓ ⲛⲧⲁⲓⲙⲁⲓⲏ ⲟⲩⲟϩ ⲛⲧⲉ ⲡ̅ⲭ̅ⲥ̅ ϣⲉⲛⲕ ⲉⲡⲉϥⲛⲟⲃⲓ. ⲁϥⲉⲣ ⲟⲩⲱ ⲛϫⲉ ⲫⲓⲱⲧ ⲙⲡⲓⲁⲗⲟⲩ ϫⲉ ⲥⲁϫⲓ ⲛⲓⲃⲉⲛ ⲉⲧⲁⲕϩⲟⲛϩⲉⲛ ⲙⲙⲱⲟⲩ ⲉⲧⲟⲧ ϯⲛⲁⲁⲓⲧⲟⲩ ⲙⲡⲁⲓⲁⲗⲟⲩ ϯⲉⲙⲓ[3] ⲅⲁⲣ ϫⲉ ⲫⲏ ⲉⲑⲛⲁⲉⲣ ⲁⲧⲥⲱⲧⲉⲙ (fol. 146 ⲙ̅ⲉ̅) ⲛⲥⲱⲕ ⲉϥⲟⲓ ⲛⲁⲧⲥⲱⲧⲉⲙ ⲛⲥⲁ ⲡ̅ⲭ̅ⲥ̅ ⲉⲑⲃⲉ ϫⲉ ϩⲁⲛ ⲥⲁϫⲓ ⲛⲱⲛϧ ⲉⲑⲛⲏⲟⲩ ⲉⲃⲟⲗϧⲉⲛ ⲣⲱⲕ. ⲡⲓⲣⲱⲙⲓ ⲇⲉ ⲛⲉⲙ ⲡⲉϥϣⲏⲣⲓ ⲁⲩⲓ ⲉⲃⲟⲗϩⲓⲧⲟⲧϥ ⲙⲡⲉⲛⲓⲱⲧ

lui donne une dot comme à toutes les vierges et qu'il vive avec celle qu'il a humiliée, quoiqu'elle soit pauvre. Maintenant donc puisque le diable a fait que ton fils est tombé avec cette femme, donne-la lui pour femme de peur qu'il ne pèche et que Dieu ne te perde à cause de son âme; au lieu que si tu la lui prends pour femme et qu'il pèche, son sang sera sur sa propre tête. Mais ne lui laisse pas trouver un prétexte contre loi au tribunal du Christ (de sorte qu'il puisse) dire : «Mon père ne m'a pas pris femme, et je suis tombé dans ce péché,»[4] et que le Seigneur ne te demande compte de son péché.» — Le père de l'enfant répondit : «Toute parole que tu m'as dite, je l'exécuterai pour ce jeune garçon, car je sais que celui qui te désobéit désobéit au Christ à cause des paroles de vie qui sortent de ta bouche.» Et l'homme et son fils

1. Cod. ⲉⲩⲥϩⲓⲙⲓ, mauvaise orthographe. — 2. Cod. ⲛⲧⲉϥⲣ. On a ajouté l'ⲉ. — 3. Cod. ϯⲙⲓ. On a ajouté l'ⲉ. — 4. Mot-à-mot : Dans ce péché de cette sorte.

ⲉⲑⲟⲩⲁⲃ ⲁⲃⲃⲁ ⲡⲓⲥⲉⲛⲧⲓⲟⲥ[1] ⲉⲁⲩⲓⲣⲓ ⲛϩⲱⲃ ⲛⲓⲃⲉⲛ ⲉⲧⲁϥϩⲟⲛϩⲉⲛ ⲙⲙⲱⲟⲩ ⲉⲧⲟⲧⲟⲩ ⲉⲩϯ ⲱⲟⲩ ⲙⲫϯ.

ⲁⲥϣⲱⲡⲓ ⲇⲉ ⲟⲛ ⲛⲟⲩⲉϩⲟⲟⲩ ⲁϥⲓ ⲉϥⲥⲓⲛⲓ ⲛϫⲉ ⲡⲉⲛⲓⲱⲧ ⲉⲑⲟⲩⲁⲃ ⲁⲃⲃⲁ ⲡⲓⲥⲉⲛⲧⲓⲟⲥ[2] ⲉϫⲉⲛ ⲛⲓⲉⲕⲕⲗⲏⲥⲓⲁ. ϧⲉⲛ ⲡϫⲓⲛⲑⲣⲉϥⲕⲏⲛ ⲇⲉ ⲉϥⲕⲱϯ ⲉϫⲉⲛ ⲛⲓⲉⲕⲕⲗⲏⲥⲓⲁ ⲁϥⲧⲁⲥⲑⲟ ⲉⲡⲓⲉⲡⲓⲥⲕⲟⲡⲉⲓⲟⲛ ⲁⲩⲓⲛⲓ ⲛⲁϥ ⲛⲟⲩⲉϩⲉ ⲛⲧⲁϥ ⲉⲥⲛⲁⲙⲓⲥⲓ ϫⲉ ⲛⲧⲉϥⲥⲙⲟⲩ ⲉⲣⲟⲥ ⲟⲩⲟϩ ⲛⲧⲉϥⲉⲣⲥⲫⲣⲁⲅⲓⲍⲉⲓⲛ[3] ⲙⲙⲟⲥ ⲁⲛⲁⲩ ⲟⲩⲛ ⲉⲧϫⲟⲙ ⲙⲫϯ ⲁ ϯⲥⲫⲣⲁⲅⲓⲥ ⲉⲧⲁ ⲫⲏ ⲉⲑⲟⲩⲁⲃ ϣⲟⲗϩⲥ ⲙⲡⲉϥⲧⲏⲃ ϧⲉⲛ ⲡⲥⲱⲙⲁ ⲛϯⲉϩⲉ ⲁⲥϣⲉ ⲛⲁⲥⲥⲁ ϧⲟⲩⲛ ⲛϯⲉϩⲉ ⲟⲩⲟϩ ϧⲉⲛ ⲡϫⲓⲛⲑⲣⲉⲥⲙⲓⲥⲓ ⲁⲩϫⲓⲙⲓ ⲛϯⲥⲫⲣⲁⲅⲓⲥ ⲉⲥϣⲟⲗϩ ⲉⲟⲛⲉϫⲓ ⲙⲡⲓⲕⲟⲩϫⲓ ⲙⲙⲟⲥ ⲙⲫⲣⲏϯ ⲛⲟⲩⲥⲟⲣⲧ ⲛⲟⲩⲱⲃϣ. ⲣⲱⲙⲓ ⲅⲁⲣ ⲛⲓⲃⲉⲛ ⲉⲣⲉ ⲫⲏ ⲉⲑⲟⲩⲁⲃ ⲛⲁⲉⲣⲥⲫⲣⲁⲅⲓⲍⲉⲓⲛ[4] ⲙⲙⲱⲟⲩ ⲕⲁⲛ ⲉⲩϣⲟⲡ ϧⲉⲛ ϫⲓ ⲛϣⲱⲛⲓ ⲛⲓⲃⲉⲛ ϣⲁⲩⲟⲩϫⲁⲓ ϧⲉⲛ ϯⲟⲩⲛⲟⲩ ⲉⲧⲉⲙⲙⲁⲩ.

ⲁⲥϣⲱⲡⲓ ⲇⲉ ⲟⲛ ⲛⲟⲩⲉϩⲟⲟⲩ ⲁⲩⲓⲛⲓ ⲛⲁϥ ⲛⲟⲩⲕⲟⲩϫⲓ ⲛⲁⲗⲟⲩ

quittèrent notre père saint, abba Pisentios, faisant toute œuvre qu'il leur avait ordonnée (et) rendant gloire à Dieu.

Il arriva un jour que notre père saint, abba Pisentios, alla parcourir les églises; lorsqu'il eût fini de faire le tour des églises, il retourna à l'évêché, on lui amena une vache qui lui appartenait et qui allait mettre bas, afin qu'il la bénît et la signât. Voyez donc la puissance de Dieu! le signe que le saint traça de son doigt sur le corps de la vache pénétra en elle, et, lorsqu'elle eût mis bas, on trouva le signe tracé sur le ventre du petit veau comme un poil blanc; car tout homme que le saint signait, quand même il se trouvait en toute maladie, était guéri sur l'heure.

Il arriva un jour qu'on lui amena un jeune garçon possédé d'un

1. Cod. ⲡⲓⲥⲉⲛϯ. — 2. Cod. ⲡⲓⲥⲉⲛϯ. — 3. Cod. ⲛⲧⲉϥⲉⲣⲥⲫⲣⲁⲅⲓⲍⲓⲛ. — 4. Cod. ⲛⲁⲉⲣⲥⲫⲣⲁⲅⲓⲍⲓⲛ.

ⲉⲟⲩⲟⲛ ⲟⲩⲇⲁⲓⲙⲱⲛ[1] ⲛⲉⲙⲁϥ ⲉϥⲭⲏ ϧⲉⲛ ⲓ̅ⲉ̅ ⲛⲣⲟⲙⲡⲓ ⲕⲁⲧⲁ ⲫⲣⲏϯ ⲉⲧⲁ ⲡⲉϥⲓⲱⲧ ϫⲟⲥ ⲛⲁⲛ ⲁϥϯϩⲟ ⲉⲫⲏ ⲉⲑⲟⲩⲁⲃ ⲉⲑⲣⲉϥⲉⲣ- (ⲙ̅ⲉ̅) ⲥⲫⲣⲁⲅⲓⲍⲉⲓⲛ[2] ⲙⲙⲟϥ. ⲁ ⲫⲏ ⲉⲑⲟⲩⲁⲃ ϣⲉⲛ ⲡⲉϥⲓⲱⲧ ϫⲉ ⲓⲥ ⲟⲩⲏⲣ ⲛⲥⲛⲟⲩ ⲓⲥϫⲉⲛ ⲡⲁⲓⲇⲁⲓⲙⲱⲛ[3] ⲧⲁϩⲟϥ. ⲡⲉϫⲁϥ ϫⲉ ⲓⲥ ⲍ̅ ⲛⲣⲟⲙⲡⲓ ⲓⲥϫⲉⲛ ⲉⲧⲁϥⲧⲁϩⲟϥ ϣⲉ ⲡⲉⲛⲟⲩϫⲁⲓ ⲱ ⲡⲁⲟ̅ⲥ̅ ⲛⲓⲱⲧ ϫⲉ ⲟⲩⲙⲏϣ ⲛⲥⲟⲡ ϣⲁϥⲥⲁⲧϥ ⲉⲡⲓⲭⲣⲱⲙ ϩⲱⲥⲧⲉ[4] ⲛⲧⲉⲛϫⲟⲥ ⲛⲟⲩⲙⲏϣ ⲛⲥⲟⲡ ϫⲉ ⲁϥⲙⲟⲩ ⲁⲣⲓ ϯⲁⲅⲁⲡⲏ ⲡⲉⲛⲓⲱⲧ ⲛⲧⲉⲕⲉⲣⲃⲟⲏⲑⲉⲓⲛ[5] ⲉⲧⲉⲛⲙⲉⲧϫⲱⲃ. ⲡⲁⲓⲱⲧ ⲇⲉ ⲁϥⲙⲟⲩϯ ⲉⲣⲟⲓ ⲁⲛⲟⲕ ⲓⲱⲁⲛⲛⲏⲥ ⲡⲉϫⲁϥ ⲛⲏⲓ ϫⲉ ⲙⲁϣⲉ ⲛⲁⲕ ⲉⲡⲓⲗⲟⲩⲧⲏⲣ ⲛⲧⲉ ϯⲉⲕⲕⲗⲏⲥⲓⲁ ⲛⲧⲉⲕⲓⲛⲓ ⲛⲏⲓ ⲉⲙⲛⲁⲓ ⲛⲟⲩⲕⲟⲩϫⲓ ⲙⲙⲱⲟⲩ ⲛⲧⲁⲛⲟϧϫϥ ⲉϫⲉⲛ ⲡⲁⲓⲁⲗⲟⲩ ⲙⲙⲟⲛ ⲡⲓⲣⲏϯ ⲉϯⲛⲁⲩ ⲉⲣⲟϥ ⲙⲙⲟϥ ⲟⲩⲟϩ ⲁϥϯ ϧⲓⲥⲓ ⲛⲁϥ ⲉⲙⲁϣⲱ.[6] ⲁⲛⲟⲕ ⲇⲉ ⲁⲓϩⲱⲗ ⲉϯⲉⲕⲕⲗⲏⲥⲓⲁ ⲁⲓϭⲓ ⲛⲏⲓ ⲛⲟⲩⲕⲟⲩⲗⲱⲗ ⲁⲓⲙⲁϩϥ ⲙⲙⲱⲟⲩ ϧⲉⲛ ⲡⲓⲗⲟⲩⲧⲏⲣ ⲉⲧⲭⲏ ⲙⲡⲉⲙⲑⲟ ⲙⲡⲓⲙⲁ ⲛⲉⲣ ϣⲱⲟⲩϣⲓ ⲁⲓⲉⲛϥ ⲙⲡⲁⲓⲱⲧ ⲁϥⲉⲣⲥⲫⲣⲁⲅⲓⲍⲉⲓⲛ[7] ⲙⲙⲟϥ

démon : il avait treize ans, comme son père nous le dit. Celui-ci pria le saint de signer le garçon. Le saint lui demanda : «Combien y a-t-il de temps que ce démon l'a pris?» — Il lui dit : «Voici sept ans qu'il l'a pris : par ton salut, ô Seigneur mon père, il l'a souvent jeté dans le feu si bien que nous avons dit souventes fois : il est mort. Fais-moi la charité, notre père, de secourir notre infirmité.» Et mon père m'appela, moi Jean, il me dit : «Va vers le bassin à purifications de l'Église, apporte-moi ici un peu d'eau afin que je la répande sur cet enfant : il n'y a pas moyen que je le voie en cet état, car ce démon le fait souffrir beaucoup.» Et moi, j'allai à l'église, je pris un petit vase, je le remplis d'eau dans le bassin placé en face de l'autel, je l'apportai à mon père qui fit sur elle le signe de la croix au nom du Père, du Fils, du St Esprit, et dit

1. Cod. ⲟⲩⲇⲉⲙⲱⲛ. — 2. Cod. ⲥⲫⲣⲁⲅⲓⲍⲓⲛ. — 3. Cod. ⲡⲁⲓⲇⲉⲙⲟⲛ. — 4. Cod. ϩⲱⲥⲇⲉ. — 5. Cod. ⲛⲧⲉⲕⲉⲣⲃⲟⲏⲑⲓⲛ. — 6. Cod. ⲙⲙⲁϣⲱ. — 7. Cod. ⲁϥⲉⲣⲥⲫⲣⲁⲅⲓⲍⲓⲛ.

ϧⲉⲛ ⲫⲣⲁⲛ ⲙⲫⲓⲱⲧ ⲛⲉⲙ ⲡϣⲏⲣⲓ ⲛⲉⲙ ⲡⲓⲡ̅ⲛ̅ⲁ̅ ⲉⲑⲟⲩⲁⲃ. ⲡⲉϫⲁϥ ⲇⲉ ⲙⲡⲓⲣⲱⲙⲓ ϫⲉ ϭⲓ ⲙⲡⲉⲕϣⲏⲣⲓ ⲉⲡⲉⲕⲏⲓ ⲛⲧⲉⲕⲧⲥⲟϥ[1] ϧⲉⲛ ⲡⲁⲓⲙⲱⲟⲩ ⲉⲑⲟⲩⲁⲃ ⲛⲧⲉⲕⲛⲁϩϯ ⲉⲡ̅ⲟ̅ⲥ̅ ⲟⲩⲟϩ ϥⲛⲁⲧⲁⲗϭⲟϥ. ⲉⲧⲁ ⲡⲁⲓⲱⲧ ⲉⲑⲟⲩⲁⲃ ⲓⲣⲓ ⲙⲫⲁⲓ ϫⲉ ⲛⲛⲉϥⲧⲥⲟϥ ϧⲉⲛ ⲛⲉϥϫⲓϫ ⲛⲧⲉ ⲡⲓⲇⲁⲓⲙⲱⲛ[2] ⲓ ⲉⲃⲟⲗⲛϧⲏⲧϥ ⲛⲭⲱⲗⲉⲙ ⲛⲧⲉ ⲛⲓⲣⲱⲙⲓ ϯ ⲧⲁⲓⲟ ⲛⲁϥ (fol. 147 ⲙ̅ⲍ̅) ϫⲉ ⲁ ⲫⲣⲱⲙⲓ ⲙⲫ̅ϯ̅ ϩⲓⲟⲩⲓ ⲛⲟⲩⲇⲁⲓⲙⲱⲛ[3] ⲉⲃⲟⲗϧⲉⲛ ⲡϣⲏⲣⲓ ⲙⲡⲁ ⲛⲓⲙ ⲛⲣⲱⲙⲓ ϫⲉ ⲟⲩⲏⲓ ⲛⲁϥⲙⲟⲥϯ ⲙⲡⲱⲟⲩ ⲛⲛⲓⲣⲱⲙⲓ. ϧⲉⲛ ⲡϫⲓⲛⲑⲣⲉϥ ⲡⲓⲣⲱⲙⲓ ⲇⲉ ⲱⲗⲓ ⲙⲡⲉϥϣⲏⲣⲓ ⲉⲡⲉϥⲏⲓ ⲁϥⲧⲥⲟϥ ⲙⲡⲓⲙⲱⲟⲩ ⲕⲁⲧⲁ ⲫⲣⲏϯ ⲉⲧⲁϥϫⲟⲥ ⲛⲁϥ ⲛϫⲉ ⲡⲓϧⲉⲗⲗⲟ ⲉⲑⲟⲩⲁⲃ ⲛⲉⲡⲓⲥⲕⲟⲡⲟⲥ ⲁⲃⲃⲁ ⲡⲓⲥⲉⲛⲧⲓⲟⲥ ϧⲉⲛ ⲡϫⲓⲛⲑⲣⲉϥⲥⲉ ⲡⲓⲙⲱⲟⲩ ⲇⲉ ⲁ ⲡⲓⲇⲁⲓⲙⲱⲛ[4] ⲥⲁⲧϥ ⲉϧⲣⲏⲓ ⲉϫⲉⲛ ⲡⲕⲁϩⲓ ⲁϥⲱϣ ⲉⲃⲟⲗⲛϧⲏⲧϥ ϫⲉ ⲱ ⲃⲓⲁ ⲛⲧⲟⲧⲕ ⲡⲓⲥⲉⲛⲧⲓⲟⲥ[5] ⲁ ϯⲥⲫⲣⲁⲅⲓⲥ ⲛⲧⲉ ⲡⲉⲕⲧⲏⲃ ϩⲓⲧⲧ ⲉⲃⲟⲗϧⲉⲛ ⲡⲁⲙⲁ ⲛϣⲱⲡⲓ. ⲥⲁⲧⲟⲧϥ ϧⲉⲛ ϯⲟⲩⲛⲟⲩ ⲁ ⲡⲓⲕⲟⲩϫⲓ ⲛⲁⲗⲟⲩ ⲗⲟϫϥ ⲉⲃⲟⲗϧⲉⲛ ϯⲙⲁ-

à l'homme : «Prends ton fils à ta maison, fais-lui boire de cette eau sainte, crois que le Seigneur le guérira.»[6] Et mon père agit ainsi afin de ne pas le faire boire de sa propre main, car il aurait chassé le démon en toute hâte et les hommes l'auraient glorifié,[7] disant : «L'homme de Dieu a chassé un démon du fils de tel homme»; car certes il haïssait la gloire humaine. Lorsque cet homme eut emmené son fils dans sa maison, il lui fit boire l'eau comme l'avait dit le saint vieillard, l'évêque abba Pisentios. Lorsque le jeune garçon eut bu l'eau, le démon le jeta à terre criant par sa bouche : «O (que grande est) ta force, ô toi, Pisentios! le signe (tracé) par ton doigt me chasse de ma demeure.» Aussitôt

1. Cod. ⲛⲧⲉⲕⲥⲟϥ, faute corrigée plus bas. — 2. Cod. ⲡⲓⲇⲉⲙⲱⲛ. — 3. Cod. ⲛⲟⲩⲇⲉⲙⲱⲛ. — 4. Cod. ⲡⲓⲇⲉⲙⲱⲛ. — 5. Cod. ⲡⲓⲥⲉⲛⲧⲓⲟⲥ. — 6. Mot-à-mot : Crois dans le Seigneur et il le guérira. — 7. Mot-à-mot : et mon père fit cela afin qu'il ne le fît pas boire de ses mains, que le démon sortit de lui en hâte et que les hommes le glorifiassent.

ⲥⲧⲓⲅⲝ ⲛⲧⲉ ⲡⲓⲇⲁⲓⲙⲱⲛ.[1] ⲉⲧⲁϥⲥⲱⲧⲉⲙ ⲇⲉ ⲛϫⲉ ⲡⲁⲓⲱⲧ ⲡⲉϫⲁϥ ⲙⲡⲓⲣⲱⲙⲓ ϫⲉ ⲟⲩⲟⲛ ϣϫⲟⲙ ⲛϩⲱⲃ ⲛⲓⲃⲉⲛ ⲙⲫⲏ ⲉⲑⲛⲁϩϯ ⲙⲁⲗⲓⲥⲧⲁ ϣⲁⲣⲉ ⲡⲓⲙⲱⲟⲩ ⲛⲧⲉ ⲡⲓⲙⲁ ⲛⲉⲣ ϣⲱⲟⲩϣⲓ ⲧⲁⲗϭⲟ ⲛⲟⲩⲟⲛ ⲛⲓⲃⲉⲛ ⲉⲑⲛⲁϩϯ ⲟⲩⲟϩ ⲙⲡⲉⲣⲙⲉⲩⲓ ⲉⲣⲟⲓ ϫⲉ ⲫⲱⲓ ⲡⲉ ⲡⲁⲓϩⲙⲟⲧ ⲛⲧⲉ ⲡⲁⲓⲧⲁⲗϭⲟ ⲁⲗⲗⲁ ⲧⲁⲓϫⲟⲙ ϣⲁⲥϣⲱⲡⲓ ϧⲉⲛ ⲡⲓⲧⲟⲡⲟⲥ ⲉⲑⲟⲩⲁⲃ. ⲛⲁⲓ ⲇⲉ ϧⲉⲛ ⲡϫⲓⲛⲑⲣⲉϥϫⲟⲧⲟⲩ ⲛϫⲉ ⲫⲏ ⲉⲑⲟⲩⲁⲃ ⲁ ⲡⲓⲣⲱⲙⲓ ϣⲉ ⲛⲁϥ ⲉⲃⲟⲗϩⲓⲧⲟⲧϥ ϧⲉⲛ ⲟⲩϩⲉⲓⲣⲏⲛⲏ[2] ⲉϥϯ ⲱⲟⲩ ⲙⲫ̄ϯ̄.

ⲁⲥϣⲱⲡⲓ ⲇⲉ ⲟⲛ ⲛⲟⲩⲉϩⲟⲟⲩ ⲁ ⲟⲩⲣⲱⲙⲓ ⲓ ϣⲁⲣⲟϥ ⲉϥϯϩⲟ ⲉⲣⲟϥ (ⲙ̄ⲏ̄) ⲉϥϫⲱ ⲙⲙⲟⲥ ϫⲉ ⲁⲣⲓ ϯⲁⲅⲁⲡⲏ ⲛⲧⲉⲕⲉⲣⲃⲟⲏⲑⲉⲓⲛ[3] ⲉⲣⲟⲓ ϫⲉ ⲟⲩⲟⲛ ⲟⲩⲭⲣⲉⲟⲥ ⲉⲣⲟⲓ ϣⲁ ⲗ̄ⲋ̄ ⲛⲗⲟⲩⲕⲟϫⲓ ⲉⲩⲙⲟⲛⲓ ⲙⲙⲟⲓ ⲉⲣⲱⲟⲩ ⲙⲡⲓϫⲉⲙⲟⲩ ⲛⲧⲁⲧⲏⲓⲧⲟⲩ ⲙⲡⲟⲩⲏⲏⲃ ⲙⲙⲟⲛ ϩⲗⲓ ⲛⲧⲏⲓ ⲁⲛ ⲉⲃⲏⲗ ⲉⲟⲩϣⲏⲣⲓ ⲛⲟⲩⲱⲧ ⲁⲩⲁⲙⲟⲛⲓ ⲙⲙⲟϥ ⲁⲩϩⲓⲧϥ ⲉⲡⲓϣⲧⲉⲕⲟ ⲉⲩⲟⲩⲱϣ

le petit garçon fut guéri de l'affliction du démon.[4] Lorsque mon père l'apprit, il dit à l'homme : «Tout est possible à celui qui croit; surtout l'eau du sanctuaire guérit quiconque a la foi. Et ne pense pas que mienne soit la grâce de cette guérison; mais cette vertu a été faite dans le lieu saint.» Et lorsque le saint eut dit cela, l'homme le quitta en paix, rendant gloire à Dieu.

Il arriva un jour qu'un homme vint à lui, le priant et disant : «Fais-moi la charité de venir à mon secours, car j'ai une dette de trente-six pièces d'or;[5] comme on me les redemandait, je ne les ai pas trouvées pour les rendre à leur maître. Je n'ai rien qu'un fils unique; on l'a saisi, on l'a jeté en prison, on veut le garder comme esclave.[6] Je t'en prie, ô mon père abba Pisentios, aie pitié de moi,

1. Cod. ⲡⲓⲇⲉⲙⲱⲛ. — 2. Cod. ⲟⲩϩⲓⲣⲏⲛⲏ. — 3. Cod. ⲛⲧⲉⲕⲉⲣⲃⲟⲏⲑⲓⲛ. — 4. Mot-à-mot : du fouet du démon. — 5. Le texte appelle la pièce d'or *Loucodji*. Je ne sais pas la valeur exacte de cette pièce. — 6. Mot-à-mot : voulant le faire esclave pour eux.

ⲉⲁⲓϥ ⲙⲃⲱⲕ ⲛⲱⲟⲩ ϯϯϩⲟ ⲉⲣⲟⲕ ⲡⲁⲓⲱⲧ ⲁⲃⲃⲁ ⲡⲓⲥⲉⲛⲧⲓⲟⲥ[1] ϣⲉⲛϩⲏⲧ ϧⲁⲣⲟⲓ ⲛⲧⲉⲕϯ ⲛⲟⲩϩⲗⲓ ⲛⲏⲓ ⲛⲧⲁⲧⲏⲓϥ ϧⲁⲣⲟϥ ⲛⲥⲉⲭⲁϥ ⲛⲏⲓ ⲉⲃⲟⲗ. ⲡⲓⲣⲱⲙⲓ ⲇⲉ ⲉⲧⲉⲙⲙⲁⲩ ⲛⲉ ⲟⲩⲙⲁⲧⲟⲓ ⲡⲉ ⲛⲧⲉ ϯⲭⲱⲣⲁ ⲉⲧⲥⲁⲃⲟⲗ ⲉϥϣⲟⲡ ϧⲉⲛ ⲡⲧⲱⲟⲩ ⲛϯⲗⲟϫ: ⲉⲧⲁϥⲥⲱⲧⲉⲙ ⲉⲡⲥⲱⲓⲧ ⲙⲡⲉⲛⲓⲱⲧ ⲉⲑⲟⲩⲁⲃ ϫⲉ ⲟⲩⲉⲡⲓⲥⲕⲟⲡⲟⲥ ⲡⲉ ⲉϥϯ ⲁⲅⲁⲡⲏ ⲁϥⲓ ϣⲁⲣⲟϥ ⲛⲉⲙ ⲧⲉϥⲥϩⲓⲙⲓ ⲉⲛⲁϥⲟⲩⲱϣ ⲡⲉ ⲉⲉⲣⲡⲉⲓⲣⲁⲍⲉⲓⲛ[2] ⲙⲡⲉⲛⲓⲱⲧ ⲉϥⲟⲩⲱϣ ⲉⲉⲙⲓ ϫⲉ ⲟⲩⲣⲉϥϯ ⲁⲅⲁⲡⲏ ⲡⲉ ϣⲁⲛ ⲙⲙⲟⲛ. ⲧⲉϥⲥϩⲓⲙⲓ ⲇⲉ ⲁϥⲧⲁⲗⲟⲥ ⲁϥⲉⲛⲥ ⲉⲣⲏⲥ ⲟⲩⲟϩ ⲁϥⲭⲱ ⲙⲡⲓⲗ̅ⲋ̅ ⲛⲗⲟⲩⲕⲟϫⲓ ⲛⲧⲟⲧⲥ ϩⲓ ⲡⲓϫⲟⲓ ⲁϥϣⲉ ⲛⲁϥ ⲙⲙⲁⲩⲁⲧϥ ⲉϥⲉⲣⲇⲟⲕⲓⲙⲁⲍⲉⲓⲛ[3] ⲙⲫⲏ ⲉⲑⲟⲩⲁⲃ ⲉⲑⲃⲉ ⲛⲏ ⲉⲧⲁϥⲥⲟⲑⲙⲟⲩ ⲉⲑⲃⲏⲧϥ ϫⲉ ϩⲁⲛ ⲙⲉⲑⲙⲏⲓ ⲛⲉ ϣⲁⲛ ⲙⲙⲟⲛ. ⲉⲧⲁ ⲡⲣⲱⲙⲓ ⲇⲉ ⲓ ϣⲁ ⲫⲏ ⲉⲑⲟⲩⲁⲃ ⲁⲃⲃⲁ ⲡⲓⲥⲉⲛⲧⲓⲟⲥ[4] ⲁϥϫⲉⲙϥ ϧⲉⲛ ⲡⲓⲙⲟⲛⲁⲥⲧⲏⲣⲓⲟⲛ ⲛⲧⲉ ⲧⲥⲉⲛϯ ⲉϥⲓⲣⲓ ⲛϯⲕⲁⲑⲟⲗⲓⲕⲏ ⲛⲥⲩⲛⲁⲝⲓⲥ (fol. 148 ⲙ̅ⲑ̅) ⲛⲉ ⲡⲓⲉϩⲟⲟⲩ ⲡⲉ ⲛⲧⲉ ⲡⲓⲡⲁⲧⲣⲓⲁⲣⲭⲏⲥ ⲉⲑⲟⲩⲁⲃ ⲥⲉⲩⲏⲣⲟⲥ ⲟⲩⲟϩ ⲁϥϩⲉⲙⲥⲓ ϣⲁⲧⲉϥⲓ ⲉⲃⲟⲗϧⲉⲛ

donne-moi quelque chose afin que je le donne pour lui et qu'on me le laisse aller. » Et cet homme était un soldat de pays étranger, habitant la montagne de Tilodj. Ayant appris par la renommée de notre père saint que c'était un évêque faisant la charité, il vint vers lui avec sa femme, pour éprouver notre père et savoir s'il faisait la charité ou non. Mais il fit monter sa femme (dans une barque), il l'envoya vers le sud et lui donna les trente-six pièces d'or (à garder) sur la barque : il alla seul pour éprouver le saint sur ce qu'il avait entendu dire de lui (et savoir) si c'était vrai ou non. Lorsque l'homme fut arrivé près du saint abba Pisentios, il le trouva dans le couvent de Tsenti faisant la cynaxe catholique :[5] c'était le jour (de la fête) du saint patriarche Sévère; il y resta

1. Cod. ⲡⲓⲥⲉⲛϯ. — 2. Cod. ⲉⲉⲣⲡⲓⲣⲁⲍⲓⲛ. — 3. Cod. ⲉϥⲉⲣⲇⲟⲕⲓⲙⲁⲍⲓⲛ. — 4. Cod. ⲡⲓⲥⲉⲛϯ. — 5. C'est-à-dire universelle, et non catholique dans le sens restreint du mot.

ⲡⲓⲙⲟⲛⲁⲥⲧⲏⲣⲓⲟⲛ. ϧⲉⲛ ⲡϫⲓⲛⲑⲣⲉϥⲓ ⲇⲉ ⲁϥϩⲉⲙⲥⲓ ϧⲉⲛ ⲡⲓⲉⲡⲓⲥⲕⲟⲡⲉⲓⲟⲛ ⲁϥϧⲟⲛⲧϥ ⲉϧⲟⲩⲛ ⲛϫⲉ ⲡⲓⲣⲱⲙⲓ ⲁϥⲟⲩⲱϣⲧ ⲙⲡⲉⲛⲓⲱⲧ ⲁϥϫⲱ ⲉⲣⲟϥ ⲛⲛⲓⲥⲁϫⲓ ⲉⲧⲁⲛⲉⲣ ϣⲟⲣⲡ ⲛϫⲟⲧⲟⲩ. ϧⲉⲛ ⲡϫⲓⲛⲑⲣⲉ ⲫⲏ ⲉⲑⲟⲩⲁⲃ ⲥⲱⲧⲉⲙ ⲉⲛⲁⲓⲥⲁϫⲓ ⲡⲉϫⲁϥ ⲙⲡⲓⲙⲁⲧⲟⲓ ϩⲓⲧⲉⲛ ⲡⲓⲉⲣⲙⲏⲛⲉⲩⲧⲏⲥ ϫⲉ-ⲫⲙⲁ ⲛⲥⲱⲃⲓ ⲁⲛ ⲡⲉ ⲫⲁⲓ ⲱ ⲡⲁϣⲏⲣⲓ ⲙⲁϣⲉ ⲛⲁⲕ ⲉⲫⲙⲁ ⲛⲧⲉⲕⲥϩⲓⲙⲓ ϭⲓ ⲙⲡⲓⲗ̅ⲉ̅ ⲛⲗⲟⲩⲕⲟϫⲓ ⲛⲧⲟⲧⲥ ϧⲉⲛ ⲡⲓϫⲟⲓ ⲛⲁⲓ ⲉⲧⲁⲕⲉⲛⲟⲩ ⲉⲉⲣⲡⲉⲓⲣⲁⲍⲉⲓⲛ[1] ⲙⲙⲟⲓ ⲛϧⲏⲧⲟⲩ ⲛⲧⲉⲕϯ ⲙⲡⲟⲩⲑⲱϣ ⲛⲟⲩⲕ ⲅⲁⲣ ⲁⲛ ⲛⲉ ⲁⲗⲗⲁ ⲉⲧⲁⲕⲫⲱⲛ ⲉⲃⲟⲗ ⲛⲟⲩⲥⲛⲟϥ ⲛⲁⲑⲛⲟⲃⲓ ⲁⲕⲟⲗⲟⲩ ⲛⲧⲟⲧϥ ⲉⲕϫⲱ ⲙⲙⲟⲥ ϯⲛⲟⲩ ϧⲉⲛ ⲡⲉⲕϩⲏⲧ ϫⲉ ⲉⲧⲁⲓⲉⲛⲟⲩ ϫⲉ ⲛⲧⲁⲧⲏⲓⲧⲟⲩ ⲛⲁⲅⲁⲡⲏ ϧⲁ ⲡⲟⲩϫⲁⲓ ⲛⲧⲁⲯⲩⲭⲏ ϧⲉⲛ ⲟⲩⲙⲉⲑⲙⲏⲓ ϯϫⲱ ⲙⲙⲟⲥ ⲛⲁⲕ ϫⲉ ⲉϣⲱⲡ ⲁⲩϣⲁⲛϯ ⲛϯⲟⲓⲕⲟⲩⲙⲉⲛⲏ ⲧⲏⲣⲥ ⲛⲁⲅⲁⲡⲏ ϧⲁⲣⲟⲕ ⲭⲛⲁϫⲓⲙⲓ ⲁⲛ ⲛϩⲗⲓ ⲙⲙⲁ ⲛⲉⲙⲧⲟⲛ ⲉⲓⲙⲏⲧⲓ[2] ⲛⲥⲉⲫⲱⲛ ⲙⲡⲉⲕⲥⲛⲟϥ ⲉⲃⲟⲗ ⲙⲫⲣⲏϯ

jusqu'à ce qu'il sortît du monastère.[3] Lorsqu'il en fut sorti, il resta dans l'évêché. L'homme entra (donc), il adora notre père, il lui dit les paroles que nous avons dites précédemment. Lorsque le saint eut entendu ces paroles, il dit au soldat par interprète : «Ce n'est pas (ici) le lieu de rire, mon fils; va où est ta femme, prends d'elle les trente-six pièces d'or (qu'elle garde) dans la barque (et) que tu as apportées pour (m')éprouver par elles, car elles ne sont pas à toi; mais tu as versé un sang innocent et tu les as prises de celui que tu as tué.[4] Tu dis maintenant en ton cœur : Je les ai apportées pour les donner en aumône pour le salut de mon âme : je te le dis en vérité, quand même on donnerait toute la terre habitée en aumône pour toi, tu ne trouverais pas le repos, à moins qu'on ne verse ton sang comme tu as versé celui

1. Cod. ⲉⲉⲣⲡⲓⲣⲁⲍⲓⲛ. — 2. Cod. ⲓⲙⲏϯ. — 3. Cette phrase est assez inutile, et montre quel est le goût des auteurs coptes. — 4. Mot-à-mot : tu as versé un sang innocent et tu les as prises de lui.

ⲉⲧⲁⲛⲫⲱⲛ ⲙⲫⲁ ⲡⲓⲣⲱⲙⲓ ⲉⲃⲟⲗ ⲕⲁⲧⲁ ⲫⲣⲏϯ ⲉⲧⲥϧⲏⲟⲩⲧ ϫⲉ ⲫⲏ ⲉⲑⲛⲁⲫⲱⲛ ⲛⲟⲩⲥⲛⲟϥ ⲛⲁⲑⲛⲟⲃⲓ ⲉⲃⲟⲗ ⲥⲉⲛⲁⲫⲱⲛ ⲙⲫⲱϥ (ⲛ̅) ⲉⲃⲟⲗ ⲙⲡⲉϥⲙⲁ ⲉⲑⲃⲉ ϫⲉ ⲉⲧⲁⲩⲑⲁⲙⲓⲟ ⲙⲡⲓⲣⲱⲙⲓ ⲕⲁⲧⲁ ⲧϩⲓⲕⲱⲛ[1] ⲙⲫ̅ϯ̅. ⲛⲁϥϫⲱ ⲙⲙⲟⲥ ⲡⲉ ϧⲉⲛ ⲡⲉϥⲙⲉⲩⲓ ⲛϫⲉ ⲡⲓⲙⲁⲧⲟⲓ ϫⲉ ⲛⲉϥⲛⲟⲃⲓ ⲛⲁϩⲱⲃ ⲉⲉⲗⲓⲥⲥⲉⲟⲥ ⲙⲃⲉⲣⲓ ⲙⲡⲉϥⲉⲙⲓ ⲣⲱ ϫⲉ ⲡⲁⲓⲡ̅ⲛ̅ⲁ̅ ⲛⲟⲩⲱⲧ ⲡⲉ ⲉⲧⲉⲣ ϧⲉⲛ ⲛⲏ ⲉⲑⲟⲩⲁⲃ ⲧⲏⲣⲟⲩ. ⲡⲓⲙⲁⲧⲟⲓ ⲇⲉ ϧⲉⲛ ⲡϫⲓⲛⲑⲣⲉϥⲥⲱⲧⲉⲙ ⲉⲛⲁⲓ ⲉⲃⲟⲗϩⲓⲧⲟⲧϥ ⲫⲏ ⲉⲑⲟⲩⲁⲃ ⲁϥⲣⲓⲙⲓ ⲁϥⲓ ⲉⲃⲟⲗϩⲓⲧⲟⲧϥ ⲉϥϯ ⲱⲟⲩ ⲙⲫ̅ϯ̅.

ⲁⲥϣⲱⲡⲓ ⲇⲉ ⲟⲛ ⲙⲉⲛⲉⲛⲥⲁ ⲛⲁⲓ ⲁϥⲉⲣ ⲟⲩⲙⲏϣ ⲛⲉϩⲟⲟⲩ ⲉϥϩⲏⲡ ϧⲉⲛ ⲡⲧⲱⲟⲩ ⲛϭⲏⲙⲓ ⲁϥϣⲉ ⲛⲁϥ ⲉⲫⲟⲩⲉⲓ ⲛⲟⲩⲉϩⲟⲟⲩ ⲉϥⲟⲩⲱϣ ⲉϣⲗⲏⲗ ⲉⲧⲁϥⲉⲣ ⲅ̅ ⲛⲟⲩⲛⲟⲩ ⲉϥⲙⲟϣⲓ ϧⲉⲛ ⲡⲓⲧⲱⲟⲩ ⲁϥϣⲗⲏⲗ ⲕⲁⲧⲁ ⲙⲱⲓⲧ ⲙⲙⲟⲛ ϩⲗⲓ ⲅⲁⲣ ⲛⲣⲱⲙⲓ ⲛⲁϣϭⲓ ⲏⲡⲓ ⲛⲛⲓⲥⲟⲡ ⲛϣⲗⲏⲗ ⲉⲧⲉϥⲓⲣⲓ ⲙⲙⲱⲟⲩ. ⲁϥⲧⲁⲥⲑⲟ ⲇⲉ ϩⲁⲣⲟⲓ ⲡⲉϫⲁϥ ⲛⲏⲓ ϫⲉ ⲁⲓⲛⲁⲩ ⲉⲟⲩⲛⲓϣϯ

de l'homme, ainsi qu'il est écrit : «Celui qui aura versé un sang innocent, on versera le sien à sa place,» parce que l'homme a été créé à l'image de Dieu.» Le soldat s'était dit dans ses pensées que ses péchés seraient cachés au nouvel Élisée; il ne savait pas que c'est le même esprit qui opère en tous les saints. Mais le soldat ayant entendu ces paroles du saint pleura, il le quitta rendant gloire à Dieu.

Il arriva ensuite qu'il passa une multitude de jours[2] caché dans la montagne de Gîmi. Un jour il s'éloigna, désirant prier. Lorsqu'il eut marché pendant trois heures dans la montagne, il pria par le chemin, car jamais homme ne comptera combien de fois il a prié.[3] Il retourna vers moi et me dit : «J'ai vu aujourd'hui un grand dragon dans cette montagne, et il n'est pas loin de nous;

1. Cod. ⲧϩⲓⲕⲱⲛ. — 2. Cette expression n'offre qu'un sens très vague et peut signifier quatre ou cinq jours. — 3. Mot-à-mot : car personne des hommes ne comptera les fois de prières qu'il a faites.

ⲛⲇⲣⲁⲕⲱⲛ ⲙⲫⲟⲟⲩ ϧⲉⲛ ⲡⲁⲓⲧⲱⲟⲩ ⲟⲩⲟϩ ϥⲟⲩⲏⲟⲩ ⲙⲙⲟⲛ ⲁⲛ ⲁⲗⲗⲁ
ϯⲛⲁϩϯ ⲉⲡⲭ̅ⲥ̅ ⲫ̅ϯ̅ ϫⲉ ϥⲛⲁⲭⲁϥ ⲁⲛ ⲙⲡⲉⲛⲕⲱϯ. ϣⲱⲣⲡ ⲇⲉ ⲙⲡⲉϥ-
ⲣⲁⲥϯ ⲁⲛϫⲟⲩϣⲧ ⲥⲁ ⲧϩⲏ ⲙⲙⲟⲛ ϣⲁ ⲡⲓϩⲟⲩⲓ ⲉⲃⲟⲗ ⲛⲟⲩⲥⲟⲑⲛⲉϥ
ⲁϥⲛⲁⲩ ⲉϩⲁⲛ ⲙⲏϣ ⲛⲁⲗⲏⲧ ⲉⲩⲟⲩⲉϩ ϩⲓϫⲉⲛ ⲟⲩⲡⲉⲧⲣⲁ ⲁϥⲙⲟⲩϯ
ⲉⲣⲟⲓ ⲡⲉϫⲁϥ ⲛⲏⲓ ϫⲉ ϯⲙⲉⲩⲓ ϫⲉ ⲁ ⲫ̅ϯ̅ ϧⲱⲧⲉⲃ ⲙ- (fol. 149 ⲛ̅ⲁ̅)
ⲡⲓⲇⲣⲁⲕⲱⲛ ϩⲱⲗ ⲟⲩⲟϩ ⲁⲛⲁⲩ ϫⲉ ⲉⲣⲉ ⲛⲁⲓϩⲁⲗⲁϯ ⲑⲟⲩⲏⲧ ⲉⲟⲩ.
ⲁⲛⲟⲕ ⲇⲉ ⲉⲧⲁⲓⲛⲁⲩ ⲉⲡⲓⲙⲱⲓⲧ ⲁⲓⲙⲟϣⲓ ϫⲉ ⲛⲧⲁⲉⲙⲓ ϫⲉ ⲟⲩ ⲡⲉ ⲉⲧϣⲟⲡ[1] ⲉⲧⲁⲓϣⲉ ⲇⲉ ⲉⲙⲁⲩ ⲁⲓϫⲓⲙⲓ ⲙⲡⲓⲇⲣⲁⲕⲱⲛ ⲉϥⲥⲏϯ ⲉⲃⲟⲗ ⲉϥ-
ⲙⲱⲟⲩⲧ ⲟⲩⲟϩ ⲁⲓⲓ ⲁⲓⲧⲁⲙⲉ ⲡⲁⲓⲱⲧ ϫⲉ ⲁ ⲫ̅ϯ̅ ϧⲱⲧⲉⲃ ⲙⲡⲓⲇⲣⲁⲕⲱⲛ.
ⲛⲑⲟϥ ⲇⲉ ⲡⲉϫⲁϥ ⲛⲏⲓ ϫⲉ ⲉⲑⲃⲉ ⲟⲩ ⲛⲕϯ ⲛϩⲑⲏⲕ ⲁⲛ ⲉⲛⲓⲥⲁϫⲓ ⲛⲧⲉ
ⲛⲓⲅⲣⲁⲫⲏ ⲛⲧⲉⲕⲉⲙⲓ ⲉⲧⲟⲩϫⲟⲙ ⲕⲥⲱⲧⲉⲙ ⲁⲛ ⲉⲡⲓⲡⲣⲟⲫⲏⲧⲏⲥ ⲉϥϫⲱ
ⲙⲙⲟⲥ ϫⲉ ⲁⲕϣⲁⲛⲭⲁ ⲡ̅ⲟ̅ⲥ̅ ⲛⲁⲕ ⲙⲙⲁ ⲛⲫⲱⲧ ⲙⲙⲟⲛ ⲡⲉⲧϩⲱⲟⲩ ⲛⲁϣ-
ϧⲱⲛⲧ ⲉϧⲟⲩⲛ ⲉⲣⲟⲕ ⲟⲩⲇⲉ ⲟⲩⲙⲁⲥⲧⲓⲅⲝ ⲛⲛⲉⲥϧⲱⲛⲧ ⲉⲛⲉⲕⲙⲁ ⲛϣⲱⲡⲓ.

mais j'ai foi que le Christ Dieu ne le laissera pas dans notre voisinage.» Le lendemain à l'aube, nous regardâmes devant nous à la portée d'une flèche : il vit des foules d'oiseaux rassemblés sur un rocher. Il m'appela et me dit : «Je crois que Dieu a tué le dragon : va et vois pourquoi ces oiseaux sont rassemblés.» Mais moi, lorsque j'eus vu (la direction) du chemin, je marchai pour savoir ce qui était arrivé. Lorsque je fus allé en cet endroit, je trouvai le dragon étendu mort, et j'allai, j'annonçai à mon père que Dieu avait tué le dragon. Et lui, il me dit : «Pourquoi ne penses-tu pas aux paroles de l'Écriture dont tu connais la vertu? n'as-tu pas entendu le prophète dire : «Si tu prends le Seigneur[2] comme le lieu de ton refuge, le mal n'entrera pas en toi et le malheur n'approchera pas de ta maison.»

1. Cod. ⲟⲩⲡⲉⲧϣⲟⲡ. — 2. Mot-à-mot : si tu places.

ⲁⲥϣⲱⲡⲓ ⲇⲉ ⲟⲛ ϧⲉⲛ ⲡⲓⲥⲛⲟⲩ ⲉⲧⲁ ⲫ̅ϯ̅ ⲓⲛⲓ ⲛⲛⲓⲉⲑⲛⲟⲥ ⲛⲧⲉ ⲛⲓⲡⲉⲣ-
ⲥⲏⲥ ⲉⲭⲏⲙⲓ ⲉⲑⲃⲉ ⲛⲉⲛⲛⲟⲃⲓ ⲁ ⲡⲁⲓⲱⲧ ϯ ⲙⲡⲑⲱϣ ⲙⲡⲓⲉⲡⲓⲥⲕⲟⲡⲉⲓⲟⲛ
ⲛⲭⲁⲓ ⲛⲓⲃⲉⲛ ⲉⲧⲉ ⲛϭⲛⲧϥ ⲁϥⲧⲏⲓⲧⲟⲩ ⲛⲛⲓϩⲏⲕⲓ ⲟⲩⲟϩ ⲁⲛⲓ ⲉⲃⲟⲗ ⲁⲛ-
ⲙⲟϣⲓ. ⲡⲉϫⲁϥ ⲛⲏⲓ ϫⲉ ⲓⲱⲁⲛⲛⲏⲥ ⲡⲁϣⲏⲣⲓ ⲙⲡⲉⲣⲉⲣ ⲙⲕⲁϩ ⲛϩⲏⲧ
ϫⲉ ⲁⲛⲭⲱ ⲛⲥⲱⲛ ⲙⲡⲉⲛⲙⲁ ⲛϣⲱⲡⲓ ⲡ̅ⲭ̅ⲥ̅ ⲡⲉⲛⲛⲟⲩϯ ⲛⲁⲭⲁⲛ ⲛⲥⲱϥ
ⲁⲛ ⲁⲗⲗⲁ ϥⲛⲁϥⲓ ⲡⲉⲛⲣⲱⲟⲩϣ ⲟⲩⲟϩ ϥⲛⲁⲧⲁⲥⲑⲟ ⲉⲡⲉⲛⲙⲁ ⲛϣⲱⲡⲓ
ⲟⲛ ⲟⲩⲟϩ ⲛⲭⲁⲓ ⲛⲓⲃⲉⲛ ⲉⲧⲁⲛⲧⲏⲓⲧⲟⲩ ⲛⲁⲅⲁⲡⲏ ⲛⲛⲓϩⲏⲕⲓ ⲡ̅ⲭ̅ⲥ̅ ⲫ̅ϯ̅
ⲛⲁ- (ⲛ̅ⲃ̅) ⲧⲏⲓⲧⲟⲩ ⲛⲁⲛ ⲉⲩⲕⲏⲃ. ⲉⲧⲁⲛⲫⲟϩ ⲇⲉ ⲉⲡⲧⲱⲟⲩ ⲛϭⲏⲙⲓ
ⲁⲛⲱⲣϥ ⲛϭⲛⲧϥ ⲡⲁⲓⲱⲧ ⲇⲉ ⲛⲁϥϯϩⲟ ⲉⲫ̅ϯ̅ ⲡⲉ ⲙⲡⲓⲉϩⲟⲟⲩ ⲛⲉⲙ ⲡⲓⲉϫⲱⲣϩ ⲉⲑⲣⲉϥⲛⲁϩⲙⲉⲛ ⲛⲉⲙ ⲡⲓⲗⲁⲟⲥ ⲉⲃⲟⲗϧⲉⲛ ⲧⲁⲓⲭⲙⲁⲗⲱⲥⲓⲁ[1] ⲙⲡⲓ-
ⲉⲑⲛⲟⲥ ⲛⲁⲑⲛⲁⲓ ⲉⲧⲉⲙⲙⲁⲩ. ⲛⲉ ⲑⲁⲓ ⲧⲉ ⲧⲟⲩⲁⲣⲭⲏ ⲉⲧⲁⲩⲓ ⲉⲭⲏⲙⲓ
ⲟⲩⲟϩ ⲛⲉⲙⲡⲁⲧⲟⲩϭⲓ ⲡⲉ ⲛϯⲡⲟⲗⲓⲥ ⲕⲉϥⲧ. ⲁⲛⲟⲛ ⲇⲉ ⲁⲛⲑⲱⲟⲩϯ
ⲉϧⲟⲩⲛ ⲛⲟⲩⲙⲏϣ ⲛⲗⲁⲕⲕⲟⲛ[2] ⲉⲛⲙⲁϩⲟⲩ ⲙⲙⲱⲟⲩ ⲁⲛⲟⲗⲟⲩ ⲛⲉⲙⲁⲛ

Il arriva aussi au temps où Dieu amena les nations des Perses en Égypte à cause de nos péchés, que mon père mit en ordre l'évêché; tous les biens qui s'y trouvaient, il les donna aux pauvres, et nous nous en allâmes, nous marchâmes. Il me dit : «Jean, mon fils, ne sois pas triste parce que nous abandonnons ce lieu d'habitation, le Seigneur notre Dieu ne nous abandonnera pas; mais il prendra soin de nous, il nous fera retourner dans notre demeure, et tous les biens que nous avons donnés aux pauvres, le Christ Dieu nous les rendra multipliés.» Lorsque nous fûmes arrivés à la montagne de Gîmi, nous nous y enfonçâmes. Nuit et jour mon père priait Dieu de nous sauver ainsi que le peuple de l'esclavage de ces nations cruelles : c'était au commencement de leur arrivée en Égypte et elles n'avaient pas encore pris la ville de Keft. Nous réunîmes une foule de vases, nous les remplîmes d'eau, nous

1. Cod. ⲧⲉⲭⲙⲁⲗⲱⲥⲓⲁ. — 2. Cod. ⲗⲁⲕⲟⲛ.

ⲉⲡⲓⲧⲱⲟⲩ ϫⲉ ⲛⲛⲁϫⲉⲙⲟⲩ ⲉⲣⲟⲛ ⲙⲡⲥⲏⲟⲩ ⲛⲧⲉⲛⲁⲛⲁⲅⲕⲏ. ⲉⲧⲁⲛⲱⲥⲕ ⲇⲉ ϧⲉⲛ ⲡⲓⲙⲁ ⲉⲧⲉⲙⲙⲁⲩ ⲁ ⲛⲓⲙⲱⲟⲩ ⲛⲏⲛ ⲛⲧⲟⲧⲉⲛ ⲡⲉϫⲏⲓ ⲙⲡⲁⲓⲱⲧ ϫⲉ ⲁ ⲛⲓⲟⲩϫⲓ ⲙⲙⲱⲟⲩ ⲛⲏⲛ ⲉⲧⲟⲧⲉⲛ. ⲡⲉϫⲉ ⲡⲁⲓⲱⲧ ⲛⲏⲓ ϫⲉ ⲫ̅ϯ̅ ⲛⲁⲭⲁⲛ ⲛⲥⲱϥ ⲁⲛ ⲡⲁϣⲏⲣⲓ ⲁⲗⲗⲁ ϥⲛⲁϥⲓ ⲣⲱⲟⲩϣ ϧⲁⲣⲟⲛ ⲁϥϫⲟⲥ ⲅⲁⲣ ϫⲉ ⲙⲡⲉⲣϥⲓ ⲣⲱⲟⲩϣ ϧⲁ ⲣⲁⲥϯ ⲣⲁⲥϯ ⲅⲁⲣ ⲉϥⲉϥⲓ ⲣⲱⲟⲩϣ ϧⲁⲣⲟϥ ⲙⲙⲁⲩⲁⲧϥ ⲙⲏ ⲛⲑⲟⲕ ⲙⲡⲉⲕⲥⲱⲧⲉⲙ ϧⲉⲛ ϯⲅⲣⲁⲫⲏ ⲉⲑⲟⲩⲁⲃ ϫⲉ ⲙⲡⲓⲥⲏⲟⲩ ⲉⲛⲁⲣⲉ ⲏⲗⲓⲁⲥ ⲡⲓⲑⲉⲥⲃⲩⲧⲏⲥ ⲭⲏ ϧⲉⲛ ⲡϣⲁϥⲉ ⲛⲁⲣⲉ ⲛⲓⲁⲃⲱⲕ ϣⲉⲙϣⲓ ⲙⲙⲟϥ ϩⲓⲧⲉⲛ ⲡⲟⲩⲁϩⲥⲁϩⲛⲓ ⲛⲧⲉ ⲫ̅ϯ̅. ⲉⲧⲁ ⲣⲟⲩϩⲓ ⲇⲉ ϣⲱⲡⲓ ⲁϥⲛⲕⲟⲧ ⲥⲁϧⲣⲏⲓ ⲛⲟⲩϣϣⲏⲛ ⲁϥⲧⲱⲟⲩⲛ (fol. 150 ⲛ̅ⲅ̅) ⲁϥϫⲓⲙⲓ ⲛⲟⲩⲱⲓⲕ ⲛⲉⲙ ⲟⲩⲙⲟⲛⲓ ⲙⲙⲱⲟⲩ ⲉϥⲭⲏ ϧⲁϫⲱϥ. ⲡⲉϫⲉ ⲡⲓⲁⲅⲅⲉⲗⲟⲥ ⲛⲁϥ ϫⲉ ⲧⲱⲛⲕ ⲟⲩⲱⲙ ⲟⲩⲟϩ ⲥⲱ. ⲁ ⲏⲗⲓⲁⲥ ⲧⲱⲛϥ ⲁϥⲟⲩⲱⲙ ⲟⲩⲟϩ ⲁϥⲥⲱ ⲙⲡⲓⲙⲱⲟⲩ ⲁϥⲧⲱⲛϥ ⲁϥⲙⲟϣⲓ ϩⲓ ⲡⲓⲙⲱⲓⲧ ⲉⲧⲉⲙⲙⲁⲩ ϧⲉⲛ ⲧϫⲟⲙ ⲛϯϧⲣⲉ ⲉⲧⲁϥⲟⲩⲟⲙⲥ ⲛⲙ̅ ⲛⲉϩⲟⲟⲩ ⲙⲙⲟϣⲓ.

les emportâmes avec nous dans la montagne, afin de les trouver pour nous au moment du besoin. Mais lorsque nous fûmes restés longtemps en ce lieu, l'eau nous manqua.[1] Je dis à mon père : «Les quelques (vases) d'eau sont finis pour nous.» Mon père me dit : Dieu ne nous abandonnera pas, mon fils, mais il prendra soin de nous, car il a dit : «Ne vous souciez pas du lendemain, le lendemain prendra soin de lui-même, tout seul.» N'as-tu pas entendu dans les Écritures saintes qu'au temps où Élie le Thesbite était dans le désert, les corbeaux le servaient par ordre de Dieu. Un soir[2] il se coucha sous un arbre, il se leva, il trouva placés près de lui un pain et un vase d'eau. L'ange lui dit : «Lève-toi, mange et bois;» et Élie se leva, mangea et but l'eau. Il se leva, et, par la force de la nourriture qu'il avait mangée, il marcha dans (son)

1. Mot-à-mot : Les eaux cessèrent pour nous. — 2. Mot-à-mot : lorsque le soir fut, il se coucha.

ⲫⲏ ⲉⲧⲁϥⲉⲣⲥⲩⲛⲭⲱⲣⲉⲓⲛ[1] ⲁϥϣⲁⲛϣ ⲛⲏⲗⲓⲁⲥ ϧⲉⲛ ϯϧⲣⲉ ⲉⲧⲉⲙⲙⲁⲩ ⲛ̅ⲙ̅ ⲛⲉϩⲟⲟⲩ ⲛⲟⲟϥ ⲟⲛ ⲉⲑⲛⲁϥⲓ ⲣⲱⲟⲩϣ ϧⲁⲣⲟⲛ. ⲁϥϣⲁⲛⲛⲁⲩ ⲛϫⲉ ⲫ̅ϯ̅ ⲉⲧⲉⲛϩⲩⲡⲟⲙⲟⲛⲏ ⲛⲉⲙ ⲧⲉⲛⲡⲣⲟϩⲁⲓⲣⲉⲥⲓⲥ[2] ⲉϧⲟⲩⲛ ⲉⲣⲟϥ ϥⲛⲁϥⲓ ⲛⲉⲛⲣⲱⲟⲩϣ. ⲛⲁⲓ ⲇⲉ ⲉⲧⲁϥϫⲟⲧⲟⲩ ⲛⲏⲓ ⲛϫⲉ ⲡⲁⲓⲱⲧ ⲉⲑⲟⲩⲁⲃ ⲁϥϣⲉ ⲛⲁϥ ⲉⲡⲉϥⲙⲁ ⲁⲛⲟⲕ ⲇⲉ ⲁϥⲭⲁⲧ ⲙⲙⲁⲩⲁⲧ ⲉⲓⲣⲟϫⲡ ϩⲓϫⲉⲛ ⲡⲓⲕⲁϩⲓ ϩⲓⲧⲉⲛ ⲡⲓⲓⲃⲓ. ⲉⲧⲁ ⲡⲁⲓⲱⲧ ⲉⲣ ⲟⲩⲛⲓϣϯ ⲛⲛⲁⲩ ϩⲓ ⲫⲟⲩⲉⲓ ⲙⲙⲟⲓ ⲁϥⲓ ϣⲁⲣⲟⲓ ⲉⲣⲉ ⲛⲉϥⲃⲁⲗ ⲉⲣ ⲟⲩⲱⲓⲛⲓ ⲙⲫⲣⲏϯ ⲛⲛⲓⲫⲱⲥⲧⲏⲣ ⲟⲩⲟϩ ⲉϥⲣⲱⲟⲩⲧ ⲉⲙⲁϣⲱ ⲡⲉϫⲁϥ ⲛⲏⲓ ϫⲉ ⲓⲱⲁⲛⲛⲏⲥ ϯⲛⲁⲩ ⲉⲣⲟⲕ ⲉⲕⲣⲟⲕϩ ϧⲉⲛ ⲡⲓⲓⲃⲓ ϯⲛⲟⲩ ϫⲉ ⲧⲱⲛⲕ ⲛⲧⲉⲕⲉⲛ ⲙⲱⲟⲩ ⲛⲧⲉⲕⲥⲱ. ⲁⲓⲉⲣ ⲟⲩⲱ ⲡⲉϫⲏⲓ ⲛⲁϥ ϫⲉ ⲡⲁⲓⲱⲧ ⲉⲑⲟⲩⲁⲃ ⲓⲥ ⲅ̅ ⲛⲉϩⲟⲟⲩ ⲓⲥϫⲉⲛ ⲉⲧⲁ ⲛⲓⲕⲟⲩϫⲓ ⲙⲙⲱⲟⲩ ⲕⲏⲛ. ⲡⲁⲓⲱⲧ ⲇⲉ ⲛⲁϥⲥⲉⲕ ⲅ̅ ⲅ̅ ⲡⲉ ⲛϯϩⲉⲃⲇⲟⲙⲁⲥ[3] (ⲛ̅ⲇ̅) ϩⲁⲛ ⲕⲉⲥⲟⲡ ⲇⲉ ⲟⲛ ⲉϣⲱⲡ ⲡⲉϥⲥⲱⲙⲁ ⲟⲓ ⲛⲁⲥⲑⲉⲛⲏⲥ ⲁⲛ ⲛⲉϣⲁϥⲉⲣ-

chemin pendant quarante jours de marche. Celui qui eut la bonté de nourrir Élie de cette nourriture pour quarante jours est celui qui prendra soin de nous. Si Dieu voit que nous sommes patients et que nous avons placé notre choix en lui,[4] il prendra soin de nous.» Lorsque mon père m'eut dit cela, il s'en alla en son endroit, il me laissa seul couché à terre à cause de la soif. Lorsque mon père eut passé une grande heure loin de moi, il vint à moi : ses yeux brillaient comme des astres, et, grandement joyeux, il me dit : «Jean, je te vois brûlé par la soif; maintenant lève-toi, apporte de l'eau et bois.» — Je répondis, je lui dis : «Mon père saint, voici trois jours que les quelques (vases) d'eau sont finis.» Or mon père saint jeûnait trois jours par trois jours[5] dans la semaine, et d'autres fois, quand son corps n'était pas faible, il jeû-

1. Cod. ⲉⲧⲁϥⲉⲣⲥⲩⲛⲭⲱⲣⲓⲛ. — 2. Cod. ⲧⲉⲛⲡⲣⲟϩⲉⲣⲉⲥⲓⲥ. — 3. Cod. ⲛϯⲉⲃⲇⲟⲙⲁⲥ. — 4. C'est-à-dire que nous avons choisi de souffrir pour lui. — 5. C'est-à-dire qu'il ne rompait son jeûne qu'au bout de trois jours.

ⲛⲏⲥⲧⲉⲩⲉⲓⲛ[1] ⲛϯϩⲉⲃⲇⲟⲙⲁⲥ[2] ⲧⲏⲣⲥ. ⲡⲁⲗⲓⲛ ⲟⲛ ⲡⲉϫⲉ ⲡⲓϧⲉⲗⲗⲟ ⲛⲏⲓ ϫⲉ ⲉⲑⲃⲉ ⲟⲩ ⲕⲟⲓ ⲛⲁⲧⲥⲱⲧⲉⲙ ⲧⲱⲛⲕ ϩⲓ ⲙⲡⲙⲱⲟⲩ ⲛⲧⲉⲕⲥⲱ ϫⲉ ⲁⲕϧⲓⲥⲓ. ⲡⲉϫⲏⲓ ⲛⲁϥ ϫⲉ ⲉⲧⲁⲓⲛⲁⲩ ⲉⲡⲉⲕϩⲟ ⲉϥⲙⲉϩ ⲛⲱⲟⲩ ⲁ ⲫ̅ϯ̅ ⲙⲧⲟⲛ ⲛⲏⲓ ⲉⲃⲟⲗ ϧⲁ ⲡϧⲓⲥⲓ ⲙⲡⲓⲓⲃⲓ. ⲁϥⲉⲣ ⲟⲩⲱ ⲛⲏⲓ ⲇⲉ ⲓⲥϫⲉ ⲁⲕϧⲓⲥⲓ ⲛⲉϩⲟⲟⲩ ⲃ̅ ⲓⲉ ⲅ̅ ⲉⲧⲉ ⲙⲡⲉⲕϫⲉⲙ ⲙⲱⲟⲩ ⲓⲉ ⲉⲩⲟⲓ ⲛⲁϣ ⲛⲣⲏϯ ⲛϫⲉ ⲛⲏ ⲉⲧⲭⲏ ϧⲉⲛ ⲛⲓⲕⲟⲗⲁⲥⲓⲥ ⲛⲉⲙ ⲡⲓⲁⲣⲟ ⲛⲭⲣⲱⲙ ⲫⲁⲓ ⲉⲧⲁⲩⲙⲉⲩⲓ ⲉⲣⲟϥ ϫⲉ ϩⲱϯ ⲡⲉ ⲛⲧⲉ ⲡⲓⲟⲩⲁⲓ ⲡⲓⲟⲩⲁⲓ ⲙⲙⲟⲛ ⲉⲣϫⲓⲛⲓⲟⲣ ⲙⲙⲟϥ ⲛⲥⲉⲉⲣⲇⲟⲕⲓⲙⲁⲍⲉⲓⲛ[3] ⲙⲡⲉϥϩⲱⲃ. ⲁⲗⲏⲑⲱⲥ ⲟⲩϩⲟϯ ⲡⲉ ⲉⲥⲙⲉϩ ⲛⲉⲛϩⲟⲩⲣ ⲉⲣⲁⲟⲩⲱ ⲉϧⲣⲏⲓ ⲉⲛⲉⲛϫⲓϫ ⲙⲫ̅ϯ̅ ⲉⲧⲟⲛϧ. ϧⲉⲛ ⲡϫⲓⲛⲑⲣⲉϥϫⲉ ⲛⲁⲓ ⲇⲉ ⲛⲏⲓ ⲛϫⲉ ⲡⲁⲓⲱⲧ ⲉⲑⲟⲩⲁⲃ ⲁⲓⲧⲱⲛⲧ ⲁⲓϣⲉ ⲛⲏⲓ ⲉⲫⲙⲁ ⲛⲛⲓⲗⲁⲕⲕⲟⲛ[4] ⲉⲧϣⲟⲩⲓⲧⲓ ϯⲉⲣϩⲟⲙⲟⲗⲟⲅⲉⲓⲛ[5] ⲛⲱⲧⲉⲛ ⲛϯϩⲟϯ ⲛⲧⲉ ⲫ̅ϯ̅ ⲑⲁⲓ ⲉⲧⲉⲛⲛⲁⲉⲣⲁⲡⲁⲛⲧⲁⲛ ⲉⲣⲟⲥ ⲧⲏⲣⲟⲩ ϫⲉ ⲁⲓϫⲓⲙⲓ ⲛⲛⲓⲗⲁⲕⲕⲟⲛ[6] ⲧⲏⲣⲟⲩ ⲉⲩⲙⲉϩ ⲙⲙⲱⲟⲩ ⲉⲩⲟⲩⲃϣ ⲙⲫⲣⲏϯ ⲛⲟⲩⲭⲓⲱⲛ ⲟⲩⲟϩ ⲉϥϩⲟⲗϫ

nait la semaine entière. Le vieillard me dit de nouveau : «Pourquoi es-tu désobéissant? lève-toi, prends de l'eau et bois, puisque tu souffres.» — Je lui dis : «Lorsque je regarde ton visage plein de gloire, Dieu me repose des tortures de la soif.» — Il me répondit : «Puisque tu souffres après deux ou trois jours où tu n'as pas trouvé d'eau, comment sont donc ceux qui ont été placés dans les châtiments et le fleuve de feu? dans ce fleuve dont on pense qu'il faut que chacun de nous le traverse, afin qu'on éprouve son œuvre. Vraiment c'est une terreur pleine d'horreur de tomber entre les mains du Dieu vivant!» Lorsque mon père saint m'eut dit ces paroles, je me levai, je marchai à l'endroit où étaient les vases vides. Je vous le confesse dans la crainte de (ce) Dieu devant lequel nous paraîtrons tous, je trouvai tous les vases pleins d'eau, blancs

1. Cod. ⲛⲉϣⲁϥⲉⲣⲛⲏⲥⲧⲉⲩⲓⲛ. — 2. Cod. ⲛϯⲉⲃⲇⲟⲙⲁⲥ. — 3. Cod. ⲛⲥⲉⲉⲣⲇⲟⲕⲓⲙⲁⲍⲓⲛ. — 4. Cod. ⲛⲛⲓⲗⲁⲕⲟⲛ. — 5. Cod. ϯⲉⲣⲟⲙⲟⲗⲟⲅⲓⲛ. — 6. Cod. ⲛⲛⲓⲗⲁⲕⲟⲛ.

ⲙⲫⲣⲏϯ ⲛⲛⲓⲙⲱⲟⲩ ⲛⲧⲉ ⲅⲉⲱⲛ. ⲉⲧⲁⲓⲛⲁⲩ ⲇⲉ[1] (fol. 151 ⲛ̄ⲉ̄) ⲉⲧⲁⲓϣⲫⲏⲣⲓ ⲁⲓϣⲉ ⲛⲏⲓ ⲙⲫⲙⲁ ⲙⲡⲁⲓⲱⲧ ⲁⲓⲧⲁⲙⲟϥ ⲉϯϣⲫⲏⲣⲓ ⲉⲧⲁⲥϣⲱⲡⲓ ⲁⲓϯϩⲟ ⲇⲉ ⲉⲣⲟϥ ⲉⲑⲣⲉϥⲧⲁⲙⲟⲓ ϫⲉ ϩⲁⲛ ⲉⲃⲟⲗⲑⲱⲛ ⲛⲉ ⲛⲁⲓⲙⲱⲟⲩ. ⲛⲑⲟϥ ⲇⲉ ⲡⲉϫⲁϥ ⲛⲏⲓ ϫⲉ ⲭⲁⲣⲱⲕ ⲡⲁϣⲏⲣⲓ ⲫⲏ ⲉⲧⲥⲟⲃϯ ⲛⲛⲓⲁⲃⲱⲕ ⲛⲥⲉⲥⲓϯ ⲁⲛ ⲟⲩⲇⲉ ⲛⲥⲉⲱⲥϧ ⲁⲛ ⲛⲑⲟϥ ⲟⲛ ϯⲛⲟⲩ ⲡⲉⲧⲁϥⲥⲟⲃϯ ⲛⲁⲛ ⲛⲧⲭⲣⲉⲓⲁ[2] ⲙⲡⲁⲓⲕⲟⲩϫⲓ ⲙⲙⲱⲟⲩ ⲫⲏ ⲟⲩⲛ ⲉⲑⲛⲁⲟⲩⲁϩ ⲛⲉϥⲣⲱⲟⲩϣ ⲧⲏⲣϥ ⲉⲡⲉⲛⲟ̅ⲥ̅ ⲓ̅ⲏ̅ⲥ̅ ⲡⲭ̅ⲥ̅ ϥⲛⲁϥⲓ ⲛⲉϥⲣⲱⲟⲩϣ ϧⲉⲛ ⲙⲱⲓⲧ ⲛⲓⲃⲉⲛ ⲉⲧⲁϥⲛⲁϣⲉ ⲛⲁϥ ⲉⲣⲟϥ.

ⲁⲥϣⲱⲡⲓ[3] ⲇⲉ ⲟⲛ ⲛⲟⲩⲉϩⲟⲟⲩ ⲉⲧⲓ ⲛϫⲉ ⲡⲁⲓⲱⲧ ⲛⲉⲙⲏⲓ ϧⲉⲛ ⲡⲓⲧⲱⲟⲩ ⲛϭⲏⲙⲓ ⲡⲉϫⲉ ⲡⲁⲓⲱⲧ ⲛⲏⲓ ϫⲉ ⲓⲱⲁⲛⲛⲏⲥ ⲡⲁϣⲏⲣⲓ ⲧⲱⲛⲕ ⲟⲩⲁϩⲕ ⲛⲥⲱⲓ ⲛⲧⲁⲧⲁⲙⲟⲕ ⲉⲡⲓⲙⲁ ⲉϯⲛⲁⲉⲣⲏⲥⲩⲭⲁⲍⲉⲓⲛ[4] ⲙⲙⲟϥ ϫⲉⲭⲁⲥ ⲉⲕⲛⲁϫⲓⲙⲓ ⲙⲡⲁϣⲓⲛⲓ ⲕⲁⲧⲁ ⲥⲁⲃⲃⲁⲧⲟⲛ ⲛⲧⲉⲕⲓⲛⲓ ⲛⲏⲓ ⲛϯⲕⲟⲩϫⲓ ⲛⲧⲣⲟⲫⲏ

comme la neige, et (l'eau était) douce comme les eaux du Géhon. Lorsque j'eus vu cette merveille, j'allai à l'endroit de mon père, je lui appris le prodige qui avait eu lieu, je le priai de m'apprendre d'où venaient ces eaux. Mais lui me dit : «Tais-toi, mon fils : celui qui prépare leur nourriture aux corbeaux, quoiqu'ils ne sèment point et ne moissonnent point, est aussi celui qui vient de nous préparer[5] ces quelques eaux dont nous avons besoin : de celui qui mettra tout son souci en lui, notre Seigneur Jésus le Christ prendra soin en tout chemin qu'il marchera.»

Il arriva un jour que mon père était encore avec moi dans la montagne de Gîmi, mon père me dit : «Jean, mon fils, suis-moi, que je te montre le lieu où je me reposerai,[6] afin que tu me visites cha-

1. Cod. ⲉⲧⲁⲓⲛⲁⲩ ⲉⲧⲁⲓⲛⲁⲩ ⲇⲉ. Le scribe a répété le même mot au commencement de la page. — 2. Cod. ⲛⲓⲭⲣⲓⲁ. — 3. En marge : ⲱϣ ϣⲁ ⲡⲓϫⲱⲕ : lis jusqu'à la fin. — 4. Cod. ⲉϯⲛⲁⲉⲣⲏⲥⲓⲭⲁⲍⲓⲛ. — 5. Mot-à-mot : c'est lui aussi qui maintenant nous a préparé. — 6. C'est-à-dire où je serai tranquille pour prier.

ⲛⲉⲙ ⲡⲓⲕⲟⲩϫⲓ ⲙⲙⲱⲟⲩ ⲉⲑⲣⲓⲥⲟϥ ⲉⲑⲃⲉ ⲡⲧⲁϩⲟ ⲉⲣⲁⲧϥ ⲙⲡⲁⲓⲥⲱⲙⲁ. ⲁϥⲧⲱⲛϥ ⲇⲉ ⲛϫⲉ ⲡⲁⲓⲱⲧ[1] ⲁϥⲙⲟϣⲓ ϩⲓ ⲧϩⲏ ⲙⲙⲟⲓ ⲉϥⲉⲣⲙⲉⲗⲉⲧⲁⲛ ϧⲉⲛ ⲛⲓⲅⲣⲁⲫⲏ ⲉⲑⲟⲩⲁⲃ ⲛⲛⲓϥⲓ ⲛⲧⲉ ⲫ̅ϯ̅. ⲉⲧⲁⲛⲙⲟϣⲓ ⲇⲉ ⲉϧⲟⲩⲛ ⲛⲟⲩⲅ̅ϯ[2] ⲙⲙⲓⲗⲓⲟⲛ ⲕⲁⲧⲁ ⲡⲓⲣⲏϯ ⲉⲧⲁⲓⲧⲉⲛⲑⲱⲛⲟⲩ ⲙⲙⲟⲥ ⲁⲛⲉⲣⲁⲡⲁⲛⲧⲁⲛ ⲉⲟⲩⲙⲱⲓⲧ ⲉϥⲟⲓ ⲙⲡⲥⲙⲟⲧ ⲛⲟⲩⲣⲟ (ⲛ̅ⲉ̅) ⲉϥⲟⲩⲏⲛ ⲉⲙⲁϣⲱ ⲉⲧⲁⲛϩⲱⲗ ⲇⲉ ⲉϧⲟⲩⲛ ⲉⲡⲓⲙⲁ ⲉⲧⲉⲙⲙⲁⲩ ⲁⲛϫⲉⲙϥ ⲉϥⲟⲓ ⲙⲡⲥⲙⲟⲧ ⲛⲟⲩⲱⲛⲓ ⲉϥϣⲉⲧϣⲱⲧ ⲉⲣⲉ ⲟⲩⲟⲛ ⲉ̅ ⲛⲥⲧⲩⲗⲟⲥ ⲧⲱⲟⲩⲛ ⲉϩⲣⲏⲓ ϧⲁ ϯⲡⲉⲧⲣⲁ ⲉϥⲟⲓ ⲛⲛ̅ⲃ̅ ⲙⲙⲁϩⲓ ⲛⲟⲩⲟⲥⲑⲉⲛ ⲉϥⲟⲓ ⲛⲧⲉⲧⲣⲁⲅⲱⲛⲟⲛ[3] ⲉⲣⲉ ⲡⲉϥϭⲓⲥⲓ ⲟⲛ ⲟⲓ ⲙⲡⲁⲓⲥⲙⲟⲧ ⲉⲣⲉ ϩⲁⲛ ⲙⲏϣ ⲛⲛⲱⲥ ⲛⲧⲉ ϩⲁⲛ ⲥⲱⲙⲁ ⲭⲏ ⲛϧⲏⲧϥ. ⲁⲛϣⲁⲛⲥⲓⲛⲓ ⲙⲙⲁⲩⲁⲧϥ ⲉⲃⲟⲗ ϧⲉⲛ ⲡⲓⲙⲁ ⲉⲧⲉⲙⲙⲁⲩ ϣⲁⲛϣⲱⲗⲉⲙ ⲉⲟⲩⲙⲏϣ ⲛⲥⲑⲓⲛⲟⲩϥⲓ ⲉⲩϣⲱϣ ⲉⲃⲟⲗϧⲉⲛ ⲛⲓⲥⲱⲙⲁ. ⲁⲛϭⲓ

que samedi, que tu m'apportes un peu de nourriture et un peu d'eau à boire, pour le soutien de mon corps.» Mon père se leva, il marcha devant moi, méditant les saintes Écritures inspirées de Dieu.[4] Lorsque nous eûmes marché environ trois milles, du moins il me parut ainsi,[5] nous rencontrâmes un chemin comme une porte ouverte tout à son grand. Lorsque nous fûmes entrés en ce lieu, nous le trouvâmes comme un rocher sculpté. Il y avait six colonnes[6] s'élevant sous le rocher : (l'endroit) avait cinquante-deux coudées de largeur, il était de forme quadrangulaire et la hauteur en était proportionnelle. Il contenait une foule de corps momifiés : rien

1. Cod. ⲓⲱⲧ. Le scribe avait omis le ⲛⲁ et l'a ajouté en dessus. — 2. Dans le *Voyage d'un moine égyptien* (p. 16 du tirage à part) j'ai dit que la lettre ϯ marquait le féminin. Cette lettre ne se trouve qu'après les chiffres qui, exprimés en lettres, se terminent par ϯ, comme ⲥⲛⲟⲩϯ, ϣⲟⲙϯ, terminaison qui est en effet féminine. — 3. Cod. ⲇⲉⲧⲣⲁⲅⲱⲛⲟⲛ. — 4. Mot-à-mot : souffle de Dieu. — 5. Mot-à-mot : comme je les comparai à cela. — 6. M. Revillout qui a traduit ce passage (*Revue égypt.*, IIe année, nos II et III, p. 69) dit qu'il y avait six stèles. Il ne peut s'agir ici de stèles qu'on ne rencontre jamais dans les tombeaux en aussi grand nombre; il s'agit seulement des colonnes qui supportaient la voûte.

ⲇⲉ ⲛⲛⲓⲥⲕⲏⲛⲱⲙⲁ[1] ⲁⲛϩⲟⲣϫⲟⲩ ⲉϫⲉⲛ ⲛⲟⲩⲉⲣⲏⲟⲩ ⲁ ⲡⲓⲙⲁ ⲟⲩⲟⲥⲑⲉⲛ ⲉⲙⲁϣⲱ ⲉⲣⲉ ⲡⲓⲙⲁ ⲉⲣⲉ ⲛⲓⲥⲱⲙⲁ ⲙⲙⲟϥ ⲉϥⲟⲓ ⲙⲫⲣⲏϯ ⲛⲟⲩⲙⲁ ⲉⲁⲩⲥⲉⲗⲥⲱⲗϥ ⲉⲙⲁϣⲱ. ⲡⲓϣⲟⲣⲡ ⲛⲕⲱⲥ ⲉⲧϩⲓⲣⲉⲛ ⲡⲓⲣⲟ ⲛⲓϩⲃⲱⲥ ⲉⲧⲉϥⲕⲏⲥ ⲛϧⲏⲧⲟⲩ ϩⲁⲛ ϩⲟⲗⲟⲥⲏⲣⲓⲕⲟⲛ[2] ⲛⲉ ⲛⲧⲉ ⲛⲓⲟⲩⲣⲱⲟⲩ ⲉⲛⲁϣⲉ ⲡⲉϥϧⲑⲁⲓ ⲇⲉ ⲉⲣⲉ ⲛⲉϥⲧⲏⲃ ⲛϫⲓϫ ⲛⲉⲙ ⲛⲉϥϭⲁⲗⲁⲩϫ ⲕⲏⲥ ⲛⲟⲩⲁⲓ ⲟⲩⲁⲓ. ⲡⲉϫⲉ ⲡⲁⲓⲱⲧ ϫⲉ ϩⲁⲣⲁ ⲁ ⲛⲁⲓ ⲙⲟⲩ ⲓⲥ ⲟⲩⲏⲣ ⲛⲣⲟⲙⲡⲓ ⲓⲉ ⲛⲁ ⲁϣ ⲛⲑⲟϣ ⲛⲉ. ⲡⲉϫⲏⲓ ⲛⲁϥ ϫⲉ ⲫ̅ϯ̅ ⲡⲉⲧⲥⲱⲟⲩⲛ. ⲡⲉϫⲉ ⲡⲁⲓⲱⲧ ⲛⲏⲓ ϫⲉ ⲙⲁϣⲉ ⲛⲁⲕ ⲉⲃⲟⲗ ⲡⲁϣⲏⲣⲓ ⲛⲧⲉⲕϩⲉⲙⲥⲓ ϧⲉⲛ ⲡⲉⲕⲙⲟⲛⲁⲥⲧⲏⲣⲓⲟⲛ ⲛⲧⲉⲕϯ ϩⲟⲛⲕ ⲉⲣⲟⲕ ⲟⲩⲉϥⲗⲏⲟⲩ ⲡⲉ ⲡⲁⲓⲕⲟⲥⲙⲟⲥ ⲙⲉⲛⲉⲛⲥⲁ ⲛⲁⲩ ⲛⲓⲃⲉⲛ ⲥⲉⲛⲁⲫⲟⲣϫⲧⲉⲛ ⲉⲣⲟϥ (*fol.* 152 ⲛ̅ⲍ̅) ϥⲓ ⲫⲣⲱⲟⲩϣ ⲛⲧⲉⲕⲙⲉⲧⲧⲁⲗⲁⲓⲡⲱ-

qu'à passer en ce lieu, on sentait une foule d'odeurs sortant de ces corps. Nous prîmes les cercueils, nous les amoncelâmes les uns sur les autres : ces cercueils étaient très larges et les boîtes où étaient les corps étaient très ornées.[3] Les étoffes dans lesquelles avait été ensevelie la première momie qui était près de la porte, étaient de la soie des rois : la momie était très grosse;[4] les doigts de ses mains et de ses pieds étaient embaumés séparément. Mon père dit : «Combien y a-t-il d'années que ces (hommes) sont morts? ou de quels nomes étaient-ils?» — Je lui dis : «Dieu le sait.» — Mon père me dit : «Va-t-en, mon fils, reste dans ton monastère, veille sur toi; ce monde est périssable, après toute heure on nous en séparera.[5] Prends soin de ta pauvre âme,[6] jeûne avec perfec-

1. Cod. ⲛⲛⲓⲥⲕⲏⲩⲛⲱⲙⲁ. — 2. Cod. ⲟⲗⲟⲥⲓⲣⲓⲕⲟⲛ. — 3. M. Revillout traduit ainsi : «Le lieu s'élargit ainsi beaucoup. L'endroit dans lequel étaient les corps était très orné.» Je crois que le premier mot ⲙⲁ désigne la grande boîte, et le second la boîte même où était la momie. Le mot ⲟⲩⲟⲥⲑⲉⲛ signifie *être large* et non *s'élargir*. — 4. «La momie avait beaucoup d'embonpoint» (??) (Revillout). L'auteur veut dire seulement qu'on avait mis beaucoup de bandelettes autour du corps momifié qui ne pouvait guère conserver d'embonpoint après l'opération de la momification. — 5. C'est-à-dire : à chaque instant on peut nous en séparer. — 6. Mot-à-mot : de ta pauvreté.

ⲣⲟⲥ[1] ⲛⲧⲉⲕⲥⲱⲛ ⲛⲧⲉⲕⲛⲏⲥⲧⲉⲓⲁ[2] ⲉⲥϫⲏⲕ ⲉⲃⲟⲗ ⲛⲧⲉⲕⲓⲣⲓ ⲛⲛⲉⲕϣⲗⲏⲗ ⲛⲕⲁⲗⲱⲥ ⲛⲁ ⲡⲓⲛⲁⲩ ⲡⲓⲛⲁⲩ ⲕⲁⲧⲁ ⲫⲣⲏϯ ⲉⲧⲁⲓⲧⲥⲁⲃⲟⲛ ⲟⲩⲟϩ ⲙⲡⲉⲣⲓ ⲛⲏⲓ ⲉⲡⲁⲓⲙⲁ ⲉⲃⲏⲗ ⲉⲡⲥⲁⲃⲃⲁⲧⲟⲛ ⲙⲙⲁⲩⲁⲧϥ. ⲉⲧⲁϥϫⲉ ⲛⲁⲓ ⲇⲉ ⲛⲏⲓ ⲁⲓⲓ ⲉⲓⲛⲏⲟⲩ ⲉⲃⲟⲗϩⲓⲧⲟⲧϥ ⲁⲓϯ ϩⲑⲏⲓ ⲇⲉ ⲉϫⲉⲛ ⲟⲩⲁⲓ ⲛⲛⲓⲥⲧⲩⲗⲟⲥ ⲁⲓϫⲓⲙⲓ ⲛⲟⲩⲧⲟⲙⲁⲣⲓⲟⲛ ⲛϫⲱⲙ ⲙⲙⲉⲙⲃⲣⲁⲛⲟⲛ.[3] ⲉⲧⲁ ⲡⲁⲓⲱⲧ ⲇⲉ ⲃⲟⲗϥ ⲉⲃⲟⲗ ⲁϥⲱϣ ⲛϧⲏⲧϥ ⲁϥϫⲓⲙⲓ ⲛⲛⲉⲛⲣⲁⲛ ⲛⲛⲓⲣⲱⲙⲓ ⲧⲏⲣⲟⲩ ⲉⲧⲕⲏⲥ ϧⲉⲛ ⲡⲓⲙⲁ ⲉⲧⲉⲙⲙⲁⲩ ⲉⲩⲥϧⲏⲟⲩⲧ ⲉⲣⲟϥ ⲁϥⲧⲏⲓϥ ⲛⲏⲓ ⲁⲓⲭⲁϥ ⲉⲡⲉⲥⲏⲧ ⲉⲡⲉϥⲙⲁ ⲁⲓⲉⲣⲁⲥⲡⲁⲍⲉⲥⲑⲁⲓ[4] ⲙⲡⲁⲓⲱⲧ ⲁⲓⲓ ⲉⲃⲟⲗϩⲓⲧⲟⲧϥ ⲁⲓⲙⲟϣⲓ ⲉϥⲧⲫⲟ ⲙⲙⲟⲓ ⲉⲃⲟⲗ ⲉϥϫⲱ ⲙⲙⲟⲥ ⲛⲏⲓ ϫⲉ ϣⲱⲡⲓ ⲉⲛⲟⲓ ⲛⲁϣⲓⲣⲓ ϧⲉⲛ ⲡⲓϩⲱⲃ ⲙⲫϯ ϩⲓⲛⲁ ⲛⲧⲉϥⲓⲣⲓ ⲛⲟⲩⲛⲁⲓ ⲛⲉⲙ ⲧⲉⲕⲯⲩⲭⲏ ⲛⲧⲁⲗⲁⲓⲡⲱⲣⲟⲥ[5] ⲭⲛⲁⲩ ⲟⲩⲛ ⲉⲛⲁⲓⲕⲱⲥ ϩⲱϯ ⲡⲉ ⲛⲧⲉ ⲟⲩⲟⲛ ⲛⲓⲃⲉⲛ ϣⲱⲡⲓ ⲙⲡⲁⲓⲣⲏϯ ⲟⲩⲟⲛ ⲟⲩⲟⲛ ϯⲛⲟⲩ ϣⲟⲡ ϧⲉⲛ ⲁⲙⲉⲛϯ ⲉϩⲁⲛ ⲛⲓϣϯ ⲛⲉ ⲛⲟⲩⲛⲟⲃⲓ ϩⲁⲛ ⲟⲩⲟⲛ ⲙⲉⲛ ϧⲉⲛ ⲡⲓⲭⲁⲕⲓ ⲉⲧⲥⲁ ⲃⲟⲗ ϩⲁⲛ ⲛⲉⲭⲱ-

tion, fais bien tes prières, celles de chaque heure, comme je t'ai enseigné et ne viens ici vers moi que le samedi seulement.» Lorsqu'il m'eût dit cela, j'allais le quitter. Je regardai sur l'une des colonnes, je trouvai un petit volume de parchemin. Mon père, l'ayant déroulé, le lut; il y trouva écrits les noms de tous les hommes qui étaient momifiés en ce lieu; il me le donna, je le remis à sa place. J'embrassai mon père, je le quittai, je marchai avec lui pendant qu'il me conduisait et me disait : «Sois diligent dans l'œuvre de Dieu, afin qu'il fasse miséricorde à ta pauvre âme : tu vois ces momies! il faut que chacun soit ainsi. Quelques-uns, dont les péchés ont été nombreux, sont maintenant dans l'Amenti, les autres dans les ténèbres extérieures, les autres dans des puits

1. Cod. ⲛⲧⲉⲕⲙⲉⲧⲧⲁⲗⲉⲡⲱⲣⲟⲥ. — 2. Cod. ⲛⲧⲉⲕⲛⲏⲥⲧⲓⲁ. — 3. Cod. ⲙⲙⲉⲙⲣⲁⲛⲟⲛ. — 4. Cod. ⲁⲓⲉⲣⲁⲥⲡⲁⲍⲉⲥⲑⲉ. — 5. Cod. ⲛⲧⲁⲗⲉⲡⲱⲣⲟⲥ.

ⲟⲩⲛⲓ ⲇⲉ ϧⲉⲛ ϩⲁⲛ ϣⲏⲓ ⲛⲉⲙ ϩⲁⲛ ϣⲱϯ ⲉⲩⲙⲉϩ ⲛⲭⲣⲱⲙ ϩⲁⲛ ⲕⲉⲭⲱⲟⲩⲛⲓ ⲇⲉ ϧⲉⲛ ⲁⲙⲉⲛϯ ⲉⲧⲥⲁ ⲡⲉⲥⲏⲧ ϩⲁⲛ ⲕⲉⲭⲱⲟⲩⲛⲓ ⲟⲛ ϧⲉⲛ ⲡⲓⲁⲣⲟ ⲛⲭⲣⲱⲙ ⲙⲡⲟⲩϯ ⲙⲧⲟⲛ ⲛⲱⲟⲩ ϣⲁ ϯⲛⲟⲩ (ⲛ̅ⲏ̅) ⲡⲁⲓⲣⲏϯ ⲟⲛ ⲟⲩⲟⲛ ϩⲁⲛ ⲕⲉⲭⲱⲟⲩⲛⲓ ⲉⲩϣⲟⲡ ϧⲉⲛ ⲛⲓⲙⲁ ⲛⲉⲙⲧⲟⲛ ⲕⲁⲧⲁ ⲛⲟⲩⲡⲣⲁⲝⲓⲥ ⲉⲑⲛⲁⲛⲉⲩ ⲁⲣⲉϣⲁⲛ ⲡⲓⲣⲱⲙⲓ ⲓ ⲉⲃⲟⲗϧⲉⲛ ⲡⲁⲓⲕⲟⲥⲙⲟⲥ ⲫⲏ ⲉⲧⲁϥⲥⲓⲛⲓ ⲁϥⲥⲓⲛⲓ. ⲛⲁⲓ ⲇⲉ ⲉⲧⲁϥϫⲟⲧⲟⲩ ⲛⲏⲓ ⲡⲉϫⲁϥ ϫⲉ ϣⲗⲏⲗ ⲉϫⲱⲓ ϩⲱ ⲡⲁϣⲏⲣⲓ ϣⲁ ϯⲛⲁⲩ ⲉⲣⲟⲕ. ⲡⲁⲓⲣⲏϯ ⲇⲉ ⲁⲓⲓ ⲉⲡⲁⲙⲁ ⲛϣⲱⲡⲓ ⲁⲓⲟϩⲓ ⲉⲓⲓⲣⲓ ⲕⲁⲧⲁ ⲧⲉⲛⲧⲟⲗⲏ ⲙⲡⲁⲓⲱⲧ ⲉⲑⲟⲩⲁⲃ ⲁⲃⲃⲁ ⲡⲓⲥⲉⲛⲧⲓⲟⲥ.

ϧⲉⲛ ⲡⲓϣⲟⲣⲡ ⲇⲉ ⲛⲥⲁⲃⲃⲁⲧⲟⲛ ⲁⲓⲙⲟϩ ⲙⲡⲓⲗⲁⲕⲕⲟⲛ[1] ⲙⲙⲱⲟⲩ ⲛⲉⲙ ϩⲁⲛ ⲕⲟⲩϫⲓ ⲛⲥⲟⲩⲟ ⲉⲩⲗⲏⲕ ⲡⲣⲟⲥ ⲡϣⲓ ⲙⲡⲉϥϫⲓ ⲛⲟⲩⲱⲙ ⲕⲁⲧⲁ ⲡⲉϥⲟⲩⲁϩⲥⲁϩⲛⲓ ⲁϥϯ ⲙⲡⲑⲱϣ ⲛⲱⲓⲡⲓ ⲥⲛⲟⲩϯ ⲁϥⲫⲟϣⲟⲩ ⲉⲃⲟⲗ ⲉϫⲉⲛ

et des fosses remplis de feu, d'autres (encore) dans le fleuve de feu sans que jusqu'à présent on leur ait donné de repos. De même aussi d'autres sont dans le lieu du repos à cause de leurs bonnes œuvres. Lorsque l'homme sort de ce monde, ce qui est passé est passé.» Après m'avoir dit cela, il me dit (encore) : «Prie aussi pour moi, mon fils, jusqu'à ce que je te revoie.» Ainsi j'allai vers ma demeure, j'y restai faisant selon les recommandations de mon père saint, abba Pisentios.

Le premier samedi, je remplis le vase d'eau et je pris[2] quelques grains de blé[3] tendre, selon la quantité de ce qu'il mangeait, (le tout) d'après son ordre, (car) il avait réglé deux éphas, il les avait

1. Cod. ⲙⲡⲓⲗⲁⲕⲟⲛ. — 2. Le mot ⲛⲉⲙ emporte l'idée de *joindre à*. — 3. Je ne sais trop ce dont il s'agit; on traduit d'habitude l'expression copte par *épi* : Il ne peut ici être question d'épis, car si tard que peut être Pâque, la moisson n'était pas assez avancée pour que Pisentios pût se nourrir d'épis de blé. D'ailleurs on ne peut mesurer des épis. Il faut sans doute entendre ce passage de grains de blé mis à tremper dans l'eau et rendus mous.

ⲡⲓⲙ̅ ⲛⲉϩⲟⲟⲩ ⲁϥϭⲓ ⲛⲟⲩϣⲓ ⲁϥϣⲓⲧϥ ⲉϥϫⲱ ⲙⲙⲟⲥ ϫⲉ ⲁⲕϣⲁⲛⲓ ⲉⲡⲥⲁⲃⲃⲁⲧⲟⲛ ⲁⲛⲓⲟⲩⲓ ⲙⲡⲁⲓϣⲓ ⲫⲁⲓ ⲛⲏⲓ ⲛⲉⲙ ⲡⲓⲙⲱⲟⲩ ⲛⲧⲉⲕϫⲉⲙ ⲡⲁϣⲓⲛⲓ. ⲡⲁⲓⲣⲏϯ ⲁⲓϭⲓ ⲙⲡⲓⲕⲉⲗⲱⲗ ⲙⲙⲱⲟⲩ ⲛⲉⲙ ⲡ̇ⲓⲕⲟⲩϫⲓ ⲛⲥⲟⲩⲟ ⲉⲧⲗⲏⲕ ⲁⲓⲙⲟϣⲓ ⲉϧⲟⲩⲛ ⲉⲡⲓⲙⲁ ⲉⲛⲁϥⲉⲣⲏⲥⲩⲭⲁⲍⲉⲓⲛ[1] ⲛϧⲏⲧϥ. ⲉⲧⲁⲓϧⲱⲛⲧ ⲇⲉ ⲉϧⲟⲩⲛ ⲉⲡⲓⲙⲁ ⲛϣⲱⲡⲓ ⲉϥⲥⲱⲧⲉⲙ ⲉⲟⲩⲁⲓ ⲉϥⲣⲓⲙⲓ ⲉϥϯϩⲟ ⲉⲡⲁⲓⲱⲧ ϧⲉⲛ ⲟⲩⲛⲓϣϯ ⲛⲉⲙⲕⲁϩ ⲛϩⲏⲧ ⲉϥϫⲱ ⲙⲙⲟⲥ ϫⲉ ϯϯϩⲟ ⲉⲣⲟⲕ ⲡⲁⲟ̅ⲥ̅ ⲛⲓⲱⲧ ⲙⲁϯϩⲟ ⲉⲡⲟ̅ⲥ̅ ⲉϫⲱⲓ ϩⲓⲛⲁ ⲛⲥⲉⲭⲁⲧ ⲉⲃⲟⲗ ϧⲉⲛ ⲛⲁⲓⲕⲟⲗⲁⲥⲓⲥ ⲛⲥⲉϣⲧⲉⲙϭⲓⲧⲧ ⲉⲣⲱⲟⲩ ⲛⲕⲉⲥⲟⲡ ϫⲉ ⲁⲓϧⲓⲥⲓ ⲉⲙⲁϣⲱ. (fol. 153 ⲛ̅ⲑ̅) ⲁⲛⲟⲕ ⲇⲉ ⲛⲁⲓⲙⲉⲩⲓ ϫⲉ ⲟⲩⲣⲱⲙⲓ ⲡⲉ ⲉϥⲥⲁϫⲓ ⲛⲉⲙ ⲡⲁⲓⲱⲧ ⲉⲑⲃⲉ ϫⲉ ⲛⲁⲣⲉ ⲡⲓⲙⲁ ⲟⲓ ⲛⲭⲁⲕⲓ ⲡⲉ. ⲁⲛⲟⲕ ⲇⲉ ⲁⲓϩⲉⲙⲥⲓ ⲁⲓϭⲓ ⲥⲙⲏ ⲉⲡⲁⲓⲱⲧ ⲉⲣⲉ ⲡⲓⲕⲱⲥ ⲥⲁϫⲓ ⲛⲉⲙⲁϥ. ⲡⲉϫⲉ ⲡⲁⲓⲱⲧ ⲙⲡⲓⲕⲱⲥ ϫⲉ ⲛⲑⲟⲕ ⲫⲁ ⲁϣ ⲛⲑⲟϣ. ⲡⲉϫⲁϥ ϫⲉ ⲁⲛⲟⲕ ⲟⲩⲉⲃⲟⲗϧⲉⲛ ϯⲡⲟⲗⲓⲥ

divisées pour les quarante jours du carême, en avait pris une mesure et l'avait mesurée en disant : « Quand tu viendras me visiter le samedi, apporte-moi cette mesure avec de l'eau. » Ainsi je pris la cruche d'eau avec les quelques grains de blé tendre, je marchai vers le lieu où il se reposait. Lorsque j'entrai dans ce lieu, j'entendis quelqu'un qui pleurait et priait avec grande tristesse, disant : « Je t'en supplie, seigneur mon père, prie le Seigneur pour moi, afin qu'il me fasse sortir de ces tourments et qu'on ne m'y jette pas une autre fois, parce que j'ai grandement souffert. » Et moi, je pensais que c'était un homme qui parlait avec mon père, car l'endroit était obscur. Et moi, je m'assis, j'écoutai mon père[2] avec lequel la momie parlait. Mon père dit à la momie : « De quel nome es-tu? » — Elle lui dit : « Je suis de la ville d'Ermant. »[3]

1. Cod. ⲉⲛⲁϥⲉⲣⲏⲥⲓⲭⲁⲍⲓⲛ. — 2. Mot-à-mot : je pris voix à mon père. — 3. Erment est une ville encore existante, située au sud-ouest de Thèbes.

ⲉⲣⲙⲁⲛⲧ.[1] ⲡⲉϫⲉ ⲡⲁⲓⲱⲧ ⲛⲁϥ ϫⲉ ⲛⲓⲙ ⲡⲉ ⲡⲉⲕⲓⲱⲧ. ⲡⲉϫⲁϥ ϫⲉ ⲁⲅⲣⲓⲕⲟⲗⲁⲟⲥ ⲡⲉ ⲡⲁⲓⲱⲧ ⲟⲩⲟϩ ⲉⲩⲥⲧⲁⲑⲓⲁ ⲧⲉ ⲧⲁⲙⲁⲩ. ⲡⲉϫⲉ ⲡⲁⲓⲱⲧ ⲛⲁϥ ϫⲉ ⲉⲩϣⲉⲙϣⲓ ⲛⲓⲙ. ⲛⲑⲟϥ ⲇⲉ ⲡⲉϫⲁϥ ϫⲉ ⲉⲩϣⲉⲙϣⲓ ⲙⲡⲉⲧϧⲉⲛ ⲛⲓⲙⲱⲟⲩ ⲉⲧⲉ ⲡⲟⲥⲉⲓⲇⲱⲛ[2] ⲡⲉ. ⲡⲉϫⲉ ⲡⲁⲓⲱⲧ ⲛⲁϥ ϫⲉ ⲙⲡⲉⲕⲥⲱⲧⲉⲙ ⲙⲛⲁⲧⲉⲕⲙⲟⲩ ϫⲉ ⲁ ⲡⲭ̅ⲥ̅ ⲓ ⲉⲡⲓⲕⲟⲥⲙⲟⲥ. ⲡⲉϫⲁϥ ϫⲉ ⲙⲫⲏ ⲡⲁⲓⲱⲧ ⲁⲗⲗⲁ ϩⲁⲛ ϩⲉⲗⲗⲏⲛⲟⲥ[3] ⲛⲉ ⲛⲁⲓⲟϯ ⲁⲛⲟⲕ ϩⲱ ⲁⲓⲟⲩⲁϩⲧ ⲛⲥⲁ ⲡⲟⲩⲃⲓⲟⲥ ⲟⲩⲟⲓ ⲟⲩⲟⲓ ⲛⲏⲓ ϫⲉ ⲁⲩϫⲫⲟⲓ ⲉⲡⲓⲕⲟⲥⲙⲟⲥ ⲉⲑⲃⲉ ⲟⲩ ⲙⲡⲉ ⲑⲛⲉϫⲓ ⲛⲧⲁⲙⲁⲩ ϣⲱⲡⲓ ⲛⲏⲓ ⲛⲧⲁⲫⲟⲥ. ⲁⲥϣⲱⲡⲓ ⲇⲉ ⲙⲙⲟⲓ ⲉⲧⲁⲓ ⲉⲧⲁⲛⲁⲅⲕⲏ ⲙⲫⲙⲟⲩ ⲛϣⲟⲣⲡ ⲛⲉ ⲛⲓⲕⲟⲥⲙⲟⲕⲣⲁⲧⲱⲣ ⲉⲧⲁⲩⲓ ⲙⲡⲁⲕⲱϯ ⲁⲩⲥⲁϫⲓ ⲛⲛⲓⲡⲉⲧϩⲱⲟⲩ ⲧⲏⲣⲟⲩ ⲉⲧⲁⲓⲁⲓⲧⲟⲩ ⲟⲩⲟϩ ⲛⲁⲩϫⲱ ⲙⲙⲟⲥ ⲛⲏⲓ ⲡⲉ ϫⲉ ⲙⲁⲣⲟⲩⲓ ϯⲛⲟⲩ ⲛⲥⲉⲛⲁϩⲙⲉⲕ ⲉⲃⲟⲗϧⲉⲛ ⲛⲓⲕⲟⲗⲁⲥⲓⲥ ⲉⲧⲟⲩⲛⲁϩⲓⲧⲕ ⲉⲣⲱⲟⲩ. ⲛⲁⲣⲉ ϩⲁⲛ ϣⲗⲓϫ ⲙⲃⲉⲛⲓⲡⲓ ⲛⲧⲟⲧⲟⲩ ⲛⲉⲙ ϩⲁⲛ

— Mon père lui dit : «Quel était ton père?» — Elle lui dit : «Mon père était Agricolaos, et ma mère Eustathia.» Mon père lui dit : «Qui adoraient-ils?» — Et elle dit : «Ils adoraient celui qui est dans les eaux, c'est-à-dire Poseidôn.» — Mon père lui dit : «N'as-tu pas entendu dire avant ta mort que le Christ est venu au monde?» — Elle dit : «Non, car mes parents étaient hellènes, et moi j'ai suivi leur vie. Malheur, malheur à moi parce qu'on m'a mis au monde! Pourquoi le sein de ma mère n'a-t-il pas été pour moi un tombeau? Lorsque je me suis trouvé à la nécessité de la mort, il m'est arrivé que les *gouverneurs du monde*[4] furent les premiers à venir autour de moi, ils dirent toutes les fautes que j'avais faites, et ils me disaient : «Qu'on vienne maintenant, qu'on te sauve des tourments où l'on va te jeter.» Ils avaient à la main

1. Cod. ϯⲡⲟⲗⲓⲥ ⲥⲉⲣⲙⲁⲛⲧ, ce qui doit être une faute, comme l'ont déjà remarqué Champollion et Quatremère. — 2. Cod. ⲡⲟⲥⲓⲇⲱⲛ. — 3. Cod. ϩⲉⲗⲏⲛⲟⲥ. — 4. Ce sont les *Cosmocrators*, anges du système gnostique.

ⲕⲉϣⲗⲟⲝ ⲙⲃⲉⲛⲓⲡⲓ ⲉⲩⲟⲓ ⲛⲧⲁⲣⲧⲁⲣ (ⲝ̅) ⲙⲫⲣⲏϯ ⲛϩⲁⲛ ⲗⲟⲅⲭⲏ ⲉⲩⲗⲟⲩⲝ ⲙⲙⲱⲟⲩ ⲉⲛⲁⲥⲫⲣⲱⲟⲩⲓ ⲉⲩϧⲣⲁϫⲣⲉϫ ⲛⲛⲟⲩⲛⲁϫϩⲓ ⲉϧⲟⲩⲛ ⲉⲣⲟⲓ. ⲙⲉⲛⲉⲛⲥⲁ ⲕⲉⲕⲟⲩϫⲓ ⲁⲩⲟⲩⲱⲛ ⲛϫⲉ ⲛⲁⲃⲁⲗ ⲁⲓⲛⲁⲩ ⲉⲫⲙⲟⲩ ⲉϥⲁϣⲓ ϧⲉⲛ ⲡⲓⲁⲏⲣ ⲛⲟⲩⲙⲏϣ ⲛⲥⲙⲟⲧ. ϧⲉⲛ ϯⲟⲩⲛⲟⲩ ⲇⲉ ⲁⲩⲓⲛⲓ ⲛⲧⲁⲧⲁⲗⲁⲓⲡⲱⲣⲟⲥ[1] ⲙⲯⲩⲭⲏ ⲉⲃⲟⲗϧⲉⲛ ⲡⲁⲥⲱⲙⲁ ⲛϫⲉ ⲛⲓⲁⲅⲅⲉⲗⲟⲥ[2] ⲛⲁⲑⲛⲁⲓ ⲁⲩⲙⲟⲣⲥ ⲛⲥⲁ ⲡⲉⲥⲏⲧ[3] ⲛⲟⲩϩⲑⲟ ⲛⲭⲁⲙⲉ ⲙⲡ̅ⲛ̅ⲁ̅ ⲁⲩⲥⲱⲕ ⲙⲙⲟⲓ ⲉⲡⲉⲙⲉⲛⲧ. ⲱ ⲟⲩⲟⲓ ⲛⲣⲉϥⲉⲣ ⲛⲟⲃⲓ ⲛⲓⲃⲉⲛ ⲙⲡⲁⲣⲏϯ ⲉⲧⲁⲩϫⲫⲱⲟⲩ ⲉⲡⲓⲕⲟⲥⲙⲟⲥ. ⲱ ⲡⲁⲟ̅ⲥ̅ ⲛⲓⲱⲧ ⲁⲩⲧⲏⲓⲧ ⲉⲧⲟⲧⲟⲩ ⲛⲟⲩⲏⲣ ⲛⲧⲓⲙⲱⲣⲓⲥⲧⲏⲥ[4] ⲛⲁⲑⲛⲁⲓ ⲉⲟⲩⲉⲧ ⲡⲥⲙⲟⲧ ⲙⲡⲓⲟⲩⲁⲓ ⲡⲓⲟⲩⲁⲓ. ⲱ ⲟⲩⲏⲣ ⲛⲑⲏⲣⲓⲟⲛ ⲁⲓⲛⲁⲩ ⲉⲣⲱⲟⲩ ϧⲉⲛ ⲡⲓⲙⲱⲓⲧ ⲱ ⲟⲩⲏⲣ ⲉⲝⲟⲩⲥⲓⲁ ⲛⲧⲓⲙⲱⲣⲓⲥⲧⲏⲥ[5] ⲉⲧⲁⲩϭⲓⲧⲧ ⲇⲉ ⲉⲡⲓⲭⲁⲕⲓ ⲉⲧⲥⲁ ⲃⲟⲗ ⲁⲓⲛⲁⲩ ⲉⲟⲩⲛⲓϣϯ ⲙⲙⲁ ⲉϥϣⲏⲕ

des couteaux de fer et des broches de fer pointues comme des lances aiguisées, qu'ils enfonçaient dans mes flancs, grinçant des dents contre moi. Peu de temps après mes yeux s'ouvrirent, je vis la mort planant dans l'air[6] sous une multitude de formes. En ce moment les anges sans pitié emmenèrent ma malheureuse âme hors de mon corps, ils l'attachèrent sous un cheval noir non-corporel,[7] ils m'entraînèrent à l'Occident. Oh! malheur à tout pécheur comme moi, qu'on a mis au monde! oh! seigneur mon père, on me livra aux mains de nombreux tourmenteurs sans pitié dont chacun avait une forme différente. Oh! combien de bêtes sauvages vis-je dans le chemin! oh! combien de puissances qui châtiaient! Lorsqu'on m'eût jeté dans les ténèbres extérieures, je vis un grand

1. Cod. ⲛⲧⲁⲧⲁⲗⲉⲡⲱⲣⲟⲥ. — 2. Dans ce mot l'ⲓ a été ajouté récemment. — 3. Cod. ⲛⲥⲁⲡⲉⲥⲏⲧ. — 4. Cod. ⲛⲇⲓⲙⲱⲣⲓⲥⲧⲏⲥ. — 5. Cod. ⲛⲇⲓⲙⲱⲣⲓⲥⲧⲏⲥ. — 6. Mot-à-mot : suspendue. — 7. Je traduis ainsi l'expression ⲙⲡ̅ⲛ̅ⲁ̅ qui signifie *spirituel*. Ce mot ne s'emploie chez nous que dans des sens très précis qui ne sont pas de mise dans le cas présent. Ce cheval n'était qu'une *forme* de cheval, un *ka* de cheval selon le langage égyptien. Tous les êtres corporels avaient ainsi leur *double*.

ⲉⲡⲉⲥⲏⲧ ⲛϩⲟⲩⲟ ⲉϣⲏⲧ ⲙⲙⲁϩⲓ ⲉϥⲙⲉϩ ⲛϭⲁⲧϥⲓ. ⲟⲩⲟⲛ ⲟⲩⲟⲛ ⲛϧⲏⲧⲟⲩ ⲉⲣⲉ ⲟⲩⲟⲛ ⲍ̅ ⲛⲁⲫⲉ ϩⲓⲱⲧϥ ⲉⲣⲉ ⲡⲟⲩⲥⲱⲙⲁ ⲧⲏⲣϥ ⲣⲏⲧ ⲙⲫⲣⲏϯ ⲛϩⲁⲛ ϭⲗⲏ. ⲛⲉ ⲟⲩⲟⲛ ϩⲁⲛ ⲕⲉⲛⲓϣϯ ⲙϥⲉⲛⲧ ϧⲉⲛ ⲡⲓⲙⲁ ⲉⲧⲉⲙⲙⲁⲩ ⲉⲩⲟⲓ ⲛⲛⲓϣϯ ⲉⲙⲁϣⲱ ⲉⲟⲩϩⲟϯ ⲡⲉ ⲉⲓⲛⲁⲩ ⲉⲣⲱⲟⲩ ⲉⲣⲉ ϩⲁⲛ ϣⲟⲗ ϧⲉⲛ ⲣⲱϥ ⲙⲡⲥⲙⲟⲧ ⲛϩⲁⲛ ϣⲙⲟⲩ ⲙⲃⲉⲛⲓⲡⲓ. ⲁⲩϭⲓⲧⲧ[1] ⲁⲩⲥⲁⲧ ϧⲁⲣⲱϥ ⲙⲡⲓϥⲉⲛⲧ ⲉⲧⲉⲙⲙⲁⲩ ⲫⲁⲓ ⲉⲧⲉ ⲙⲡⲁϥⲏⲛⲕⲟⲧ (fol. 154 ⲍ̅ⲁ̅) ⲉⲛⲉϩ ⲉϥⲟⲩⲱⲙ ⲛⲥⲱⲓ ⲛⲛⲁⲩ ⲛⲓⲃⲉⲛ ⲉⲣⲉ ⲛⲓⲑⲏⲣⲓⲟⲛ ⲧⲏⲣⲟⲩ ⲑⲟⲩⲏⲧ ⲉⲣⲟϥ ⲁϥϣⲁⲛⲙⲁϩ ⲣⲱϥ ϣⲁⲣⲉ ⲛⲓⲑⲏⲣⲓⲟⲛ ⲧⲏⲣⲟⲩ ⲉⲧⲕⲱϯ ⲉⲣⲟⲓ ⲙⲁϩ ⲣⲱⲟⲩ ⲛⲉⲙⲁϥ. ⲡⲉϫⲉ ⲡⲁⲓⲱⲧ ⲛⲁϥ ϫⲉ ⲓⲥϫⲉⲛ ⲉⲧⲁⲕⲙⲟⲩ ϣⲁ ⲫⲟⲟⲩ ⲙⲡⲟⲩϯ ϩⲗⲓ ⲛⲉⲙⲧⲟⲛ ⲛⲁⲕ ⲓⲉ ⲛⲥⲉⲭⲁⲕ ⲛⲟⲩⲕⲟⲩϫⲓ ⲛⲟⲩⲉϣⲉ ⲛϯ ϧⲓⲥⲓ ⲛⲁⲕ. ⲡⲉϫⲉ ⲡⲓⲕⲱⲥ ϫⲉ ⲁϩⲏ ⲡⲁⲓⲱⲧ ϣⲁⲩⲛⲁⲓ ⲛⲏⲛ ⲉⲧϧⲉⲛ ⲕⲟⲗⲁⲥⲓⲥ ⲧⲏⲣⲟⲩ ⲕⲁⲧⲁ ⲡⲥⲁⲃⲃⲁⲧⲟⲛ ⲛⲉⲙ ϯⲕⲩⲣⲓⲁⲕⲏ ⲁϥϣⲁⲛⲕⲏⲛ ⲛϫⲉ ⲡⲉϩⲟⲟⲩ ⲛϯⲕⲩⲣⲓⲁⲕⲏ

trou[2] creusé à plus de cent coudées de profondeur, rempli de reptiles. Parmi ces reptiles, chacun d'eux avait sept têtes, et tout leur corps était couvert comme de scorpions. Il y avait aussi en cet endroit de grands vers : c'était frayeur de les voir. Le reptile avait dans la bouche des dents comme des pieux de fer : on me prit, on me lança à ce ver qui jamais ne cesse de manger; à toute heure, toutes les bêtes sont rassemblées près de lui, lorsqu'il remplit sa bouche, toutes les bêtes qui m'entourent remplissent aussi leur bouche avec lui.» — Mon père lui dit : «Depuis que tu es mort jusqu'à présent, ne t'a-t-on donné aucun repos, ou t'a-t-on laissé quelque temps sans te faire souffrir?» — La momie dit : «Oui, mon père, on a pitié de ceux qui sont dans les tourments chaque samedi et chaque dimanche. Lorsque la journée du dimanche est finie, on nous jette dans les tourments que nous méritons,[3] afin que

1. Cod. ⲁⲩϭⲓⲧ. — 2. Mot-à-mot : un endroit. — 3. Mot-à-mot : les tourments de notre sorte.

ϣⲁⲩϩⲓⲧⲧⲉⲛ ⲟⲛ ⲉⲛⲓⲕⲟⲗⲁⲥⲓⲥ ⲙⲡⲉⲛⲣⲏϯ ⲛⲧⲉⲛⲉⲣ ⲡⲱⲃϣ ⲛⲛⲉⲛⲣⲟⲙⲡⲓ ⲉⲧⲁⲛⲁⲓⲧⲟⲩ ϧⲉⲛ ⲡⲓⲕⲟⲥⲙⲟⲥ. ⲙⲉⲛⲉⲛⲥⲱⲥ ⲁⲛϣⲁⲛⲱⲃϣ ⲉⲡⲉⲙⲕⲁϩ ⲛⲧⲉ ⲧⲁⲓⲕⲟⲗⲁⲥⲓⲥ ϣⲁⲩϭⲓⲧⲧⲉⲛ ⲉⲕⲉⲟⲩⲓ ⲉⲥϧⲟⲥⲓ ⲉⲡⲓϩⲟⲩⲟ. ⲉⲧⲁⲕϣⲗⲏⲗ ⲇⲉ ⲉϫⲱⲓ ϧⲉⲛ ϯⲟⲩⲛⲟⲩ ⲁ ⲡⲟ̅ⲥ̅ ⲉⲣⲕⲉⲗⲉⲩⲉⲓⲛ[1] ⲛⲏⲛ ⲉⲧⲉⲣⲙⲁⲥⲧⲓⲅⲅⲟⲓⲛ ⲙⲙⲟⲓ ⲁⲩϥⲱϫ[2] ⲉⲃⲟⲗϧⲉⲛ ⲣⲱⲓ ⲙⲡⲓⲭⲁⲙⲟⲥ ⲙⲃⲉⲛⲓⲡⲓ ⲉⲛⲁϥⲧⲟⲓ ⲉⲣⲱⲓ ⲁⲩⲭⲁⲧ ⲉⲃⲟⲗ ⲁⲓⲓ ϣⲁⲣⲟⲕ. ⲓⲥ ϩⲏⲛⲛⲉ[3] ⲁⲓϫⲱ ⲉⲣⲟⲕ ⲛⲏⲛ ⲉⲧⲉ ⲛⲁⲓ-ϣⲟⲡ ⲛϧⲏⲧⲟⲩ ⲱ ⲡⲁⲟ̅ⲥ̅ ⲛⲓⲱⲧ ϣⲗⲏⲗ ⲉϫⲱⲓ ϩⲓⲛⲁ ⲛⲥⲉϯ ⲛⲟⲩⲕⲟⲩϫⲓ ⲛⲉⲙⲧⲟⲛ ⲛⲏⲓ ⲟⲩⲟϩ ⲛⲥⲉϣⲧⲉⲙϭⲓⲧⲧ ⲉⲡⲓⲙⲁ ⲉⲧⲉⲙⲙⲁⲩ ⲛⲕⲉⲥⲟⲡ. ⲡⲉϫⲉ ⲡⲁⲓⲱⲧ ⲛⲁϥ ϫⲉ ⲟⲩϣⲁⲛⲁ ϩⲑⲏϥ ⲛⲛⲁⲏⲧ ⲡⲉ ⲡⲟ̅ⲥ̅ ϥⲛⲁⲓⲣⲓ ⲙ- (ⲍ̅ⲃ̅) ⲡⲓⲛⲁⲓ ⲛⲉⲙⲁⲕ ⲕⲟⲧⲕ ϫⲉ ⲛⲕⲟⲧ ϣⲁ ⲡⲉϩⲟⲟⲩ ⲛϯⲁⲛⲁⲥⲧⲁⲥⲓⲥ ⲛⲕⲟⲓ-ⲛⲟⲛ ⲛⲧⲉ ⲟⲩⲟⲛ ⲛⲓⲃⲉⲛ ⲛⲧⲟⲩⲧⲱⲟⲩⲛⲟⲩ ⲧⲏⲣⲟⲩ ⲭⲛⲁⲧⲱⲛⲕ ϩⲱⲕ ⲛⲉⲙⲱⲟⲩ. ⲫ̅ϯ̅ ⲡⲉϥⲙⲉⲑⲣⲉ ⲛⲛⲁⲓⲥⲁϫⲓ ⲱ ⲛⲁⲥⲛⲏⲟⲩ ϫⲉ ⲁⲓⲛⲁⲩ ⲉⲡⲓ-ⲕⲱⲥ ϧⲉⲛ ⲛⲁⲃⲁⲗ ⲉⲁϥⲛⲕⲟⲧ ϧⲉⲛ ⲡⲉϥⲙⲁ ⲙⲫⲣⲏϯ ⲛϣⲟⲣⲡ ⲟⲛ.

nous oubliions les années que nous avons passées dans le monde. Lorsque nous avons oublié la douleur de ce tourment, on nous jette dans un autre plus douloureux. Lorsque tu as prié pour moi, le Seigneur a donné un ordre à ceux qui me fouettaient, ils ont délié de ma bouche le mors de fer qu'on y avait mis, je suis venu vers toi. Voici que je t'ai dit tout mon état.[4] O seigneur mon père, prie pour moi, afin qu'on me donne un peu de repos et que je ne sois pas jeté de nouveau en ce lieu.» — Mon père dit : «Le Seigneur est miséricordieux, il te fera miséricorde, dors jusqu'au jour de la résurrection commune, où chacun ressuscitera : tu ressusciteras aussi avec tout le monde.»[5] Dieu m'est témoin de ces paroles, ô mes frères : je vis la momie de mes yeux, elle se coucha

1. Cod. ⲉⲣⲕⲉⲗⲉⲩⲓⲛ. — 2. Cod. ⲁⲩⲃⲱϫ. — 3. Cod. ⲓⲥ ϩⲏⲛⲉ. On a ajouté récemment un second ⲛ. — 4. Mot-à-mot : toutes les choses dans lesquelles je suis. — 5. Mot-à-mot : avec eux.

ⲁⲛⲟⲕ ⲇⲉ ⲉⲧⲁⲓⲛⲁⲩ ⲉⲛⲁⲓ ⲁⲓⲉⲣ ϣⲫⲏⲣⲓ ⲉⲙⲁϣⲱ ⲟⲩⲟϩ ⲁⲓϯ ⲱⲟⲩ ⲙ̅ⲫ̅ϯ̅ ⲁⲓⲙⲟⲩϯ ϧⲁϫⲱⲓ ⲕⲁⲧⲁ ⲛⲓⲕⲁⲛⲱⲛ ϫⲉ ⲥⲙⲟⲩ ⲉⲣⲟⲓ ⲟⲩⲟϩ ⲁⲓϣⲉ ⲉϧⲟⲩⲛ ⲁⲓⲟⲩⲱϣⲧ ⲛⲛⲉϥϫⲓϫ ⲛⲉⲙ ⲛⲉϥϭⲁⲗⲁⲩϫ. ⲡⲉϫⲁϥ ⲛⲏⲓ ϫⲉ ⲓⲱⲁⲛⲛⲏⲥ ⲁⲕⲓ ⲉⲡⲁⲓⲙⲁ ⲓⲥ ⲟⲩⲏⲣ ⲛⲟⲩⲛⲟⲩ ⲙⲏ ⲁⲕⲛⲁⲩ ⲉϩⲗⲓ ⲓⲉ ⲁⲕⲥⲱⲧⲉⲙ ⲉϩⲗⲓ ⲉϥⲥⲁϫⲓ ⲛⲉⲙⲏⲓ. ⲡⲉϫⲏⲓ ϫⲉ ⲙⲫⲏ ⲡⲁⲓⲱⲧ. ⲡⲉϫⲁϥ ⲛⲏⲓ ϫⲉ ⲁⲕϫⲉ ⲙⲉⲑⲛⲟⲩϫ ϩⲱⲕ ⲙⲫⲣⲏϯ ⲛⲅⲓⲉⲍⲓ ⲉⲧⲁϥϫⲉ ⲙⲉⲑⲛⲟⲩϫ ⲉⲡⲓⲡⲣⲟⲫⲏⲧⲏⲥ ϫⲉ ⲙⲡⲉ ⲡⲉⲕⲃⲱⲕ ϣⲉ ⲉϩⲗⲓ ⲙⲙⲁ. ⲡⲗⲏⲛ ⲓⲥϫⲉ ⲁⲕⲛⲁⲩ ⲓⲉ ⲁⲕⲥⲱⲧⲉⲙ ⲁⲕϣⲁⲛϫⲟⲟⲩ ⲉϩⲗⲓ ⲛⲣⲱⲙⲓ ϧⲉⲛ ⲡⲁⲱⲛϧ ⲕⲭⲏ ⲉⲃⲟⲗ. ⲁⲛⲟⲕ ⲇⲉ ⲁⲓⲁⲙⲟⲛⲓ ⲙⲡⲓⲥⲁϫⲓ ⲙⲡⲓϣⲉⲣⲧⲟⲗⲙⲁⲛ ⲉϫⲟϥ ϣⲁ ⲉϧⲟⲩⲛ ⲉⲛⲁⲓ ⲉϩⲟⲟⲩ.

ⲁ ⲟⲩⲣⲱⲙⲓ ⲓ ϣⲁⲣⲟϥ ⲛⲟⲩⲉϩⲟⲟⲩ ϧⲉⲛ ⲡⲓⲁⲃⲟⲧ ⲙⲉⲥⲱⲣⲏ ⲁϥϭⲓ ⲥⲙⲟⲩ ϧⲉⲛ ⲛⲉϥϫⲓϫ ⲉⲑⲟⲩⲁⲃ ⲁϥϩⲉⲙⲥⲓ ⲉϧⲣⲏⲓ ⲛⲟⲩⲛⲓϣϯ (fol. 155 ⲝ̅ⲉ̅) ⲛⲛⲁⲩ ⲙⲡⲉϥⲥⲁϫⲓ ⲟⲩⲇⲉ ⲙⲡⲉ ⲡⲁⲓⲱⲧ ⲥⲁϫⲓ ϩⲱϥ. ⲉⲧⲁ ⲡⲣⲱⲙⲓ ⲛⲁⲩ

dans sa boîte comme auparavant. Et moi, lorsque je vis cela, je fus rempli d'admiration et je rendis gloire à Dieu. Je parlai avant d'avancer[1] selon les règles et je dis : «Bénis-moi,» et j'entrai, je baisai les mains et les pieds de mon père. Il me dit : «O Jean, combien y a-t-il de temps que tu es arrivé ici? n'as-tu vu personne, n'as-tu entendu personne me parler?» — Je lui dis : «Non, mon père.» — Il me dit : «Tu as menti, comme Giézi qui mentit au prophète en disant : «Ton serviteur n'est allé nulle part»; mais puisque tu as vu et entendu, si tu le dis à un homme pendant ma vie, tu seras excommunié.» Et moi, je saisis la parole, je n'ai osé le dire à personne jusqu'à ce jour.

Un jour un homme vint à lui dans le mois de Mésoré, il reçut la bénédiction de ses mains saintes, il resta assis une grande heure, il ne parla point et mon père ne parla pas non plus. Lors-

1. Mot-à-mot : je parlai en avant de moi.

ⲉⲣⲟϥ ϫⲉ ⲙ̀ⲡⲉϥⲥⲁϫⲓ ⲡⲉϫⲁϥ ϫⲉ ⲟⲩⲟⲛ ⲟⲩⲛⲓϣϯ ⲛ̀ϩⲏⲃⲓ ⲥⲏⲣ ⲉ̀ⲃⲟⲗ ϧⲉⲛ ⲡⲓⲕⲟⲥⲙⲟⲥ ⲧⲏⲣϥ ⲙ̀ⲫⲟⲟⲩ. ⲡⲉϫⲉ ⲡⲁⲓⲱⲧ ⲛⲁϥ ϫⲉ ⲉⲑⲃⲉ ⲟⲩ ⲛ̀ϩⲱⲃ. ⲡⲉϫⲉ ⲡⲓⲣⲱⲙⲓ ϫⲉ ⲉⲑⲃⲉ ⲡⲓⲙⲱⲟⲩ ⲛ̀ⲧⲉ ⲫⲓⲁⲣⲟ ⲉⲧⲉ ⲙ̀ⲡⲉϥⲙⲁϩ ϩⲟⲗⲱⲥ ⲟⲩⲟϩ ⲁⲣⲉϣⲧⲉⲙ ⲡⲓⲙⲱⲟⲩ ⲓ ⲛⲁⲛ ⲧⲉⲛⲛⲁⲙⲟⲩ ⲛⲉⲙ ⲛⲉⲛⲧⲉⲃⲛⲱⲟⲩⲓ. ⲁϥⲉⲣ ⲟⲩⲱ ⲛ̀ϫⲉ ⲙⲱⲩⲥⲏⲥ ⲙ̀ⲃⲉⲣⲓ ϫⲉ ⲙⲏ ⲛ̀ⲑⲟⲕ ϩⲱⲕ ⲛⲉⲣⲭⲣⲉⲓⲁ[1] ⲙ̀ⲡⲓⲙⲱⲟⲩ ⲉⲟⲩⲟⲛ ⲟⲩⲙⲏϣ ⲛ̀ⲥⲟⲩⲟ ϣⲟⲡ ⲛⲁⲕ. ⲡⲓⲣⲱⲙⲓ ϫⲉ ⲉⲧⲁϥⲉⲣⲁⲓⲥⲑⲁⲛⲉⲓⲥⲑⲁⲓ[2] ⲉ̀ⲡⲓⲥⲁϫⲓ ⲡⲉϫⲁϥ ϫⲉ ϥⲟⲛϧ ⲛ̀ϫⲉ ⲡ̅ⲟ̅ⲥ̅ ϫⲉ ⲁⲣⲉϣⲧⲉⲙ ⲡⲓⲙⲱⲟⲩ ⲉⲓ ⲁⲛⲟⲕ ⲡⲉ ⲡⲓϣⲟⲣⲡ ⲉⲑⲛⲁⲙⲟⲩ ⲡⲁⲣⲁ ⲣⲱⲙⲓ ⲛⲓⲃⲉⲛ. ⲁϥⲉⲣ ⲟⲩⲱ ⲛ̀ϫⲉ ⲡⲓⲇⲓⲁⲕⲣⲓⲧⲓⲕⲟⲥ[3] ϫⲉ ⲁⲓϫⲓⲙⲓ ⲛⲟⲩⲛⲓϣϯ ⲛ̀ⲁⲅⲓⲟⲥ ϧⲉⲛ ⲡⲁⲓⲧⲱⲟⲩ ϫⲉ ⲁⲡⲁ ⲕⲟⲗⲟⲩⲑⲟⲥ ⲉⲡⲉϥϣⲗⲏⲗ ⲡⲉ ⲫⲁⲓ ⲛ̀ⲛⲁⲩ ⲛⲓⲃⲉⲛ ϫⲉ ⲡⲉⲛⲟⲩⲱϣ ⲫ̅ϯ̅ ⲙⲁⲣⲉϥϣⲱⲡⲓ ⲁⲛⲟⲛ ϩⲱⲛ ⲁⲛϣⲁⲛⲓⲣⲓ ⲙ̀ⲫⲟⲩⲱϣ ⲙ̀ⲫ̅ϯ̅ ⲕⲁⲛ ⲁϥϣⲧⲉⲙⲓⲛⲓ ⲙ̀ⲡⲓⲙⲱⲟⲩ ⲓⲉ ⲟⲩϣⲁⲛ ϩⲑⲏϥ

que l'homme vit que mon père ne parlait pas, il dit : «Il y a un grand deuil répandu dans le monde aujourd'hui.» — Mon père lui dit : «A quel sujet.» — L'homme lui dit : «A cause de l'eau du fleuve qui ne s'est pas rempli entièrement; et si l'eau ne nous vient pas, nous mourrons avec nos bestiaux.» — Le nouveau Moïse répondit : «Est-ce que tu as aussi besoin de l'eau, lorsque tu as une grande quantité de froment?» — Quand l'homme eut senti la parole, il dit : «Vive le Seigneur! car si l'eau ne vient pas, je serai le premier à mourir avant tous les autres.»[4] — L'homme plein de discernement répondit : «J'ai trouvé dans cette montagne un grand saint, apa Coluthos; en toute heure il priait ainsi :[5] «O Dieu, que ta volonté soit faite!» Nous aussi, si nous faisons la volonté de Dieu, quand même il n'enverrait pas l'eau, il ne nous laissera

1. Cod. ⲛⲉⲣⲭⲓⲁ. — 2. Cod. ⲉⲧⲁϥⲉⲣⲉⲥⲑⲁⲛⲉⲥⲟⲥ. — 3. Cod. ⲡⲓⲇⲓⲁⲕⲣⲏⲧⲓⲕⲟⲥ. — 4. Mot-à-mot : avant tout homme. — 5. Mot-à-mot : en toute heure c'était sa prière.

ⲡⲉ ϥⲛⲁⲭⲁⲛ ⲁⲛ ⲛϣⲁⲧ ⲛϩⲗⲓ ⲛⲁⲅⲁⲑⲟⲛ. ⲡⲓⲣⲱⲙⲓ ⲇⲉ ⲁϥⲥⲁϫⲓ ϧⲉⲛ ⲟⲩⲛⲓϣϯ ⲙⲙⲉⲧϭⲁⲥⲓ ϩⲏⲧ ⲡⲁⲗⲓⲛ ⲡⲉϫⲉ ⲡⲁⲓⲱⲧ ⲛⲁϥ ϫⲉ ⲭⲁⲥ ⲛⲧⲉⲕⲱⲛϧ ⲛⲧⲉⲕⲟⲩⲱⲙ ⲛⲏⲛ (ⲍⲇ) ⲉⲧϧⲉⲛ ⲡⲉⲕⲏⲓ ϩⲱ ⲛⲑⲣⲟⲙⲡⲓ. ⲡⲉϫⲉ ⲡⲓⲣⲱⲙⲓ ϫⲉ ⲁⲓϣⲁⲛⲱⲛϧ ⲛⲕⲉ ⲛ̅ ⲛⲣⲟⲙⲡⲓ ⲛⲁϩⲓ ⲫⲁⲓ ⲡⲉ ⲡⲁⲁϩⲓ. ⲡⲁⲓⲣⲏϯ ⲁϥϩⲱⲗ ⲉⲃⲟⲗϩⲓⲧⲟⲧⲉⲛ ϧⲉⲛ ⲟⲩⲛⲓϣϯ ⲙⲙⲉⲧϭⲁⲥⲓ ϩⲏⲧ ⲟⲩⲟϩ ϧⲉⲛ ⲡⲉϥⲙⲁϩ ⲉ̅ ⲛⲁⲃⲟⲧ ⲁϥⲙⲟⲩ.

ⲁⲩϫⲟⲥ ⲟⲛ ⲉⲑⲃⲏⲧϥ ⲛⲑⲟϥ ⲡⲓⲙⲁⲕⲁⲣⲓⲟⲥ ⲁⲃⲃⲁ ⲡⲓⲥⲉⲛⲧⲓⲟⲥ[1] ϫⲉ ⲁϥⲥⲁϫⲓ ⲛⲉⲙ ⲛⲓⲥⲛⲏⲟⲩ ⲉϥϫⲱ ⲙⲙⲟⲥ ϫⲉ ⲓⲥ ϩⲏⲡⲡⲉ ⲧⲉⲛⲓⲣⲓ ⲛⲛⲉⲛϣⲉⲙϣⲓ[2] ⲕⲁⲧⲁ ⲧⲉⲛϫⲟⲙ ⲧⲉⲛϣⲗⲏⲗ ⲧⲉⲛⲉⲣⲛⲏⲥⲧⲉⲩⲉⲓⲛ[3] ϩⲁⲣⲁ ⲫ̅ϯ̅ ⲑⲏⲧ ⲛⲉⲙⲁⲛ ϯⲛⲟⲩ ϣⲁⲛ ⲙⲙⲟⲛ. ⲡⲗⲏⲛ ϯⲛⲁⲭⲁ ⲧⲟⲧ ⲉⲃⲟⲗ ⲁⲛ ⲉⲓⲧⲱⲃϩ ⲛⲧⲉϥⲙⲉⲧⲁⲅⲁⲑⲟⲥ ϣⲁ ⲧⲁⲉⲙⲓ ϫⲉ ϥⲥⲱⲧⲉⲙ ⲉⲡⲉⲛⲧⲱⲃϩ ϣⲁⲛ ⲙⲙⲟⲛ. ⲁϥⲧⲱⲛϥ ⲇⲉ ⲁϥⲙⲟϣⲓ ⲉϧⲟⲩⲛ ϧⲉⲛ ⲡⲧⲱⲟⲩ ⲉⲫⲟⲩⲉⲓ ⲙⲡⲉϥⲙⲁ

manquer d'aucun bien, (car) il est miséricordieux.» Mais l'homme parla avec un grand orgueil. De nouveau mon père lui dit : «Laisse-toi vivre et manger ce qui est dans ta maison, cette année.» — L'homme dit : «Quand même je vivrais cinquante autres années, c'est ma vie.»[4] Ainsi il nous quitta dans un grand orgueil, et lorsqu'il eut passé six mois, il mourut.

On dit encore au sujet du bienheureux abba Pisentios qu'il parla aux frères et leur dit : «Voici que nous faisons notre service selon notre force,[5] nous prions, nous jeûnons : et maintenant Dieu est-il content de nous, ou non? Je ne cesserai pas de prier sa bonté jusqu'à ce que je sache s'il a, ou non, écouté notre prière.» Il se leva, il marcha dans la montagne loin de son habitation; il se tint

1. Cod. ⲡⲓⲥⲉⲛϯ. — 2. Ce mot avait été si mal écrit que le scribe a dû corriger chaque lettre et ajouter un ⲓ. — 3. Cod. ⲧⲉⲛⲉⲣⲛⲏⲥⲧⲉⲩⲓⲛ. — 4. C'est-à-dire, si je ne me trompe : J'ai chez moi de quoi vivre cinquante autres années. — 5. Ce qui signifie : nous observons les règles du monachisme et nous nous livrons à l'ascétisme autant que nous le pouvons.

ⲛϣⲱⲡⲓ ⲁϥⲟϩⲓ ⲉⲣⲁⲧϥ ⲁϥϣⲗⲏⲗ ϧⲉⲛ ⲑⲙⲏϯ ⲙⲡⲓⲕⲁⲩⲙⲁ ⲛⲉⲙ ⲡⲓϫⲁϥ ⲁϥⲉⲣ ⲓ̅ⲇ̅ ⲛⲉϩⲟⲟⲩ ⲛⲉⲙ ⲓ̅ⲇ̅ ⲛⲉϫⲱⲣϩ ⲙⲡⲉϥⲭⲱ ⲛⲛⲉϥϫⲓϫ ⲉⲡⲉⲥⲏⲧ ⲉⲁϥϫⲟⲥ ϫⲉ ⲁⲣⲉϣⲁⲛ ⲡⲁⲛⲓϥⲓ ⲓ ⲉⲡϣⲱⲓ ⲛϯⲛⲁⲭⲁ ⲧⲟⲧ ⲉⲃⲟⲗ ⲁⲛ ⲉⲓⲧⲱⲃϩ ⲛⲧⲉϥⲙⲉⲧⲁⲅⲁⲑⲟⲥ ϣⲁⲧⲉ ⲟⲩⲙⲏⲓⲛⲓ ⲟⲩⲱⲛϩ ⲛⲏⲓ ⲉⲃⲟⲗ ⲙⲡⲁⲓⲙⲁ ϧⲉⲛ ⲑⲙⲏϯ ⲙⲡⲁⲓⲧⲱⲟⲩ ϫⲉ ⲁϥⲥⲱⲧⲉⲙ ⲉⲣⲟⲓ ⲓⲉ ϫⲉ ϥⲛⲁⲓⲣⲓ ⲙⲡⲓⲛⲁⲓ ⲛⲉⲙⲁⲛ. ⲛϣⲟⲣⲡ ⲇⲉ ⲙⲡⲓⲙⲁϩ ⲓ̅ⲇ̅ ⲛⲉϩⲟⲟⲩ ⲉⲧⲓ ⲉϥⲟϩⲓ ⲉⲣⲁⲧϥ ⲉϥϣⲗⲏⲗ ⲉⲣⲉ ⲡⲉϥⲣⲱⲟⲩϣ ⲧⲏⲣϥ ϧⲉⲛ ⲡϭⲓⲥⲓ ϧⲉⲛ ⲟⲩⲉⳅⲁⲓⲡⲛⲁ[1] ⲁ ⲟⲩⲥⲙⲏ ϣⲱⲡⲓ (fol. 156 ⳅ̅ⲉ̅) ϣⲁⲣⲟϥ ⲉⲥϫⲱ ⲙⲙⲟⲥ ϫⲉ ⲡⲓⲥⲉⲛⲧⲓⲟⲥ[2] ⲡⲓⲥⲉⲛⲧⲓⲟⲥ ⲁⲩⲥⲱⲧⲉⲙ ⲉⲡⲉⲕϣⲗⲏⲗ ⲟⲩⲟϩ ⲫⲏ ⲉⲧⲁⲕⲉⲣⲁⲓⲧⲉⲓⲛ[3] ⲙⲙⲟϥ ⲛⲧⲟⲧϥ ⲙⲡ̅ⲟ̅ⲥ̅ ϥⲛⲁϣⲱⲡⲓ ⲛⲁⲕ ⲓⲉ ⲟⲩⲡⲏⲅⲏ[4] ⲙⲙⲱⲟⲩ ⲥⲉⲛⲁⲛⲉϩⲥⲓ ⲙⲙⲟⲥ ⲙⲡⲓⲙⲁ ⲉⲧⲉⲕⲟϩⲓ ⲉⲣⲁⲧⲕ ⲛϧⲏⲧϥ ⲛⲧⲉϥϣⲱⲡⲓ ⲛⲟⲩⲙⲏⲓⲛⲓ ⲛⲛⲓⲅⲉⲛⲉⲁ ⲧⲏⲣⲟⲩ ⲉⲑⲛⲏⲟⲩ ⲙⲉⲛⲉⲛⲥⲱⲕ ⲟⲩⲟϩ ⲛⲧⲉϥϣⲱⲡⲓ ⲛⲟⲩⲧⲁⲗϭⲟ ⲛⲟⲩⲟⲛ ⲛⲓⲃⲉⲛ ⲉⲑⲛⲁϭⲓ ⲉⲃⲟⲗⲛϧⲏⲧϥ ϧⲉⲛ ⲟⲩⲛⲁϩϯ. ⲉⲧⲓ

debout, il pria au milieu de la chaleur ou du froid. Il passa quatorze jours et quatorze nuits sans abaisser les mains, disant : «Quand même mon esprit[5] monterait en haut, je ne cesserai pas de prier sa bonté jusqu'à ce qu'un prodige m'apparaisse ici au milieu de cette montagne, (me témoignant) qu'il m'a entendu et nous fera miséricorde.» Au matin du quatorzième jour, comme il était encore debout priant, toute sa pensée dans les cieux, une voix se fit (entendre) tout à coup, disant : «Pisentios, Pisentios, on a exaucé ta prière et ce que tu demandes au Seigneur t'arrivera : voici qu'une source d'eau va sourdre au lieu où tu te tiens debout, afin qu'elle soit un signe à toutes les générations qui viendront après toi et qu'elle guérisse quiconque en prendra avec foi.»[6]

1. Cod. ⲟⲩⲉⳅⲁⲡⲓⲛⲁ. — 2. Cod. ⲡⲓⲥⲉⲛϯⲟⲥ. Le suivant est bien écrit. — 3. Cod. ⲉⲧⲁⲕⲉⲣⲉⲧⲓⲛ ⲙⲙⲟϥ. — 4. Cod. ⲟⲩⲡⲩⲅⲏ. — 5. Mot-à-mot : mon souffle; c'est-à-dire : dussé-je mourir. — 6. C'est-à-dire : en boira.

ϫⲉ ⲉϥⲟϩⲓ ⲉⲣⲁⲧϥ ⲉϥϣⲗⲏⲗ ⲁ ⲡⲓⲙⲁ ⲫⲱϣ ⲥⲁⲡⲉⲥⲏⲧ ⲛⲛⲉϥϭⲁⲗⲁⲩϫ ⲁϥⲧⲁⲟⲩⲉ ⲙⲱⲟⲩ ⲉⲡϣⲱⲓ ϣⲁⲧⲉ ⲛⲉϥϭⲁⲗⲁⲩϫ ϩⲱⲣⲡ ⲙⲙⲱⲟⲩ. ⲁ ⲡⲥⲁϫⲓ ⲟⲩⲛ ⲙⲡⲓⲡⲣⲟⲫⲏⲧⲏⲥ ⲉⲑⲟⲩⲁⲃ ⲇⲁⲩⲉⲓⲇ ϫⲱⲕ ⲉⲃⲟⲗ ⲉϫⲱϥ ϫⲉ ⲡ̅ⲟ̅ⲥ̅ ϧⲉⲛⲧ ⲉⲟⲩⲟⲛ ⲛⲓⲃⲉⲛ ⲉⲧⲧⲱⲃϩ ⲙⲙⲟϥ ⲟⲩⲟϩ ϥⲛⲁⲓⲣⲓ ⲙⲫⲟⲩⲱϣ ⲛⲏⲏ ⲉⲧⲉⲣ ϩⲟϯ ϧⲁ ⲧⲉϥϩⲏ ϥⲛⲁⲥⲱⲧⲉⲙ ⲉⲡⲟⲩⲧⲱⲃϩ ⲟⲩⲟϩ ϥⲛⲁⲛⲁϩⲙⲟⲩ.

ⲁⲥϣⲱⲡⲓ ⲇⲉ ϧⲉⲛ ⲡϫⲓⲛⲑⲣⲉ[1] ⲫ̅ϯ̅ ⲟⲩⲱϣ ⲉⲟⲩⲟⲑⲃⲉϥ ⲉⲃⲟⲗϧⲉⲛ ⲡⲁⲓⲙⲁ ⲛϫⲱⲗⲓ ⲉⲟⲗϥ ⲉⲧⲭⲱⲣⲁ ⲛⲧⲉ ⲛⲏ ⲉⲧⲟⲛϧ ⲫⲙⲁ ⲛϣⲱⲡⲓ ⲛⲛⲓⲡⲁⲧⲣⲓⲁⲣⲭⲏⲥ ⲛⲉⲙ ⲛⲓⲡⲣⲟⲫⲏⲧⲏⲥ ⲛⲉⲙ ⲛⲓⲁⲡⲟⲥⲧⲟⲗⲟⲥ ⲉⲧⲁϥⲓ ⲇⲉ ⲉⲥⲟⲩⲁⲓ ⲙⲡⲓⲁⲃⲟⲧ ⲉⲡⲏⲡ ⲁϥⲛⲁⲩ ⲉⲟⲩϩⲟⲣⲁⲙⲁ ⲟⲩⲟϩ ⲡⲉϫⲁϥ ⲛⲏⲓ ϫⲉ ⲓⲱⲁⲛⲛⲏⲥ ⲛⲓⲙ ⲡⲉ (ⲍ̅ⲉ̅) ⲉⲧⲭⲏ ⲙⲡⲁⲓⲙⲁ. ⲡⲉϫⲏⲓ ⲛⲁϥ ϫⲉ ⲙⲙⲟⲛ ϩⲗⲓ ⲛⲣⲱⲙⲓ ⲭⲏ ⲙⲡⲁⲓⲙⲁ ⲉⲃⲏⲗ ⲉⲙⲱⲩⲥⲏⲥ ⲛⲉⲙ ⲉⲗⲓⲥⲥⲉⲟⲥ ⲉⲧⲁⲩⲓ ⲉϫⲉⲙ ⲡⲉⲕϣⲓⲛⲓ. ⲁϥⲉⲣ ⲟⲩⲱ ⲛϫⲉ ⲡⲁⲓⲱⲧ ⲡⲉϫⲁϥ ⲛⲏⲓ ϫⲉ ϧⲁ ⲧϩⲏ ⲙⲡⲁϯⲥⲁϫⲓ ⲛⲉⲙⲁⲕ ⲁ ⲟⲩⲉⲕⲥⲧⲁⲥⲓⲥ ⲧⲁϩⲟⲓ ⲁⲓⲛⲁⲩ ⲉⲟⲩⲙⲏϣ

Comme il priait encore debout, le sol[2] s'écarta sous ses pieds et laissa l'eau monter jusqu'à ce que ses pieds fussent mouillés. Ainsi s'accomplit sur lui la parole du prophète David, disant : «Le Seigneur s'approche de quiconque le prie et il fera la volonté de ceux qui sont remplis de crainte en sa présence : il écoutera leurs prières et les sauvera.»

Il arriva lorsque le Seigneur voulut le transporter de cette demeure (terrestre) pour le conduire au pays des vivants, au séjour des prophètes et des apôtres, qu'il eut une vision au premier jour du mois d'Épiphi et me dit : «Jean, qui est ici?» — Je lui dis : «Il n'y a ici personne que Moïse et Élisée qui sont venus te visiter.» — Mon père me répondit et me dit : «Avant que je ne te parle, j'ai été ravi en extase, j'ai vu une foule d'évêques ortho-

1. Cod. ⲡϫⲓⲑⲣⲉ. La lettre ⲛ a été ajoutée. — 2. C'est-à-dire : se fendit ou donna passage à l'eau.

ⲛⲉⲡⲓⲥⲕⲟⲡⲟⲥ ⲛⲟⲣⲑⲟⲇⲟⲝⲟⲥ ⲉⲩⲉⲣ ⲟⲩⲱⲓⲛⲓ ⲙⲫⲣⲏϯ ⲙⲫⲣⲏ ⲉⲩⲟϩⲓ ⲉⲣⲁⲧⲟⲩ ϧⲉⲛ ⲧⲁⲓⲁⲩⲗⲏ ⲉⲩϩⲱⲥ ⲉⲫ̅ϯ̅ ⲉⲣⲉ ⲡⲉⲧⲣⲟⲥ ⲛⲉⲙ ⲡⲁⲩⲗⲟⲥ ⲟϩⲓ ⲉⲣⲁⲧⲟⲩ ϧⲉⲛ ⲧⲟⲩⲙⲏϯ ⲁⲛⲟⲕ ⲇⲉ ⲁⲓϩⲓⲧ ⲉϫⲉⲛ ⲡⲁϩⲟ ⲁⲓⲟⲩⲱϣⲧ ⲙⲙⲱⲟⲩ ⲡⲉⲧⲣⲟⲥ ⲇⲉ ⲁϥⲁⲙⲟⲛⲓ ⲧⲁϫⲓϫ ⲁϥⲧⲁϩⲟⲓ ⲉⲣⲁⲧ ⲡⲉϫⲁϥ ⲛⲏⲓ ϫⲉ ⲙⲡⲉⲕⲥⲟⲩⲱⲛⲧ[1] ϫⲉ ⲁⲛⲟⲕ ⲛⲓⲙ. ⲡⲉϫⲏⲓ ⲛⲁϥ ϫⲉ ⲙⲫⲏ ⲡⲁⲟ̅ⲥ̅. ⲁϥⲉⲣ ⲟⲩⲱ ϫⲉ ⲁⲛⲟⲕ ⲡⲉ ⲥⲓⲙⲱⲛ ⲡⲉⲧⲣⲟⲥ ⲟⲩⲟϩ ⲡⲁⲡⲟⲥⲧⲟⲗⲟⲥ ⲛ̅ⲓ̅ⲏ̅ⲥ̅ ⲡ̅ⲭ̅ⲥ̅. ⲡⲁⲥⲟⲛ ⲉⲧⲉⲕⲛⲁⲩ ⲉⲣⲟϥ ⲡⲉ ⲡⲁⲩⲗⲟⲥ ⲟⲩⲟϩ ⲛⲉⲕϣⲫⲏⲣ ⲛⲉⲡⲓⲥⲕⲟⲡⲟⲥ ⲛⲉ ⲛⲁⲓ. ⲉⲧⲁⲩⲟⲣⲡⲧⲉⲛ ⲉⲃⲟⲗϩⲓⲧⲉⲛ ⲡⲉⲛⲥⲁϩ ⲡ̅ⲭ̅ⲥ̅ ⲉⲑⲣⲉⲛⲑⲁϩⲙⲉⲕ ϩⲁⲣⲟⲛ ϫⲉ ϩⲓⲛⲁ ⲉⲕⲉⲥⲉⲃⲧ ⲉⲛⲉⲕϩⲃⲏⲟⲩⲓ ⲉⲡⲉⲕⲙⲱⲓⲧ ⲛⲓ ⲉⲃⲟⲗϧⲉⲛ ⲡⲁⲓⲃⲓⲟⲥ ⲟⲩⲟϩ ⲛⲧⲉⲕϯ ⲙⲡⲑⲱϣ ⲛϯⲉⲕⲕⲗⲏⲥⲓⲁ ⲛⲧⲉⲕⲓ ϧⲁⲧⲟⲧⲉⲛ ϫⲉ ⲁ ⲡⲓⲥⲛⲟⲩ ϧⲱⲛⲧ ⲉϧⲟⲩⲛ ⲛⲥⲱⲟⲩⲛ ⲙⲙⲁⲩⲁⲧⲕ ϫⲉ ⲛⲉⲛⲛⲁⲕϩⲓ ⲛϯϧⲁⲏ ⲛⲉ ⲛⲁⲓ ⲟⲩⲟϩ ⲙⲙⲟⲛ ⲕⲉ ⲡⲉⲑⲛⲁⲛⲉϥ (fol. 157 ⲝ̅ⲍ̅) ⲛⲁⲧⲁϩⲉ ⲡⲓⲕⲟⲥⲙⲟⲥ ϥⲓ ⲫⲣⲱⲟⲩϣ ⲙⲡⲓⲙⲱⲓⲧ ϫⲉ ⲁⲩⲑⲁϣⲧⲉⲛ ⲉⲓ

doxes brillant comme le soleil, se tenant debout dans cette cour et chantant (les louanges de) Dieu. Pierre et Paul se tenaient au milieu d'eux. Et moi, je me suis jeté sur mon visage, je les ai adorés. Pierre a saisi ma main, il m'a fait relever et m'a dit : «Ne sais-tu pas qui je suis?» — Je lui ai dit : Non, mon seigneur. — Il m'a répondu : «Je suis Simon Pierre, le serviteur et l'apôtre de Jésus le Christ : mon frère que tu vois est Paul et ceux-ci sont les évêques, tes collègues. Nous avons été envoyés vers toi par notre Maître le Christ pour t'emmener vers nous, afin que tu disposes tes œuvres pour le chemin qui (te) sortira de cette vie, que tu mettes l'église en règle, que tu viennes près de nous, car le temps approche. Sache seulement que ce sont les douleurs de la fin, et nul autre bien ne se fera dans le monde. Prends souci du voyage, car il a été décidé que nous viendrions bientôt à toi, le trei-

1. Cod. ⲙⲡⲉⲕⲥⲟⲩⲱⲧ. La lettre ⲛ a été ajoutée.

ⲛⲥⲱⲕ ϧⲉⲛ ⲟⲩⲭⲱⲗⲉⲙ ⲛⲥⲟⲩ ⲓ̅ⲅ̅ ⲙⲡⲁⲓⲁⲃⲟⲧ. ⲛⲁⲓ ⲇⲉ ⲉⲧⲁϥϫⲟⲧⲟⲩ ⲛⲁⲛ ⲁⲛϥⲁⲓ ⲛⲧⲉⲛⲥⲙⲏ ⲉⲡϣⲱⲓ ⲁⲛⲣⲓⲙⲓ ϧⲉⲛ ⲟⲩⲣⲓⲙⲓ ⲉϥⲉⲛϣⲁϣⲓ ⲉⲛⲉⲙⲓ ⲉⲫⲁⲓ ϫⲉ ⲛⲛⲁⲉⲣ ϧⲁⲉ ⲛⲟⲩⲓⲱⲧ ⲛⲇⲓⲕⲁⲓⲟⲥ[1] ⲛⲧⲁⲓⲙⲁⲓⲏ. ⲁϥⲉⲣ ⲟⲩⲱ ⲡⲉϫⲁϥ ⲛⲁⲛ ϫⲉ ⲉⲑⲃⲉ ⲟⲩ ⲧⲉⲧⲉⲛⲣⲓⲙⲓ ⲉⲣⲉⲧⲉⲛϯ ⲙⲕⲁϩ ⲛϩⲏⲧ ⲙⲡⲁⲡ̅ⲛ̅ⲁ̅ ⲁⲛⲟⲕ ⲅⲁⲣ ϯⲛⲁϩⲱⲗ ⲉⲣⲁⲧⲟⲩ ⲛⲛⲁⲓⲟϯ ⲉⲑⲟⲩⲁⲃ ⲉⲧⲁⲩϫⲱⲕ ⲉⲃⲟⲗ ϧⲁϫⲱⲓ ⲛⲑⲟⲕ ⲇⲉ ⲙⲱⲩⲥⲏⲥ ⲕⲥⲱⲟⲩⲛ ϫⲉ ⲉⲧⲁⲓⲓⲛⲓ ⲙⲡⲉⲕⲃⲓⲟⲥ ⲉⲡϣⲱⲓ ϧⲁⲧⲟⲧ ⲛⲁϣ ⲛⲣⲏϯ ⲗⲟⲓⲡⲟⲛ ϥⲓ ⲫⲣⲱⲟⲩϣ ⲛⲛⲁϫⲱⲙ ϫⲉ ⲭⲛⲁⲉⲣⲭⲣⲉⲓⲁ[2] ⲙⲙⲱⲟⲩ ⲟⲩⲟϩ ⲭⲛⲁⲉⲣ ⲉⲃⲟⲗ ⲁⲛ ⲉϯⲉⲧⲫⲱ ⲉⲧϩⲟⲣϣ ⲉⲧⲉⲙⲙⲁⲩ. ⲡⲉϫⲁϥ ⲇⲉ ⲛⲉⲗⲓⲥⲥⲉⲟⲥ ⲡⲓⲡⲣⲉⲥⲃⲩⲧⲉⲣⲟⲥ ϫⲉ ⲉⲗⲓⲥⲥⲉⲟⲥ ⲟϩⲓ ⲉⲣⲁⲧⲕ ⲛⲕⲁⲗⲱⲥ ⲉϫⲉⲛ ⲛⲓⲥⲛⲏⲟⲩ ⲟⲩⲟϩ ⲁⲣⲉϩ ⲉⲛⲏ ⲉⲧⲁⲓϩⲉⲛϩⲱⲛⲕ ⲉⲣⲱⲟⲩ ⲛⲧⲉⲕⲑⲱⲟⲩϯ ⲙⲡⲓϣⲉⲛⲑⲱⲟⲩϯ ⲕⲁⲧⲁ ⲟⲩⲛⲟⲩ ϫⲉⲭⲁⲥ ⲉⲣⲉ ⲛⲓⲥⲛⲏⲟⲩ ⲉⲣ ⲛⲟⲩϣⲉⲙϣⲓ ⲕⲁⲧⲁ ⲟⲩⲛⲟⲩ ⲛⲥⲉϯ ϩⲛⲟⲩ ⲛⲛⲟⲩⲯⲩⲭⲏ ⲉⲃⲟⲗϩⲓⲧⲟⲧⲕ. ⲉⲓⲧⲁ[3] ⲡⲉϫⲁϥ ⲛⲏⲓ ϫⲉ ⲓⲱⲁⲛⲛⲏⲥ ⲡⲁϣⲏⲣⲓ

zième jour de ce mois.» Lorsqu'il nous eut dit cela, nous élevâmes nos voix, nous pleurâmes des larmes amères, ayant appris que nous allions être privés d'un père aussi juste.[4] Il prit la parole et nous dit : «Pourquoi pleurez-vous? vous affligez mon esprit, car je dois aller vers mes pères saints qui ont fini leur vie avant moi. Toi, Moïse, tu sais comment j'ai élevé ta vie;[5] maintenant prends soin de mes livres, car tu en auras besoin et tu ne seras pas étranger à ce lourd fardeau (de l'épiscopat).» Il dit au prêtre Élisée : «Gouverne bien tes frères,[6] observe ce que je t'ai ordonné; réunis les congrégations à l'heure (prescrite) afin que les frères adorent au moment (voulu), et que par toi ils fassent profiter leurs âmes.» Il me dit ensuite : «Jean, mon fils, tu connais

1. Cod. ⲛⲇⲓⲕⲉⲟⲥ. — 2. Cod. ⲭⲛⲁⲉⲣⲭⲣⲓⲁ. — 3. Cod. ⲓⲧⲁ. — 4. Mot-à-mot : d'un père juste de cette sorte. — 5. Il veut dire, je crois, qu'il l'a fait monter dans l'échelle de la perfection. — 6. Mot-à-mot : Tiens-toi bien sur les frères.

ⲛⲥⲱⲟⲩⲛ ⲙⲡⲁⲃⲓⲟⲥ ⲧⲏⲣϥ ϫⲉ ⲙⲡⲓⲭⲁ ϩⲗⲓ ⲛⲉⲓⲇⲟⲥ[1] ⲛⲧⲉ ϯⲉⲕⲕⲗⲏⲥⲓⲁ ⲛⲧⲉ ϯⲡⲟⲗⲓⲥ ⲕⲉϥⲧ ⲛⲧⲟⲧ ⲉⲛⲉϩ (ⲍ̄ⲏ̄) ⲟⲩⲗⲁⲁⲩ ⲟⲩⲟⲛ ⲛⲗⲟⲩⲕⲟϫⲓ[2] ⲛⲟⲩⲱⲧ ⲉⲧⲭⲏ ⲛⲧⲟⲧ ⲓⲥϫⲉⲛ ⲡⲓⲥⲛⲟⲩ ⲉⲓϣⲟⲡ ϧⲉⲛ ⲧⲁⲣⲓ ⲉⲓⲟⲓ ⲙⲙⲟⲛⲁⲭⲟⲥ ⲉⲧⲁⲓϫⲫⲟⲥ ϧⲉⲛ ⲡⲁϩⲱⲃ ⲛϫⲓϫ ⲉⲓⲣⲱⲓⲥ ⲉⲣⲟⲥ ϣⲁ ⲫⲟⲟⲩ ⲉⲡϫⲓⲛϩⲟⲡⲥ ⲡⲁⲥⲱⲙⲁ ϫⲉ ⲟⲩⲛⲓ ⲁⲓⲁⲣⲉϩ ⲉⲣⲟⲓ ⲉϣⲧⲉⲙⲭⲁ ϩⲗⲓ ⲛϭⲣⲟϥ ⲛⲏⲛ ⲉⲑⲛⲏⲟⲩ ⲙⲉⲛⲉⲛⲥⲱⲓ ⲛⲥⲉϫⲟⲥ ϫⲉ ⲁⲕⲉⲣ ⲥⲁⲃⲟⲗ ⲙⲡⲉⲧⲥϣⲉ ⲁⲣⲓ ϯⲁⲅⲁⲡⲏ ⲛⲧⲉⲕϣⲟⲡⲥ ⲛⲕⲁⲓⲥⲓ ⲉⲡⲁⲥⲱⲙⲁ ⲟⲩⲟϩ ⲙⲡⲉⲣϯ ϩⲗⲓ ⲉⲣⲟⲓ ⲉⲃⲏⲗ ⲉⲡⲓⲗⲉⲃⲓⲧⲟⲩ ⲉⲧⲁⲩϯ ⲉϫⲱⲓ ⲙⲡⲓⲥⲭⲏⲙⲁ ⲉⲑⲟⲩⲁⲃ ⲛϧⲏⲧϥ ⲛⲉⲙ ⲧⲁⲕⲟⲩⲗⲗⲁ ⲛⲉⲙ ⲡⲁⲙⲟϫϧ ⲛⲉⲙ ⲡⲁϫⲓ ⲛϫⲱⲗϩ ⲛⲧⲉ ⲡⲁϣⲉⲙϣⲓ ⲛⲧⲉⲧⲉⲛⲕⲟⲥⲧ ⲛⲧⲉⲧⲉⲛⲑⲱⲙⲥ ⲙⲙⲟⲓ ϧⲉⲛ ⲡⲓⲙⲁ ⲉⲧⲁⲓⲧⲁⲙⲱⲧⲉⲛ ⲉⲣⲟϥ ⲟⲩⲟϩ ⲙⲡⲉⲣⲭⲁ ϩⲗⲓ ⲛⲣⲱⲙⲓ ⲉⲱⲗⲓ ⲙⲡⲁⲥⲱⲙⲁ ⲥⲁⲃⲟⲗ ⲙⲡⲁⲙⲁ ⲛϣⲱⲡⲓ ⲛⲥⲉϭⲓⲧϥ ⲉϯⲡⲟⲗⲓⲥ ⲕⲉϥⲧ. ⲉⲧⲁϥϫⲉ ⲛⲁⲓ ⲇⲉ ⲁϥⲭⲁ ⲣⲱϥ.

ma vie tout entière; (tu sais) que je n'ai jamais rien pris en ma main de ce qui appartient à l'église de la ville de Keft; je n'ai dans ma main, depuis le jour où je suis (entré) moine dans ma cellule, qu'une seule pièce d'or que j'ai gagnée par le travail de mes mains, la conservant pour vêtir mon corps, veillant à ne laisser aucun (sujet de) scandale à ceux qui viendront après moi de manière à ce qu'ils disent : «Tu es (allé) en dehors de ce qu'il fallait.» Fais-moi la charité d'en acheter un linceul pour mon corps, et pour m'ensevelir ne me vêts de rien autre chose que du vêtement par lequel on m'a revêtu de l'habit monacal, de ma coulle, de mon manteau et de l'amict de mon adoration :[3] enterrez-moi dans le lieu que je vous enseignerai et ne laissez personne prendre mon corps hors de ma demeure pour le conduire à la ville de Keft.» Et lorsqu'il eut ainsi parlé, il se tut.

1. Cod. ⲛⲓⲇⲟⲥ. — 2. Cod. ⲟⲩⲗⲁⲩⲓ ⲛⲟⲗⲟⲕⲟϫⲓ. — 3. C'est-à-dire : le manteau qu'il portait lorsqu'il disait la messe.

ⲉⲡⲉϥⲣⲁⲥϯ ⲇⲉ ⲁϥⲉⲣ ϩⲏⲧⲥ ⲛϣⲱⲛⲓ ⲟⲩⲟϩ ⲉⲧⲁ ⲣⲟⲩϩⲓ ϣⲱⲡⲓ ⲛⲥⲟⲩ ⲏ̅ ⲙⲡⲓⲁⲃⲟⲧ ⲉⲡⲏⲡ ⲁⲩϩⲱⲗⲉⲙ ⲙⲡⲉϥⲛⲟⲩⲥ ⲉⲡϭⲓⲥⲓ ⲁϥⲉⲣ ⲅ̅ ⲛⲉϩⲟⲟⲩ ⲛⲉⲙ ⲅ̅ ⲛⲉϫⲱⲣϩ ⲙⲡⲉϥⲥⲁϫⲓ ⲛⲉⲙ ϩⲗⲓ. ϧⲉⲛ ⲡⲓⲉϫⲱⲣϩ ⲇⲉ ⲛⲥⲟⲩ ⲓ̅ⲃ̅ ⲙⲡⲓⲁⲃⲟⲧ ⲉⲡⲏⲡ ⲁϥⲙⲟⲩϯ ϫⲉ ⲓⲱⲁⲛⲛⲏⲥ. ⲡⲉϫⲏⲓ ⲛⲁϥ ϫⲉ ⲥⲙⲟⲩ ⲉⲣⲟⲓ ⲡⲁⲓⲱⲧ ⲉⲑⲟⲩⲁⲃ. ⲡⲉϫⲁϥ ⲛⲏⲓ ϫⲉ ϯϣⲓⲛⲓ ⲉⲣⲟⲕ ϫⲉ ⲁϥ- (fol. 158 ⲍ̅ⲑ̅) ϧⲱⲛⲧ ⲛϫⲉ ⲡⲁⲥⲛⲟⲩ ⲟⲩⲟϩ ϣⲁⲣⲉ ⲫ︦ϯ︦ ϣⲓⲛⲓ ⲛⲥⲱⲓ ⲙⲫⲛⲁⲩ ⲛⲣⲟⲩϩⲓ ⲛⲣⲁⲥϯ ⲛⲥⲟⲩ ⲓ̅ⲅ̅ ⲟⲩⲟϩ ⲡⲁⲓ ⲅ̅ ⲛⲉϩⲟⲟⲩ ⲉⲧⲁⲓⲁⲓⲧⲟⲩ ⲙⲡⲓⲥⲁϫⲓ ⲛⲉⲙ ⲣⲱⲙⲓ ⲛⲁⲓⲟϩⲓ ⲉⲣⲁⲧ ⲡⲉ ⲙⲡⲉⲙⲑⲟ ⲉⲃⲟⲗ ⲙⲡⲭ︦ⲥ︦ ⲫ︦ϯ︦ ⲟⲩⲟϩ ⲁϥⲓⲣⲓ ⲙⲡⲁⲗⲟⲅⲟⲥ ⲓⲥϫⲉⲛ ⲁϫⲡ ⲑ̅ ⲛⲥⲁϥ ⲟⲩⲟϩ ϯϫⲱ ⲙⲙⲟⲥ ϫⲉ ⲡⲉϥⲛⲁⲓ ⲛⲁⲧⲁϩⲟⲓ. ⲁⲛⲟⲕ ⲇⲉ ⲡⲉϫⲏⲓ ⲛⲁϥ ϫⲉ ⲁⲣⲓ ϯⲁⲅⲁⲡⲏ ⲙⲁⲧⲁϫⲣⲉ ⲡⲉⲕϩⲏⲧ ⲛⲟⲩⲕⲟⲩϫⲓ ⲛⲱⲓⲕ ⲛⲉⲙ ⲟⲩⲙⲱⲟⲩ ϫⲉ ⲓⲥ ⲅ̅ ⲛⲉϩⲟⲟⲩ ⲙⲡⲉⲕϫⲉⲙ ϯⲡⲓ ⲛϩⲗⲓ. ⲁϥⲉⲣ ⲟⲩⲱ ϫⲉ ϯⲛⲁϫⲉⲙ ϯⲡⲓ ⲛϩⲗⲓ ⲛⲧⲣⲟⲫⲏ ⲁⲛ ϫⲉ ⲛⲧⲉ ⲡⲁⲓⲕⲟⲥⲙⲟⲥ ϣⲁ ⲧⲁⲃⲱⲗ ⲉⲃⲟⲗ ⲛⲧⲁⲛⲏⲥⲧⲉⲓⲁ[1]

Le lendemain, il commença d'être malade. Et lorsqu'arriva le soir du huitième jour du mois d'Épiphi, son esprit fut ravi en haut et il passa trois jours et trois nuits sans parler à personne. Dans la nuit du douzième jour du mois d'Épiphi, il appela disant : «Jean.» — Je lui dis : «Bénis-moi, mon père saint.» — Il me dit : «Je t'apprends que mon temps approche; demain, treizième jour (du mois), à l'heure du soir, Dieu viendra me chercher; et pendant ces trois jours que j'ai passés sans parler aux hommes, je me tenais debout en la présence du Christ Dieu; depuis hier, à la neuvième heure, il a fait mon compte et je te dis que j'obtiendrai miséricorde.»[2] — Et moi, je lui dis : «Sois aimable pour moi, affermis ton cœur avec un peu de pain et d'eau, car voici trois jours que tu n'as rien goûté.» — Il répondit : «Je ne goûterai rien de la nourriture de ce monde, jusqu'à ce que je rompe mon jeûne près

1. Cod. ⲛⲧⲁⲛⲏⲥⲧⲓⲁ. — 2. Mot-à-mot : je te dis que sa miséricorde m'atteindra.

ϧⲁⲧⲉⲛ ⲡ̅ⲟ̅ⲥ̅ ⲓ̅ⲏ̅ⲥ̅ ⲡ̅ⲭ̅ⲥ̅ ⲡⲁⲟⲩⲣⲟ. ⲙⲉⲛⲉⲛⲥⲁ ⲛⲁⲓ ⲇⲉ ⲡⲉϫⲁϥ ϫⲉ ⲡⲓⲙⲁⲣⲧⲩⲣⲟⲥ ⲉⲑⲟⲩⲁⲃ ⲛⲧⲉ ⲡ̅ⲭ̅ⲥ̅ ⲫ̅ϯ̅ ⲓⲅⲛⲁⲧⲓⲟⲥ ⲡⲓⲑⲉⲟⲫⲟⲣⲟⲥ ϣⲱⲡⲓ ⲛⲉⲙⲏⲓ ϣⲁ ϯⲥⲓⲛⲓ ⲙⲡⲁⲓⲓⲁⲣⲟ ⲛⲭⲣⲱⲙ ⲉⲧⲥⲱⲕ ϩⲓ ⲧϩⲏ ⲙⲡ̅ⲭ̅ⲥ̅ ϫⲉ ⲟⲩⲛⲓϣϯ ⲧⲉ ϯϩⲟϯ ⲛⲧⲉ ⲡⲓⲙⲁ ⲉⲧⲉⲙⲙⲁⲩ. ⲡⲉϫⲏⲓ ⲛⲁϥ ϫⲉ ⲡⲁⲟ̅ⲥ̅ ⲛⲓⲱⲧ ⲙⲉⲛⲉⲛⲥⲁ ⲛⲁⲓϧⲓⲥⲓ ⲧⲏⲣⲟⲩ ⲛⲁⲓⲛⲏⲥⲧⲉⲓⲁ[1] ⲙⲉⲛ ⲛⲁⲓϣⲗⲏⲗ ⲛⲉⲙ ⲛⲁⲓⲉϫⲱⲣϩ ⲛϣⲣⲱⲓⲥ ⲉⲧⲁⲕⲉⲣϩⲩⲡⲟⲙⲉⲛⲉⲓⲛ[2] ⲉⲣⲱⲟⲩ ⲉⲑⲃⲉ ⲫ̅ϯ̅ ⲕⲉⲣϩⲟϯ ϩⲱⲕ ϧⲁ ⲧϩⲏ ⲙⲡⲓⲓⲁⲣⲟ ⲛⲭⲣⲱⲙ ⲉⲧⲉⲙⲙⲁⲩ. ⲡⲉϫⲁϥ ⲛⲏⲓ ϫⲉ ⲛⲓⲙ ⲡⲉ ⲡⲓⲣⲱⲙⲓ ⲉⲑⲛⲁⲉⲣ ⲉⲃⲟⲗ ⲉϣⲧⲉⲙϫⲉⲙ ϯⲡⲓ (ⲟ̅) ⲙⲡⲓⲓⲁⲣⲟ ⲛⲭⲣⲱⲙ ⲉⲧⲉⲙⲙⲁⲩ. ⲟⲩⲟϩ ⲛⲁϥⲥⲁϫⲓ ⲁⲛ ϫⲉ ⲡⲉ ⲛⲉⲙ ϩⲗⲓ ⲛⲣⲱⲙⲓ. ⲉⲧⲁϣⲱⲣⲡ ⲇⲉ ϣⲱⲡⲓ ⲁ ⲡⲓⲙⲁ ⲧⲏⲣϥ ⲙⲟϩ ⲛⲣⲱⲙⲓ ⲥⲁϧⲟⲩⲛ ⲛⲉⲙ ⲥⲁⲃⲟⲗ ⲁϥⲉⲣ ⲡⲓⲉϩⲟⲟⲩ ⲧⲏⲣϥ ⲉⲧⲉⲙⲙⲁⲩ ⲙⲫⲣⲏϯ ⲛⲟⲩⲁⲓ ⲉⲩⲑⲱϩⲥ ⲙⲙⲟϥ ⲛⲛⲉϩ ⲉⲛϧⲁⲉ ⲇⲉ ⲁϥϫⲱ ⲙⲡⲁⲓⲥⲁϫⲓ ϫⲉ ϩⲏⲡⲡⲉ ⲁⲓⲣⲓ ⲙⲡⲓ-

du Seigneur Jésus le Christ, mon roi.» Il dit ensuite : «O saint martyr du Christ Dieu, Ignace le théophore, sois avec moi jusqu'à ce que j'aie traversé ce fleuve de feu qui s'étend devant le Christ; car la crainte qu'(inspire) ce lieu est grande.» — Je lui dis : «Mon père, après toutes ces souffrances, ces jeûnes, ces nuits de veille, que tu as endurés pour le Seigneur, crains-tu ce fleuve du feu?» — Il me dit : «Quel est l'homme qui passera sans goûter à ce fleuve de feu?» (Dès lors) il ne parla plus avec aucun homme. Lorsque le matin parut, l'endroit se remplit tout entier de gens, en dedans et en dehors : il passa tout ce jour comme quelqu'un que l'on frotte d'huile.[3] A la fin, il dit cette parole : «Voici que

1. Cod. ⲛⲏⲥⲧⲓⲁ. — 2. Cod. ⲉⲧⲁⲕⲉⲣϩⲩⲡⲟⲙⲉⲛⲓⲛ. — 3. Ce passage donne lieu à une remarque assez curieuse pour l'histoire du dogme égyptien. On pourrait croire, en effet, que l'Extrême-onction était connue comme sacrement à l'époque de Pisentios. Le fait ne serait pas impossible puisque l'on trouve dans les livres liturgiques coptes un rituel appelé *rituel de la lampe,* c'est-à-dire, comme on l'interprète ordinairement,

ⲟⲩⲁϩⲥⲁϩⲛⲓ ⲛⲧⲉ ⲡ̅ⲟ̅ⲥ̅ ⲟⲩⲟϩ ⲁⲓⲓⲣⲓ ⲙⲡⲁⲥⲟⲃϯ ⲟⲩⲟϩ ⲡⲁⲓⲣⲏϯ ⲁϥⲟⲩⲱⲛ ⲛⲣⲱϥ ⲁϥϯ ⲙⲡⲓⲡ̅ⲛ̅ⲁ̅ ⲉⲛⲉⲛϫⲓϫ ⲙⲫ̅ϯ̅ ⲙⲡⲓⲛⲁⲩ ⲉⲣⲉ ⲫⲣⲏ ⲛⲁϩⲱⲧⲡ ⲛⲥⲟⲩ ⲓ̅ⲅ̅ ⲙⲡⲓⲁⲃⲟⲧ ⲉⲡⲏⲡ.

ⲁⲛⲱⲗⲓ ⲇⲉ ⲙⲡⲉϥⲥⲱⲙⲁ ⲉⲑⲟⲩⲁⲃ ⲁⲛⲭⲁϥ ϧⲉⲛ ϯⲉⲕⲕⲗⲏⲥⲓⲁ ⲛⲧⲉ ⲧⲥⲉⲛϯ ⲁⲛⲉⲣ ⲡⲓⲉϫⲱⲣϩ ⲧⲏⲣϥ ⲛϩⲱⲥ ⲛϯ ⲱⲟⲩ ⲙ̅ⲫ̅ϯ̅ ⲉϧⲣⲏⲓ ⲉϫⲉⲛ ⲡⲉϥϫⲓ ⲛϫⲱⲕ ⲉⲃⲟⲗ. ⲉⲧⲁ ϣⲱⲣⲡ ⲇⲉ ϣⲱⲡⲓ ⲁⲛϫⲱⲕ ⲉⲃⲟⲗ ⲛϯⲁⲛⲁⲫⲟⲣⲁ ⲉⲑⲟⲩⲁⲃ ⲟⲩⲟϩ ⲉⲧⲁⲛϭⲓ ⲉⲃⲟⲗ ϧⲉⲛ ⲡⲓⲥⲱⲙⲁ ⲛⲉⲙ ⲡⲓⲥⲛⲟϥ ⲕⲁⲧⲁ ⲫⲣⲏϯ ⲉⲧⲁϥϫⲟⲥ ⲛⲁⲛ ⲟⲩⲟϩ ⲉⲧⲁⲛϭⲓ ⲛϯϩⲉⲓⲣⲏⲛⲏ[1] ⲁⲛⲑⲟⲙⲥ ⲛⲥⲟⲩ ⲓ̅ⲇ̅ ⲛⲉⲡⲏⲡ ϧⲉⲛ ⲡⲓⲙⲁ ⲉⲧⲁϥⲟⲩⲉϩⲥⲁϩⲛⲓ ⲁⲛϣⲟⲕϥ ⲓⲥϫⲉⲛ ⲛⲉϥⲟⲛϧ.

j'ai accompli l'ordre du Seigneur, et je suis prêt.»[2] Puis il ouvrit la bouche, il rendit son esprit entre les mains de Dieu à l'heure où le soleil allait se coucher, le treizième jour du mois d'Épiphi.

Nous prîmes son corps saint, nous le plaçâmes dans l'église de Tsenti, nous passâmes toute la nuit à chanter la gloire de Dieu au sujet de sa mort.[3] Lorsque l'aurore parut, nous accomplîmes l'oblation sainte, et lorsque nous eûmes pris le corps et le sang (de Jésus le Christ), comme il nous l'avait dit, et que nous eûmes reçu la paix, nous l'enterrâmes le quatorzième jour dans le lieu qu'il nous avait dit :[4] nous l'avions creusé pendant qu'il était en vie.

de l'Extrême-onction. Je suis cependant porté à croire d'après ce titre qu'on employait l'huile de la lampe du sanctuaire dans la persuasion qu'elle guérissait les malades, comme on en trouve des exemples dans la vie même de Pisentios. Ce qu'il y a de certain, c'est que dans les vies de St Pachôme, de St Macaire et de Schnoudi, où l'on aurait pu sans aucune difficulté administrer l'Extrême-onction à ces saints moribonds, il n'en est jamais parlé. Évidemment si l'Extrême-onction est devenue d'un usage commun chez les Coptes, cet usage ne s'implanta que tardivement.

1. Cod. ϯϩⲓⲣⲏⲛⲏ. — 2. Mot-à-mot : et j'ai fait ma préparation. — 3. Mot-à-mot : à chanter la gloire de Dieu sur sa perfection, sur son achèvement. — 4. Mot-à-mot : qu'il nous avait ordonné.

ⲁⲛⲟⲛ ⲇⲉ ϩⲱⲛ ⲛⲁⲙⲉⲛⲣⲁϯ ⲙⲁⲣⲉⲛⲭⲟϩ ⲉⲛⲓⲁⲣⲉⲧⲏ ⲛⲧⲉ ⲡⲉⲛⲓⲱⲧ ⲉⲑⲟⲩⲁⲃ ⲁⲃⲃⲁ ⲡⲓⲥⲉⲛⲧⲓⲟⲥ[1] ⲡⲓⲉⲡⲓⲥⲕⲟⲡⲟⲥ ⲉⲧⲥⲙⲁⲣⲱⲟⲩⲧ (fol. 159 ⲟ̅ⲁ̅) ⲟⲩⲟϩ ⲛⲧⲉⲛⲁⲣⲉϩ ⲉⲛⲓⲥⲃⲱⲟⲩⲓ ⲉⲑⲟⲩⲁⲃ ⲛⲧⲁϥⲧⲏⲓⲧⲟⲩ ⲉⲧⲟⲟⲧⲉⲛ ϫⲉⲭⲁⲥ ⲛⲧⲉϥⲉⲣⲡⲣⲉⲥⲃⲉⲩⲉⲓⲛ[2] ⲉϫⲱⲛ ⲛⲁϩⲣⲉⲛ ⲡⲭ̅ⲥ̅ ⲡⲉⲛⲛⲟⲩϯ ϩⲟⲡⲱⲥ ⲛⲧⲉϥⲣϩⲙⲟⲧ ⲛⲁⲛ ⲙⲡⲓⲭⲱ ⲉⲃⲟⲗ ⲛⲛⲉⲛⲛⲟⲃⲓ ⲛⲧⲉⲛϣⲁϣⲛⲓ ⲉⲟⲩⲛⲁⲓ ⲛⲁϩⲣⲉⲛ ⲡⲉϥⲃⲏⲙⲁ ⲉⲧⲟⲓ ⲛϩⲟϯ ⲉⲩⲱⲟⲩ ⲛⲁϥ ⲛⲑⲟϥ ⲡⲉⲛⲟ̅ⲥ̅ ⲟⲩⲟϩ ⲡⲉⲛⲛⲟⲩϯ ⲟⲩⲟϩ ⲡⲉⲛⲥⲱⲧⲏⲣ ⲓ̅ⲏ̅ⲥ̅ ⲡⲭ̅ⲥ̅ ⲫⲁⲓ ⲉⲧⲉ[3] ⲉⲃⲟⲗϩⲓⲧⲟⲧϥ ⲉⲣⲉ ⲱⲟⲩ· ⲛⲓⲃⲉⲛ ⲛⲉⲙ ⲧⲁⲓⲟ ⲛⲓⲃⲉⲛ ⲛⲉⲙ ⲡⲣⲟⲥⲕⲩⲛⲏⲥⲓⲥ ⲛⲓⲃⲉⲛ ⲉⲣⲡⲣⲉⲡⲉⲓⲛ[4] ⲙⲫⲓⲱⲧ ⲛⲉⲙⲁϥ ⲛⲉⲙ ⲡⲓⲡ̅ⲛ̅ⲁ̅ ⲉⲑⲟⲩⲁⲃ ⲛⲣⲉϥⲧⲁⲛϧⲟ ⲟⲩⲟϩ ⲛⲟⲙⲟⲟⲩⲥⲓⲟⲥ[5] ⲛⲉⲙⲁϥ ϯⲛⲟⲩ ⲛⲉⲙ ⲥⲛⲟⲩ ⲛⲓⲃⲉⲛ ⲛⲉⲙ ϣⲁ ⲉⲛⲉϩ ⲛⲧⲉ ⲛⲓⲉⲛⲉϩ ⲧⲏⲣⲟⲩ ⲁⲙⲏⲛ.

Et nous aussi, mes bien-aimés frères, imitons les vertus de notre père saint, abba Pisentios, l'évêque béni, et gardons les enseignements saints qu'il nous a donnés, afin qu'il intercède pour nous près du Christ, notre Dieu, qui nous fera la grâce de nous pardonner nos péchés, et que nous obtenions miséricorde près de son tribunal terrible, lui rendant gloire, à lui, notre Seigneur, notre Dieu et notre Sauveur, Jésus le Christ par qui toute gloire, tout honneur, toute adoration convient à son Père avec lui, et à l'Esprit saint le vivificateur, consubstantiel à lui, maintenant, en tout temps et dans les siècles de tous les siècles. Amen.

1. Cod. ⲡⲓⲥⲉⲛϯ. — 2. Cod. ⲛⲧⲉϥⲉⲣⲡⲣⲉⲥⲃⲉⲩⲓⲛ. — 3. Cod. ⲉⲧⲥ ⲉⲧⲉⲃⲟⲗϩⲓⲧⲟⲧϥ. — 4. Cod. ⲉⲣⲡⲣⲉⲡⲓ. — 5. C'est le célèbre mot dirigé contre l'arianisme et qui s'écrit toujours ainsi sans le ϩ qu'il devrait prendre. Il est assez curieux de voir toujours dans cette formule qui ne varie jamais ce mot employé à propos de l'Esprit Saint et non du Fils. Ou il faut croire que les moines coptes n'entendirent jamais rien aux discussions de l'arianisme, ou il faut admettre qu'ils se seraient préoccupés de l'hérésie de Macédonius sur le Saint Esprit. Des deux hypothèses la première seule est vraisemblable; car on ne trouve aucune trace du système de Macédonius dans les œuvres coptes.

ⲡⲥⲙⲟⲩ ⲙ̀ⲡⲓⲁⲅⲓⲟⲥ ⲡⲓⲥⲉⲛⲧⲓⲟⲥ[1] ϣⲱⲡⲓ ⲛⲉⲙⲁⲛ ⲧⲏⲣⲟⲩ ⲁⲙⲏⲛ ⲁⲙⲏⲛ ⲁⲙⲏⲛ.[2]

ⲁⲣⲓ ⲫ̀ⲙⲉⲩⲓ ⲙ̀ⲡⲓϫⲱⲃ ⲛ̀ⲣⲉϥⲉⲣ ⲛⲟⲃⲓ ⲉⲧⲁϥⲥϧⲁⲓ ⲓⲁⲕⲱⲃ ⲟⲩⲟϩ[3] ⲡⲁⲓⲱⲧ[4] ⲥⲉⲛⲟⲩϯ ⲩⲓⲟⲥ ⲙ̀ⲡⲁⲓⲱⲧ[5] ⲓⲱⲁⲛⲛⲏⲥ[6] ⲭⲁⲙⲉ ⲛ̀ⲧⲉ[7] ⲡ̅ⲟ̅ⲥ̅ ϯ ⲙ̀ⲧⲟⲛ ⲛ̀ⲧⲉϥⲧⲁⲗⲁⲓⲡⲱⲣⲟⲥ[8] ⲙ̀ⲯⲩⲭⲏ ⲁⲙⲏⲛ.

ⲭⲣⲟⲛⲟⲥ[9] ⲧⲱⲛ ⲁⲅⲓⲱⲛ[10] ⲙⲁⲣⲧⲩⲣⲱⲛ[11] ⲭ̅ⲗ̅ⲇ̅.

Que la bénédiction du saint abba Pisentios soit sur nous tous; amen, amen, amen.

Souvenez-vous du pauvre pécheur qui a écrit, Jacques, fils de mon père Jean Chamé. Que le Seigneur donne le repos à sa malheureuse âme. Amen.

Ère des saints martyrs 634.

1. Cod. ⲡⲓⲥⲉⲛϯ. — 2. Entre chaque amen, il y a un ⲩ, c'est-à-dire ⲟⲩⲟϩ. — 3. Cod. ⲩ. — 4. Cod. ⲡⲁⲓⲱ̀ (ⲧ) *(sic)*. — 5. Cod. ⲩⲡⲧ pour ⲩⲓⲟⲥ ⲙ̀ⲡⲁⲓⲱⲧ. — 6. Cod. ⲓ̅ⲱ̅ⲁ̅. — 7. Cod. ⲧⲉ, ce qui est une faute évidente. — 8. Cod. ⲛ̀ⲧⲉϥⲧⲁⲗⲉⲡⲱⲣⲟⲥ. — 9. Cod. ⲭⲣⲟⲛ. — 10. Cod. ⲁⲅⲓⲟⲛ. — 11. Cod. ⳥.

ADDENDA ET CORRIGENDA.

p. 14, 1e ligne de la note; au lieu de : *Mémoires pour servir à l'histoire de l'Égypte chrétienne au IVe et Ve siècle;* lire : *aux IVe et Ve siècles.*

» 23, ligne 22; au lieu de : Uu jour; lire : Un jour.

» 54, » 23 et 26; au lieu de : ne furent moins grands; lire : ne furent pas moins grands.

» 67, » 12; au lieu de : qu'elles proviennent tous; lire : qu'elles proviennent toutes.

» 69, » 1; au lieu de : l'homme se ravale; lire : l'homme se ravaler.

» 81, » 1; au lieu de : ⲉϯⲡⲟⲗⲏⲉⲓⲁ; lire : ⲉϯⲡⲟⲗⲓⲧⲉⲓⲁ. — à la note 3; au lieu de : ⲡⲁⲗⲏⲧⲓⲁ; lire : ⲡⲟⲗⲓⲧⲉⲓⲁ.

» 84, dernière ligne du texte; au lieu de : ⲛⲓⲟⲩⲉϩⲟⲟⲩ; lire : ⲛⲟⲩⲉϩⲟⲟⲩ.

» 88, ligne 6 du texte; après ⲉⲛⲉⲥⲙⲁϧⲧ, ajouter : ⲟⲩⲟϩ ϧⲉⲛ ϯⲟⲩⲛⲟⲩ ⲉⲧⲉⲙⲙⲁⲩ ⲁ ⲧⲉⲥϧⲉⲗⲃⲓ ⲫⲱϧ ⲁⲥϣⲟⲩⲟ ⲉⲛⲉⲥⲏⲧ ⲛⲛⲓⲁⲕⲁⲑⲁⲣⲥⲓⲁ ⲧⲏⲣⲟⲩ ⲉⲧϧⲉⲛ ⲧⲉⲥⲛⲉϫⲓ.

» 103, » 3; au lieu de : ⲕⲁⲛⲁⲙⲟⲛⲓ; lire : ⲕⲁⲛ ⲁⲙⲟⲛⲓ.

» 129, » 8; au lieu de : ⲛⲁⲥⲥⲁ; lire : ⲛⲁⲥ ⲥⲁ. — ligne 9; au lieu de : ⲙⲛⲓ-ⲕⲟⲩϫⲓ ⲙⲙⲟⲥ; lire : ⲙⲛⲓⲕⲟⲩϫⲓ ⲙⲙⲁⲥ.

» 136, » 3; au lieu de : ϣⲁ ⲛⲓϩⲟⲩⲓ; lire : ϣⲁ̀ ⲛⲓϩⲓⲟⲩⲓ.

» 140, » 11; au lieu de : ⲉⲧϣⲟⲩⲓⲧⲓ; lire : ⲉⲧϣⲟⲩⲓⲧ.

» 154, » 10; au lieu de : ⲓⲉ ⲟⲩⲛⲏⲉⲩⲏ; lire : ⲓⲉ ⲟⲩⲛⲏⲏⲩⲏ.

» 163, » 3 de la traduction; après Jacques, ajouter : mon père Sénuti.

NOTA. Depuis que ce travail a été fait, j'ai publié dans la *Revue des Religions* (Nov.-Déc. 1886; Janv.-Févr. 1887) deux articles où j'ai développé bon nombre des idées émises dans la première partie de ce mémoire. Quoique le présent travail paraisse après ces articles, il a été composé avant : je tiens à constater cette antériorité pour bien marquer la suite et le développement de mes idées.

PARIS, 18 Juin 1887.

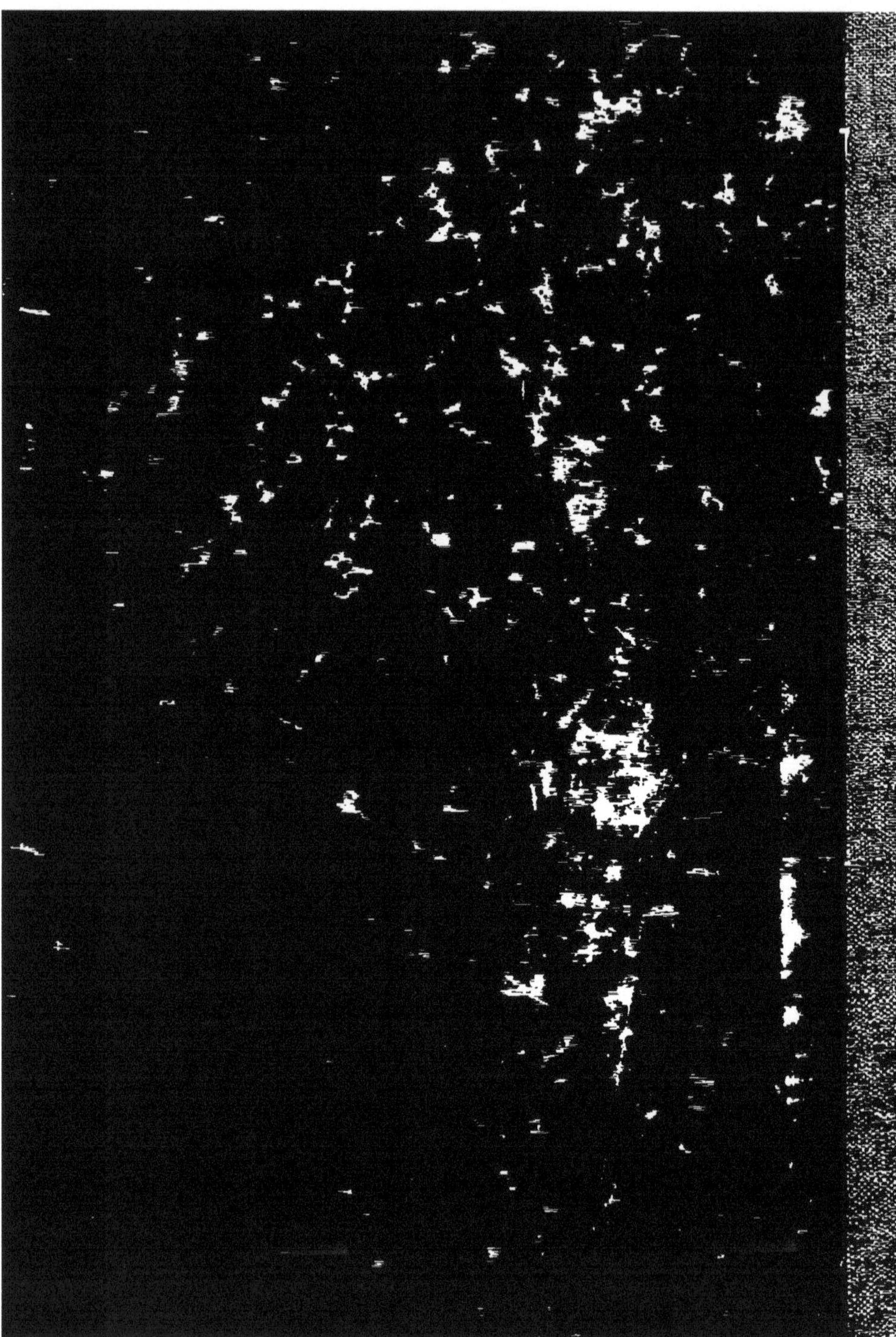

www.ingramcontent.com/pod-product-compliance
Ingram Content Group UK Ltd.
Pitfield, Milton Keynes, MK11 3LW, UK
UKHW021046200726
13857UKWH00003B/848

9 782012 845749